Peter Fischer

Einführung in die Ethik

WILHELM FINK VERLAG MÜNCHEN

Bibliografische Information der Deutschen Bibliothek

Die Deutsche Bibliothek verzeichnet diese Publikation in der Deutschen
Nationalbibliografie; detaillierte bibliografische Daten sind im Internet über
http //dnb.ddb.de abrufbar.

2003 Wilhelm Fink Verlag GmbH & Co.KG
ISBN 3-7705-3856-0

Printed in Germany.
Einbandgestaltung: Atelier Reichert, Stuttgart
Herstellung: Ferdinand Schöningh, Paderborn

UTB-Bestellnummer: ISBN 3-8252-2450-3

Inhalt

Vorwort

Von Glück und Freiheit, den Grundbegriffen der Ethik, sprechen wir, wenn wir Ziele, Werte oder Ideale unseres Lebens benennen möchten. Nicht selten verkommen diese Begriffe im Gerede zu unreflektierten Schlagwörtern. Sie werden auch benutzt, um partikulare Interessen in populistischer Manier durchzusetzen. Trotz der viel beachteten Debatten über ethische Probleme bei der Entwicklung und beim Einsatz moderner Technologien und trotz aller Bemühungen, ethisches Denken verstärkt im Unterricht an den Schulen und in der Ausbildung von Lehrern zu berücksichtigen, haben wir nicht selten den Eindruck, daß Moral in unserem Leben kaum wirklich präsent ist. Diesem Gefühl gibt Michel Houellebecq in der letzten Strophe seines Gedichtes *Augenblicke am Ende des Tages* Ausdruck[1]:

Zu den Menschenwesen ›Guten Tag‹ sagen,
Seine Rolle spielen, Blitzkrieg der Gesellschaft;
Sich morgens sehr schlecht fühlen
und träumen: vom moralischen Gesetz.

Berechnende Freundlichkeit und formelle Höflichkeit, Rollenzwänge und Ellenbogenfreiheit, dazu manch Geschwätz letztlich hilfloser Politiker – all dies läßt Moral als realitätsferne Träumerei erscheinen. Der resignierte Rückzug ins Private oder die zynische Anpassung sind oft die Folge.

Dagegen kann die Ethik nur eine Weise und eine Tradition der Reflexion aufrufen, die zum eigenen Denken und zum daraus erwachsenden Engagement anstiftet. Dazu möchte der vor-

---

[1] Michel Houellebecq: Suche nach Glück. Gedichte. Französisch-Deutsch. Übertragen von Hinrich Schmidt-Henkel. Köln 2000, S. 45.

liegende Text beitragen. Er ist hervorgegangen aus Vorlesungen und Vorträgen, die ich an der Universität Stuttgart gehalten habe. Allen Diskussionsteilnehmern danke ich für ihre Anregungen.

Wer sich vorab über die behandelten Themen informieren möchte, kann das Resümee am Ende des Bandes zuerst lesen.

Grundlagen der Ethik

1. Worum geht es in der Ethik?

Wir könnten uns die Beantwortung der Frage leicht machen: In Schriften zur Einführung in die Ethik und in Nachschlagewerken lassen sich eine Reihe von Definitionen finden. Eine lautet zum Beispiel:

> »Die *Ethik* als eine Disziplin der Philosophie versteht sich als *Wissenschaft vom moralischen Handeln.*«[1]

Aber wenn wir sonst noch nichts über die Ethik wissen, ist uns mit einer solchen Definition nicht viel geholfen. Denn sofort stellen sich neue Fragen ein: Was ist Philosophie? Wie ist es zu verstehen, daß eine Disziplin der Philosophie eine Wissenschaft ist? Was ist Moral? Was ist Handeln? Geht es wirklich nur um das Handeln und nicht auch um das Urteilen oder um das Fühlen? Um diese Fragen zu beantworten, könnten weitere Definitionen angereiht werden. Aber wir müssen damit rechnen, daß auch diesen wieder mit entsprechenden Fragen begegnet wird. Immerhin: Irgendwann könnten wir auf etwas stoßen, was so bekannt und so evident ist, daß das Fragen ein Ende hat. Dieser Punkt würde sozusagen unser Vorverständnis markieren, von dem aus unsere Untersuchung der Ethik beginnen könnte, ja beginnen müßte. Freilich könnte uns die Untersuchung in ihrem Verlauf dahin bringen, dieses Vorverständnis in Frage zu stellen, zu kritisieren.

Um ein Vorverständnis zu etablieren, das nicht mit der Meinung eines jeden wechselt, sondern quasi als ein gemeinsames

---

[1] Annemarie Pieper: Einführung in die Ethik. Tübingen/Basel [3]1994, S. 17. [Hervorhebungen in Fettdruck und Einschübe in eckigen Klammern in Zitaten stammen von mir, Hervorhebungen in Kursivdruck und Einschübe in runden Klammern vom jeweiligen Autor].

akzeptiert werden kann, wird oft auf die Etymologie der Wörter *Ethik* und *Moral* zurückgegriffen.[2] Die Geschichte der Wortbedeutungen bzw. des Wortgebrauchs soll uns darauf aufmerksam machen, wie wir selbst diese Wörter verwenden. Dadurch wird ein Untersuchungsgebiet abgesteckt, daß in unserer eigenen Geschichte und in unserer eigenen Praxis, unserem Alltag, wurzelt.

Das Wort *Ethik* wird über seine Verwandtschaft mit dem Wort *Ethos* auf die beiden griechischen Wörter εθος und ηθος zurückgeführt. Das erste, εθος, mit einem Epsilon am Anfang geschrieben, bezeichnete die Gewohnheiten, die üblichen Sitten und Bräuche. Das andere, ηθος, welches mit dem Buchstaben Eta beginnt, stand für den Charakter, für die Grundhaltung des Tugendhaften. Unter einer Tugend wurde in diesem Zusammenhang die Fähigkeit, das Können, eines Menschen verstanden, für das Gemeinwesen bedeutsame Handlungen verläßlich und in hoher Qualität auszuführen. Charakter wurde also demjenigen zu gesprochen, der ein wertvolles Mitglied des Gemeinwesens war. Auf dieses Thema werden wir zurückkommen, wenn wir die Ethik des Aristoteles behandeln.

Ganz ähnliche Bedeutungen finden sich in der Geschichte des Wortes *Moral*. Dieses stammt aus dem Lateinischen, hergeleitet von dem Wort *moralis*, was *sittlich* oder *die Sitten betreffend* bedeutet. Es hat in den indogermanischen Sprachen gemeinsame Wurzeln mit dem deutschen Wort *Mut*. So bedeutete das lateinische Wort *mos* zunächst: *starker, zur Regel gewordener Wille, der auf einer inneren Gesinnung gründet*. Die Wörter *mos* und *mores* (Plural) führten aber auch dieselben Bedeutungen mit sich wie die griechischen Wörter εθος und ηθος: *Gewohnheit, Brauch, Sitte, Charakter*. Außerdem standen die lateinischen Wörter und ihre Ableitungen insbesondere im Deutschen und im Französischen auch für *Lebensart, Anstand, Benehmen* und wurden in Wendungen gebraucht, die

---

[2] Vgl. z. B. ebenda, S. 24ff.

eine sittliche Belehrung durch Beispiele oder eine Zurechtweisung ausdrücken: *die Moral von der Geschichte* oder *jemand Mores lehren.*

Betrachten wir die Etymologie der Wörter *Ethik* und *Moral* (vgl. Abbildung 1), dann fällt auf, daß sich zwei unterschiedliche Ansprüche mit ihnen verbinden.

Der eine Teil der Verwendungsweisen bezieht sich darauf, daß sich das Leben und Zusammenleben der Menschen immer in bestimmten Üblichkeiten und Gewohnheiten vollzieht: Jeder einzelne wird in bestehende sittliche Verhältnisse hineingeboren und dann entsprechend sozialisiert. Trotz mancher biographischer Unterschiede lernt im gewissen Maße ein jeder, was entweder als anständig oder als unanständig gilt, wird ein jeder in bestimmte Bräuche eingeweiht, erfährt, welche Lebenspläne die Menschen seiner Sozietät verfolgen. Wer vom Üblichen abweicht, gilt oft als unmoralisch oder unsittlich. Wertungen in diesem Sinne, im Sinne der normativen Kraft des Üblichen, finden sich z. B. häufig in jenem Bereich, der *Sexualmoral* genannt wird: Außereheliche Lebensgemeinschaften, uneheliche Kinder oder Homosexualität, die bis 1969 in Deutschland sogar strafrechtlich verfolgt wurde, galten lange Zeit den meisten Menschen als fraglos unsittlich. Auch die oft nonkonformistische Lebensweise von Intellektuellen und Künstlern wird mitunter einer solchen Wertung unterzogen, was zu der abwegigen These beiträgt, Kunst könne nichts mit Moral zu tun haben oder sei gar per se unmoralisch. Weil solchen Wertungen hier und heute wohl nur noch eine Minderheit zustimmen würde, können sie zugleich als Beispiele dafür dienen, daß das Übliche nicht unveränderlich ist, sondern dem historischen Wandel unterliegt.

In diesem Prozeß der Veränderung spielt nun der andere Teil der etymologisch aufgewiesenen Verwendungsweisen der Wörter *Ethik* und *Moral* eine wichtige Rolle. Wir sprechen davon, daß jemand *Moral beweist* oder *Charakter zeigt*, wenn er etwas als richtig Eingesehenes auch gegen den Widerstand derer, die sich auf das Übliche berufen, konsequent zur Regel

		griechisch:		
	εθος		ηθος	
	Gewohnheit, Brauch		Charakter als Grundhaltung des Tugendhaften	
↗				↖
	lateinisch: moralis – »die Sitten betreffend«; mos/mores			
in einer Sozietät übliche Regeln und Verhaltens- weisen	Gewohnheit; Brauch	starker, zur Regel gewordener Wille; Gesinnung	mit Gründen Geltung be- anspruchende Regeln und Verhaltens- weisen; unabhängig vom Üblichen	
	deutsch; französisch; englisch (u a.): Moral, moral, morals			
↘				↙
	aus einem Beispiel zu ziehende Lehre; Anstand, Benehmen, Lebensart; Moral, Sittlichkeit	Moralität, Sittlichkeit		
	↓	↓		
	zweideutige Verwendung der deutschen Wörter: *moralisch, sittlich, Ethos, Moral*			

Abbildung 1: Zur Etymologie der Wörter Ethik und Moral

seines Handelns macht. Wir sind bereit, zu rechtfertigen, welche Fähigkeiten wir als Tugenden anerkennen und welche nicht. Wir bemühen uns, gegebenenfalls unsere Kritik an bisher üblichen Handlungsweisen zu begründen. Bei diesem anderen Teil der Verwendungsweisen begnügen wir uns nicht mit der Berufung auf Üblichkeiten und Gewohnheiten, um deren normative Kraft zu nutzen. Vielmehr geht es jetzt darum, daß eine vorgefundene, faktisch geltende, Normativität nicht schlechthin anerkennenswert ist: Es kann nach Gründen zu ihrer Rechtfertigung gefragt werden; Innovationen sind möglich; Kritik läßt sich begründen. Die gelebten Sitten werden zum Gegenstand der Reflexion, um als Sittlichkeit entweder gerechtfertigt oder verworfen oder doch wenigstens verändert zu werden. Hinausgehend über die Frage, wie wir leben oder »schon immer« gelebt haben, geht es jetzt darum, wie wir besser oder richtig leben sollen. Und damit haben wir eine erste Bestimmung dessen, worum es in der Ethik geht, gewonnen, eine Bestimmung, die sich aus der Etymologie und unserem alltäglichen Gebrauch der fraglichen Begriffe ergibt. Wir können sagen: In der Ethik geht es um die Reflexion unserer Lebens- und Verhaltensweisen. Es geht darum, diese zu prüfen, um eine begründete Antwort auf die Fragen geben zu können: Wie sollen wir leben? Was sollen wir tun? Wie handeln wir richtig?

Für die Beantwortung unserer Frage lohnt es sich offenbar, unsere eigene Praxis aufmerksam zu betrachten. Dieses methodische Vorgehen soll daher noch in einer weiteren Hinsicht fortgesetzt werden. Wir wollen uns fragen, welche Verhaltensweisen unser Mißfallen oder unser Unverständnis hervorrufen, denn diese wären ja die problematischen Fälle, also jene, für die wir uns von der ethischen Reflexion Hilfe versprechen. Bei unserer Betrachtung soll uns zunächst nicht das Ausmaß der in solchen Fällen auftretenden Schwierigkeiten, sondern die Art der Fälle interessieren. Wir brauchen also keine spektakulären Beispiele zu suchen. Es geht um ganz alltägliche Situationen. Es genügt sogar ein einziges Beispiel, um die beiden problematischen Fälle zu erfassen, auf die es uns ankommen wird.

Stellen wir uns vor, wir haben einen Bekannten, der in selbstloser Weise hilfsbereit ist und von anderen, die dies wissen, schamlos ausgenutzt wird. Einerseits sind wir empört über die Rücksichtslosigkeit, mit der jene ihre Interessen verfolgen, die unseren Bekannten ausnutzen; andererseits werden wir aber auch mit unserem selbstlosen Bekannten hadern, weil er es offensichtlich nicht versteht, seine Interessen zu wahren. Wenn wir emotional ergriffen sind, empört, vielleicht sogar zornig, dann sagen wir manchmal sowohl über einen Rücksichtslosen wie über einen Selbstlosen: »So ein Idiot.« Auch hier ist unser Sprachgebrauch wieder aussagekräftiger, als es uns vielleicht gegenwärtig ist. Was wohl nur als wahllos benutztes Schimpfwort gemeint war, erweist sich als ein Wort, das, von seiner Geschichte her gesehen, beide Fälle trifft.

Das Wort *Idiot* hat seinen griechischen Ursprung in dem Adjektiv ιδιος, was *abgesondert, eigen, privat* bedeutet. Wenn wir diese Bedeutungen und Konnotationen als handlungsrelevante Einstellungen des Rücksichtslosen interpretieren, dann können wir sagen, seine Idiotie besteht darin, asozial zu denken und zu handeln. Ein Idiot in diesem Sinne wäre also jemand, der ausschließlich selbstbezogen handelt: Er folgt nur egoistischen Motiven.

Im Lateinischen bedeutet *Idiot* (*idiota*) zunächst *der ungebildete, einfache Mann, der Laie*, nimmt aber dann, zuerst im Englischen und später im Deutschen, die Bedeutungen *Schwachsinniger, Narr* oder *Trottel* an. Freilich ist hier meist ein Mangel an intellektuellen Fähigkeiten gemeint, aber die Wörter *Trottel* oder *Narr* als Synonyme für das Wort *Idiot* gebrauchen wir auch dann, wenn wir meinen, daß jemand zwar intelligent, aber in dem Sinne unklug ist, daß er seine Interessen nicht wahrnimmt und sich statt dessen ausnutzen läßt. Der Selbstlose ist sozusagen zu gut für diese Welt. Das Wohl der anderen ist ihm wichtiger als sein eigenes; er folgt nur altruistischen Motiven.

Egoismus und Altruismus werden hier als extreme Einstellungen betrachtet. Extreme können ineinander umschlagen. Der Versuch, die eine Art der Idiotie aufzuheben, kann in die andere Art führen. Um diese Dialektik aufzulösen, bedarf es daher einer maßvollen, die Extreme vermeidenden Vermittlung: Zwischen der Klugheit, das eigene Glück zu verwirklichen, und dem Sozialverhalten, das Glück anderer zu achten und zu befördern, muß ein vernünftiger Ausgleich gefunden werden. Wenn wir daher sagen, daß es dem extremen Egoismus nur um das eigene und dem extremen Altruismus nur um das fremde Glück geht, dann können wir sagen, daß es bei der vernünftigen, weil maßvollen Vermittlung letztlich um das Glück aller geht (vgl. Abbildung 2). Die Frage, was diese Wendung, *das Glück aller*, bedeuten kann, ist zunächst ebenso offen wie die Frage nach dem Maß und nach der Art der Vermittlung. Diese Fragen werden uns während der gesamten Untersuchung begleiten.

Sowohl die Annahme, daß extremer Altruismus und extremer Egoismus möglich sind, wie auch deren Bewertung als Verhaltensidiotien verweisen uns auf ein vorausgesetztes Menschenbild.

Wir sehen es offenbar einerseits als selbstverständlich an, daß ein jeder Mensch eigene Bedürfnisse oder Interessen hat und diese auch befriedigen bzw. wahren möchte. Hierin liegt die Möglichkeit zum extremen Egoismus. Die Bedürftigkeit des Menschen wurzelt zunächst in seiner Sinnlichkeit. Viele Philosophen haben über diesen menschlichen Wesenszug nachgedacht. Besonders eindringlich hat dies Karl Marx getan. Er schreibt:

> »Der Mensch ist unmittelbar Naturwesen. Als Naturwesen und als lebendiges Naturwesen ist er teils mit natürlichen Kräften, mit Leibeskräften ausgerüstet, ein tätiges Naturwesen; diese Kräfte existieren in ihm als Anlagen und Fähigkeiten, als Triebe; teils ist er als natürliches, leibliches, sinnliches, gegenständliches Wesen ein leidendes, bedingtes und beschränktes Wesen, wie es auch das Tier und die Pflanze ist, d. h. die Gegenstände seiner Triebe existieren außer ihm, als von ihm unabhängige Gegenstände; aber diese Gegenstände sind Gegenstände seines Bedürfnisses, zur Betätigung und Bestätigung seiner Wesenskräfte unentbehrliche, wesentliche Gegenstände. Daß

Mensch als sinnlich-bedürftiges Wesen		Mensch als soziales Wesen	
»ungesellige Geselligkeit« (Kant)			
extremer Altruismus: Wenn jemand seine eignen Interessen nicht wahrnimmt, dann ist er ein Idiot.	⇐ ↖	⇒ ↗	extremer Egoismus: Wenn jemand nur seine eignen Interessen wahrnimmt, dann ist er ein Idiot.
	↗	↖	
heutige Bedeutung von »Idiot«: schwachsinnig, dumm	⇑	⇑	griechische Bedeutung von »Idiot«: eigen, privat, abgesondert
⇓	⇑	⇑	⇓
unklug ⇔	Gegensatz: extremer Egoismus; eigne Glück auf Kosten des Glücks anderer	Gegensatz: extremer Altrumus; Selbstaufgabe des eignen Glücks für das Glück anderer	⇔ asozial
⇕	⇕	⇕	⇕
kluge Lebensführung; Wertorientierung: das eigne Glück	maßvolle, Extreme vermeidende Vermittlung eigner und fremder Interesssen; Wertorientierung: das Glück aller		Solidarität mit anderen; Wertorientierung: das fremde Glück
↘		↙	
Kontraposition: Wenn jemand kein Idiot ist, dann nimmt er seine eignen Interessen wahr.	Mensch als vernünftiges, moralisches Wesen		Kontraposition: Wenn jemand kein Idiot ist, dann nimmt er nicht nur seine eignen Interessen wahr.

Abbildung 2: Ethik – zwischen Egoismus und Altruismus

der Mensch ein leibliches, naturkräftiges, lebendiges, wirkliches, sinnliches, gegenständliches Wesen ist, heißt, daß er wirkliche, sinnliche Gegenstände zum Gegenstand seines Wesen, seiner Lebensäußerung hat oder daß er nur an wirklichen, sinnlichen Gegenständen sein Leben äußern kann.«[3]

Marx betont hier zwar, daß unsere Bedürftigkeit in der Sinnlichkeit wurzelt, was er als ein Merkmal allen Lebens darstellt. Die Befriedigung eigner Bedürfnisse ist insofern eine Lebensnotwendigkeit. Dennoch kann Marx keine biologistische Sicht des Menschen unterstellt werden. Denn die Weisen der Bedürfnisbefriedigung sind kulturell vermittelt und die Entwicklung der Kultur bringt neue, nicht naturgegebene Bedürfnisse hervor. Daß Marx dies anerkennt, belegt das folgende Zitat:

»Der Mensch als ein gegenständliches sinnliches Wesen ist daher ein leidendes und, weil sein Leiden empfindendes Wesen, ein leidenschaftliches Wesen. Die Leidenschaft, die Passion ist die nach seinem Gegenstand energisch strebende Wesenskraft des Menschen. Aber der Mensch ist nicht nur Naturwesen, sondern er ist menschliches Naturwesen [...]. Weder sind also die menschlichen Gegenstände die Naturgegenstände, wie sie sich unmittelbar bieten, noch ist der menschliche Sinn, wie er unmittelbar ist, gegenständlich ist, menschliche Sinnlichkeit, menschliche Gegenständlichkeit. Weder die Natur – objektiv – noch die Natur subjektiv ist unmittelbar dem menschlichen Wesen adäquat vorhanden.«[4]

Deshalb muß der Mensch sich und seine Gegenständlichkeit im Prozeß der Kultur erschaffen.

Die zweite anthropologische Voraussetzung betrifft andererseits das soziale Wesen des Menschen. Marx[5] und viele andere Philosophen berufen sich in dieser Hinsicht auf Aristoteles. In der *Nikomachischen Ethik* des Aristoteles heißt es:

---

[3] Karl Marx: Ökonomisch-philosophische Manuskripte (1844). In: Marx-Engels-Werke (MEW); Berlin 1981, Ergänzungsband, 1. Teil, S. 578.

[4] Ebenda, S. 579.

[5] Vgl. Karl Marx: Das Kapital. Kritik der politischen Ökonomie, Bd. I. In: MEW Bd. 23, S. 346.

»Den Begriff ›für sich allein genügend‹ [Autarkie] wenden wir aber nicht an auf das von allen Bindungen gelöste Ich, auf das Ich-beschränkte Leben, sondern auf das Leben in der Verflochtenheit mit Eltern, Kindern, der Frau, überhaupt den Freunden und Mitbürgern; denn der Mensch ist von Natur bestimmt für die Gemeinschaft.«[6]

Aristoteles sagt also: Der einzelne oder vereinzelte Mensch genügt sich nie selbst. Er besitzt keine Autarkie, keine Selbständigkeit. Es ist für die Menschen naturnotwendig, ein konstitutives Merkmal ihrer Natur, in einer Gemeinschaft miteinander zu leben. Auch Aristoteles grenzt seine anthropologische Aussage gegenüber einem biologistischen Verständnis ab. Zwar gibt es scheinbar auch im Tierreich Gemeinschaften, aber diese werden instinktiv eingegangen und sind nicht sprachlich vermittelt, auch dann nicht, wenn sich in ihnen rudimentäre Formen der Kommunikation aufweisen lassen. So schreibt Aristoteles in der *Politik*:

»Daß aber der Mensch mehr noch als jede Biene und jedes schwarm- oder herdenweise lebende Tier ein staatliches [soziales, gesellschaftliches, gemeinschaftliches] Wesen ist, liegt amtage. [...] Nun ist aber einzig der Mensch unter allen animalischen Wesen mit der Sprache begabt. Die Stimme ist das Zeichen für Schmerz und Lust und darum auch den anderen Sinneswesen verliehen, indem ihre Natur so weit gelangt ist, daß sie Schmerz und Lust empfinden und beides einander zu erkennen geben. Das Wort aber oder die Sprache ist dafür da, das Nützliche und das Schädliche und so denn das Gerechte und das Ungerechte anzuzeigen. Denn das ist den Menschen vor den anderen Lebewesen eigen, daß sie Sinn haben für Gut und Böse, für Gerecht und Ungerecht und was dem ähnlich ist. Die Gemeinschaftlichkeit dieser Ideen aber begründet die Familie und den Staat.«[7]

Die soziale Natur des Menschen zeigt sich also nach Aristoteles darin, daß Menschen auf ein Leben in der Gemeinschaft angewiesen sind, daß sie über eine Sprache verfügen, die es ihnen

---

[6] Aristoteles: Nikomachische Ethik. Übersetzt von Franz Dirlmeier. I. Buch, 5. Kapitel; 1097b.

[7] Aristoteles: Politik. Übersetzt von Eugen Rolfes. I. Buch, 2. Kapitel; 1253a.

erlaubt, nicht nur Empfindungen auszudrücken, sondern Ideen miteinander zu teilen und einander mitzuteilen, und daß sie auf der Grundlage ihres sprachlichen Denkens ihre Gemeinschaften gestalten können. Diese von Aristoteles hervorgehobene Verflochtenheit von Gemeinschaft und Sprache drückt Marx treffend aus, wenn er schreibt:

> »In bezug auf den einzelnen ist z. B. klar, daß er selbst zur Sprache als *seiner eignen* sich nur verhält als natürliches Mitglied eines menschlichen Gemeinwesens. Sprache als Produkt eines einzelnen ist ein Unding. [...] Die Sprache selbst ist ebenso das Produkt eines Gemeinwesens, wie sie in andrer Hinsicht selbst das Dasein des Gemeinwesens und das selbstredende Dasein desselben.«[8]

Zur sozialen Natur des Menschen gehört also auch sein sprachliches Denken. Dieses gestattet uns die Orientierung an Ideen und sichert uns im Verhalten eine gewisse Unabhängigkeit von den Instinkten und von den unmittelbaren Empfindungen. Auf dieser anthropologischen Voraussetzung gründet die Möglichkeit zum extremen Altruismus.

Nun ist der Mensch aber immer sinnlich-bedürftiges und soziales Wesen zugleich. Extremer Egoismus und extremer Altruismus erscheinen uns daher nicht nur im Alltag als Idiotien, sondern jeder von ihnen widerspricht für sich genommen dem Ganzen der menschlichen Natur und kann insofern geradezu als Pathologie aufgefaßt werden.[9] Andererseits wissen wir alle aus eigener Erfahrung, daß Miteinander und Gegeneinander, altruistische und egoistische Motive einander nicht nur situativ abwechseln, sondern oft in ein und derselben Si-

---

[8] Karl Marx: Grundrisse der Kritik der politischen Ökonomie. In: MEW, Bd. 42, S. 398. Es kann also keine Privatsprache geben.

[9] Der extreme Egoist wird in der Psychologie auch tatsächlich als *Psycho-* oder *Soziopath* bezeichnet. Extremer Altruismus scheint dagegen in den Klassifikationen der Psychopathologie zu fehlen. Aber dies könnte auch daran liegen, daß er für andere selten schlimme Folgen hat und leichter durch das Verhalten der anderen ausgeglichen werden kann: Extremer Altruismus, falls er doch tatsächlich vorkommen sollte, würde eben nicht so negativ auffallen.

tuation miteinander im Widerstreit liegen. Außerdem sind Konflikte zwischen den Egoisten programmiert. Eben weil der Mensch nicht durch Instinkte, Schlüsselreize und ein bestimmtes Biotop auf situative Verhaltensmuster festgelegt ist, sind ihm unterschiedliche, ja gegensätzliche Handlungsorientierungen bis zum Extrem möglich. Das müssen wir allerdings nicht so verstehen, daß der Widerstreit zwischen Egoismus und Altruismus für uns Menschen eine Naturnotwendigkeit und daher unauflöslich wäre. Würden wir ein solches Fatum annehmen, dann wären unsere Antwortmöglichkeiten auf die ethischen Fragen – Wie sollen wir leben? Was sollen wir tun? Wie handeln wir richtig? – stark eingeschränkt. Gewiß sind wir aufgrund unserer Natur immer in Gefahr, in diesen Widerstreit zu geraten oder in die eine oder andere Einseitigkeit unserer Handlungsorientierung zu verfallen, aber zugleich liegt in dieser Gefahr der Antrieb, nach einer Vermittlungsform zu suchen. Immanuel Kant nennt die existentielle Grundsituation unseres Sein, durch die uns unsere Natur zur Suche nach Vermittlungsformen antreibt, die *ungesellige Geselligkeit*. Er schreibt:

»Das Mittel, dessen sich die Natur bedient, die Entwickelung aller ihrer Anlagen [im Menschen] zu Stande zu bringen, ist der Antagonism derselben in der Gesellschaft, so fern dieser doch am Ende die Ursache einer gesetzmäßigen Ordnung derselben wird. Ich verstehe hier unter dem Antagonism die *ungesellige Geselligkeit* der Menschen, d. i. den Hang derselben, in Gesellschaft zu treten, der doch mit einem durchgängigen Widerstande, welcher diese Gesellschaft beständig zu trennen droht, verbunden ist. Hierzu liegt die Anlage offensichtlich in der menschlichen Natur. Der Mensch hat eine Neigung, sich zu *vergesellschaften*; weil er in einem solchen Zustande sich mehr als Mensch, d. i. die Entwickelung seiner Naturanlagen, fühlt. Er hat aber auch einen großen Hang, sich zu *vereinzelen* (isolieren); weil er in sich zugleich die ungesellige Eigenschaft antrifft, alles bloß nach seinem Sinne richten zu wollen, und daher allerwärts Widerstand erwartet, so wie er von sich selbst weiß, daß er seiner Seits zum Widerstande gegen andere geneigt ist. Dieser Widerstand ist es nun, welcher alle Kräfte des Menschen erweckt, ihn dahin

bringt, seinen Hang zur Faulheit zu überwinden, und, getrieben durch
Ehrsucht, Herrschsucht oder Habsucht, sich einen Rang unter seinen
Mitgenossen zu verschaffen, die er nicht wohl *leiden*, von denen er
aber auch nicht *lassen* kann. Da geschehen nun die ersten wahren
Schritte aus der Rohigkeit zur **Kultur, die eigentlich in dem gesellschaftlichen Wert des Menschen besteht**; da werden alle Talente
nach und nach entwickelt, der Geschmack gebildet, und selbst durch
fortgesetzte Aufklärung der Anfang zur Gründung einer Denkungsart
gemacht, welche die grobe Naturanlage zur sittlichen Unterscheidung mit der Zeit in bestimmte praktische Prinzipien, und so eine *pa-
thologisch*-abgedrungene Zusammenstimmung zu einer Gesellschaft
endlich in ein *moralisches* Ganze verwandeln kann.«[10]

Die ungesellige Geselligkeit treibt uns also zur Kultivierung
unserer Anlagen an. Die Kultur besteht nach Kants Worten in
dem gesellschaftlichen Wert des Menschen. Der antike Begriff
der Tugend, nach dem sich ein tugendhafter Charakter darin
zeigt, daß jemand ein wertvolles Mitglied der Gemeinschaft
ist, kehrt hier als Begriff der Kultur wieder. Als Ziel dieser
Kultivierung wird eine Denkungsart nach praktischen Prinzipien benannt. Diese Denkungsart soll die Zusammenstimmung
der Individuen zu einer Gesellschaft in ein moralisches Ganze
verwandeln. Diese Art der Zusammenstimmung unterscheidet
Kant von der »pathologisch-abgedrungenen«. Das Wort *patho-
logisch* bedeutet für Kant nicht schlechthin *krankhaft*, so wie
wir das Wort heute gebrauchen, wenngleich auch diese Kon-
notation in Kants Sprachgebrauch anklingt. Michel Foucault
verweist auf den Gebrauch des Wortes in der Antike, wenn er
schreibt: Der Begriff »bezeichnet ebensowohl die Leidenschaft
wie die physische Krankheit, die Störung des Körpers wie die
unfreiwillige Regung der Seele; und im einem wie im anderen
Falle verweist er auf einen Zustand von Passivität, der für den
Körper die Form einer Störung im Gleichgewicht seiner Säfte
oder seiner Qualitäten und für die Seele diejenige einer Bewe-

---

[10] Immanuel Kant: Idee zu einer allgemeinen Geschichte in weltbürgerlicher
Absicht, A 392f.

gung, die Überhand über sie zu gewinnen vermag, annimmt.«[11] Für Kants Sprachgebrauch spielen die Bedeutungselemente des Unfreiwilligen, der Passivität und des Gewinnens der Überhand über die Seele die entscheidende Rolle. *Patholo- gisch* heißt daher eine Motivation, die daraus resultiert, daß sich jemand von seinen sinnlichen Neigungen und Affekten be- stimmten läßt, im Unterschied zur Motivation durch freiwillige Selbstbestimmung aus prinzipiengeleiteter Einsicht. Erst durch die letztere, so Kant, wird aus der kulturellen Vermittlung jenes in der ungeselligen Geselligkeit wurzelnden Widerstreits der Menschen eine Zusammenstimmung ihrer zu einem morali- schen Ganzen. *Pathologisch-abgedrungen* muß dagegen eine Zusammenstimmung zur Gesellschaft heißen, die nur auf Sanktionsandrohung und Manipulation beruht oder nur dann zustande kommt, wenn sie den Individuen in ihrer Bestimmt- heit durch ihre Neigungen vorteilhaft erscheint und sich auch nur insofern, als sie dies tut, bewährt.

Auf Kants Moralphilosophie werden wir noch ausführlich zu sprechen kommen. Seine bisher dargestellten Überlegungen zeigen uns aber bereits, daß offensichtlich nicht jede mögliche Weise der Vermittlung zwischen egoistischen und altruisti- schen Interessen auch von jedermann als eine moralische Ver- mittlung akzeptiert wird. Aus der nun präzisierten Bestimmung dessen, worum es in der Ethik geht, ergeben sich somit Leit- fragen der ethischen Reflexion (vgl. Abbildung 3), die wir im Auge behalten sollten, wenn wir bestimmte Konzepte ken- nenlernen und prüfen.

Unsere präzisierte Bestimmung könnte lauten: In der Ethik geht es um eine maßvolle, Extreme vermeidende und zumin- dest insofern vernünftige Vermittlung zwischen dem eigenen und dem Glück anderer. Die Wertorientierung einer solchen Vermittlung ist das Glück aller. Diese Bestimmung läßt natür- lich noch wichtige Fragen offen: Worin besteht eine maßvolle

---

[11] Michel Foucault: Die Sorge um sich (Sexualität und Wahrheit, Bd. 3). Übersetzt von Ulrich Raulff und Walter Seitter. Frankfurt/M. 1989, S.75.

Vermittlung? Was ist Glück? Wer sind alle? Jede dieser Haupt-
fragen kann in weitere unterteilt werden: Welches Maß ist an-
zulegen? Welche Arten der Vermittlung können unterschieden
werden? Gehören alle Arten der Vermittlung in den Bereich der
Ethik? Und wenn nein, warum nicht? Kann das Glück selbst
als Kriterium einer maßvollen Vermittlung fungieren? Kann
Glück überhaupt ein Maß sein? Das heißt: läßt es sich quanti-
fizieren? Können wir Glück herstellen oder widerfährt es uns?
Wen meinen wir, wenn wir sagen, es geht um das Glück aller?
Alle Menschen überhaupt? Eine jeweils bestimmte Gruppe,
etwa alle Betroffenen? Die Mitglieder eines Gemeinwesens?
Läßt sich überhaupt immer ermitteln wer alle, etwa alle Betroffenen, sind? Wie und inwiefern können alle, etwa alle Menschen, in die Vermittlung einbezogen werden?

Diese Fragen umreißen im wesentlichen das, was wir in der
Ethik *Vernunft* nennen können. Freilich geht es der Ethik in der
letzten Konsequenz nicht nur um das Beantworten von Fragen,
sondern um das entsprechende Handeln. Insofern gehören auch
das Selbstverständnis eines Subjekts und die zum moralischen
Handeln benötigten Kompetenzen in den Themenbereich der
Ethik.

Wir hatten Altruismus und Egoismus in ihren extremen Aus-
prägungen als Verhaltensidiotien gekennzeichnet. Diese pathologischen Fälle sind im Alltag auch entsprechend selten
anzutreffen. Üblicherweise findet immer schon eine Vermittlung eigner und fremder Interessen statt. Betrachten wir zwei
Weisen solcher Vermittlung.

Wer klug ist, hatten wir gesagt, folgt der Wertorientierung
des eigenen Glücks. Aber wenn er dies auf extreme Weise tun
würde, müßte er wohl mit Sanktionen durch die anderen rechnen. Ihre Empörung könnte dazu führen, daß sie ihn verachten
und nicht mehr mit ihm kooperieren. Insofern liegt es im Eigeninteresse des Klugen, auch die Interessen anderer bis zu
einem gewissen Grade zu berücksichtigen. Weiterhin muß er
ins Kalkül ziehen, daß die kurzfristige Befriedigung von Interessen, es erschweren kann, langfristige Interessen zu wahren.

Worin besteht eine maßvolle Vermittlung?	Was ist Glück?	Wer sind alle?
Welches Maß ist anzulegen?	Kann Glück als Kriterium und Maß der Interessenvermittlung fungieren?	Bedeutet »alle« entweder: a) ein jeder Mensch oder b) eine je bestimmte Gruppe oder c) ein Gemeinwesen als solches?
Welche Arten der Vermittlung können unterschieden werden?	Können Menschen das Glück herstellen oder widerfährt es ihnen zufällig?	Wie bzw. inwiefern können alle in die Vermittlung einbezogen werden?
Gehören alle Arten der Vermittlung in den Bereich der Ethik?	Läßt sich Glück quantifizieren?	Läßt sich immer ermitteln, wer alle sind?
Über welche Kompetenzen sollte jemand verfügen, um eine maßvolle Interessenvermittlung im Hinblick auf das Glück aller beurteilen zu können und um sein Handeln danach einzurichten?		

Abbildung 3: Leitfragen der ethischen Reflexion

Manchmal ist es eben richtig, in der Gegenwart Ungemach auf sich zu nehmen, um es in der Zukunft um so besser zu haben. Der Kluge wird auch immer versuchen, seine Möglichkeiten zur Durchsetzung eigner Interessen zu verbessern. Außerdem findet sein Handeln immer schon in einer Sozietät statt, weshalb er nicht zuletzt die Konsequenzen seiner Taten im Hinblick auf mögliche Sanktionen von institutioneller Seite erwägen muß.

Die so beschriebene Art der Vermittlung eigener und fremder Interessen können wir die *pragmatische* nennen. Handelt es sich hierbei um eine Art der ethischen Vermittlung? Einige Autoren, die von *Klugheitsethik* oder *Ethik des aufgeklärten Eigeninteresses* sprechen, sind dieser Auffassung. Sie vertreten also nicht nur die These, es sei klug, also letztlich der Wahrung eigener Interessen dienlich, moralisch zu sein. Ihre These ist stärker: moralisch zu sein sei nichts anderes als wirklich klug zu sein.[12] Diese Position läßt sich mit Argumenten bezweifeln. Denn aus der Sicht der Klugheit gibt es keinen Grund, fremde Interessen zu berücksichtigen, wenn deren Mißachtung unentdeckt bleibt oder wenn nicht mit wirksamen Sanktionen gegen eine solche Mißachtung zu rechnen ist. Zwar kann keine Ethik garantieren, daß die Menschen immer moralisch handeln. Aber von einer Ethik sollte doch erwartet werden, daß sie für jede Situation einen Grund zum moralischen Handeln bereithält. Aufgrund der Gleichsetzung von Klugheit und Moral sagen zu müssen, daß die Mißachtung der fremden Interessen in Situationen, da solche Verstöße geheim bleiben oder nicht wirksam sanktioniert werden können, moralisch sei, ist daher inakzeptabel. Wir können also festhalten, daß es zumindest begründete Zweifel gibt, ob eine sogenannte *Klugheitsethik* oder *Ethik des aufgeklärten Eigeninteresses* als ethische Vermittlung der eigenen und der fremden Interessen gelten kann.

Eine zweite Weise der Vermittlung, die in unserem Alltag immer schon statthat, können wir die *institutionelle* nennen. Unsere Lebensführung wird durch mannigfaltige Institutionen entlastet und geregelt: der Familie, den Staat, wirtschaftliche oder religiöse Institutionen und viele andere. Betrachten wir als Beispiel die Institution des Staates aus der Sicht der modernen

---

[12] Die erste These besagt: Wenn man moralisch ist, dann ist man klug. Die zweite These besagt: Moralisch ist man genau dann, wenn man klug ist. Aus der ersten These kann man schlußfolgern: Wenn man nicht klug ist, dann ist man nicht moralisch. Aber man kann aus ihr nicht die Schlußfolgerung ziehen: Wenn man klug ist, dann ist man moralisch. Aus der zweiten These können beide Schlußfolgerungen gezogen werden.

Staatsauffassung. Aus dieser Perspektive ist der Staat durch Gewaltenteilung zwischen Legislative, Exekutive und Judikative charakterisiert. Als vierte Gewalt wird meist noch die Öffentlichkeit genannt, welche eine gewisse Kontrollfunktion gegenüber den drei staatlichen Gewalten ausübt. Die Legislative erläßt verbindliche, oft auch sanktionsbewehrte Gesetze und Verordnungen. Die Exekutive setzt diese Regeln durch und übt gegebenenfalls die Sanktionsmacht aus. Mit der Exekutive nimmt der Staat sein Gewaltmonopol wahr. Die Judikative stellt Regelverstöße fest, schlichtet Streitfälle und befindet gegebenenfalls über das Ausmaß der Sanktionen. Es ist klar, daß diese Institutionen dem Handeln des einzelnen gewisse Grenzen setzen. Dennoch sind auch hier Zweifel möglich, ob es sich um eine ethische Vermittlung handelt.

Erstens können und sollen die staatlichen Institutionen nicht alle Lebensbereiche regeln und kontrollieren. Es bleibt immer ein Spielraum für die Individuen, in dem sie unabhängig von den institutionellen Regeln entscheiden müssen, wie sie ihre eigenen mit den Interessen anderer vermitteln. Einen solchen, freilich mehr oder weniger großen Spielraum, gibt es sowohl in Demokratien als auch in Diktaturen. Die staatlich-institutionelle Vermittlung wäre also hinsichtlich der Lebensbereiche zumindest ergänzungsbedürftig. Und dies könnte auf die eine oder andere Art und Weise auch von anderen institutionellen Vermittlungsversuchen gesagt werden.

Zweitens können die staatlichen Institutionen in ihrem normativen Gehalt sehr verschieden sein. Die Menschen könnten sehr unterschiedlich an der politischen Gestaltung partizipieren. Von Demokratie und Diktatur war bereits die Rede. Antike Demokratien beruhten sogar auf Sklaverei. Auch heute wäre zu fragen, ob bei der staatlichen Vermittlung die Interessen aller Berücksichtigung finden oder ob sie auf gleiche Weise berücksichtigt werden. Und auch die Frage, ob auf dem Papier gewährte Rechte de facto von allen wahrgenommen werden können, ist keine abwegige Frage. Derartige Überlegung führen zu der Vermutung oder setzen vielleicht sogar voraus, daß die Institutionen selbst unter ethischen Gesichtspunkten reflektiert werden können und einer entsprechenden normativen Grundlage bedürfen. Wenn das aber stimmt, dann kann die ethische Vermittlung nicht in einer institutionellen Vermittlung, hier der politisch-rechtlichen, aufgehen. Selbst das Gesamt aller Institutionen läßt die ethische Reflexion dann nicht überflüssig werden.

Betrachten wir die pragmatische und die institutionelle Vermittlung (vgl. Abbildung 4), dann sollten wir unser Augenmerk auf die unterschiedlichen Perspektiven lenken, aus denen jeweils die zwischenmenschlichen Verhältnisse angeschaut werden.

Die Klugheit erweist sich dabei als Teilnehmerperspektive: Das einzelne Individuum thematisiert die sozialen Beziehungen aus der Sicht *seiner* Absichten und *seiner* Möglichkeiten. Es macht sich selbst zum Mittelpunkt der Verhältnisse. Die Klugheitskriterien für die Beurteilung seiner Handlungsoptionen sind immer schon *interne* Kriterien seiner Lebensführung. Der Klugheit geht es also genuin um die Frage: Wie *will* ich leben?, nicht um die Frage: Wie *soll* ich bzw. wie *sollen* wir alle leben?

Anders verhält es sich mit der Perspektive der institutionellen Vermittlung. Hier sind die Kriterien auf die Erhaltung und das Funktionieren einer Sozietät, im Beispiel: des staatlichen Gemeinwesens, abgestimmt. Allein daß die Klugheit auch diese Regelungen und Sanktionen mit ins Kalkül ziehen muß, zeigt schon, daß diese erst der Integration in die individuelle Lebensführung bedürfen. Gegenüber den Absichten und den Möglichkeiten des einzelnen erscheinen die institutionellen Normierungen zunächst als *externe* Kriterien. Jugendkriminalität mag viele Ursachen haben, eine liegt aber gerade darin, daß externe Normierungen erst angeeignet, erst zu internen werden müssen: Den Wert von Institutionen lernen Menschen schätzen, indem sie deren Nutzen für ihre eigene Lebensführung erfahren.

Diese Perspektiven stehen im Zusammenhang mit den Zweifeln, die wir dagegen erhoben haben, die pragmatische

	pragmatische Vermittlung	institutionelle Vermittlung
Perspektive (Subjekt der Vermittlung)	Individuum	staatliches Gemeinwesen
Kriterium für gelungene Vermittlung	das je eigne Glück	das Funktionieren und die Erhaltung des Gemeinwesens
Vermittlungsinstanz	Klugheit • Berücksichtigung der eignen kurz- u. langfristigen Interessen; • Berücksichtigung fremder Interessen, um sie für die Wahrung eigner Interessen zu nutzen; • Einschätzung der Sanktionsmacht anderer Individuen; • Berücksichtigung der institutionellen Regelungen und Sanktionen; • Stärkung der Möglichkeiten, eigne Interessen durchsetzen zu können.	z. B.: Recht und Politik • Legislative: Erlaß von verbindlichen, teilweise sanktionsbewehrten Regeln; • Exekutive: Kontrolle und Durchsetzung der Regeln; Ausübung der Sanktionsmacht (Gewaltmonopol) • Judikative: Feststellung von Regelverstößen und des Ausmaßes der Sanktionen (Strafrecht); Entscheidung von Konfliktfällen (Zivilrecht).

Abbildung 4: Arten der Vermittlung eigener und fremder Interessen

und die institutionelle Interessenvermittlung als Arten der ethischen Vermittlung anzuerkennen. Denn bei der Klugheit ist offensichtlich die interne Perspektive so subjektiv, so individuell, daß sich der einzelne letztlich zum Maß aller Dinge macht. In

Politik und Recht dagegen könnte der Fall eintreten, daß sich aus der externen Perspektive ein objektiv funktionierendes Gemeinwesen darbietet, obwohl bestimmte Menschen innerhalb dieser Sozietät meinen, daß ihre Interessen dem Gemeinwohl weitgehend geopfert werden. Für die ethische Vermittlung ergibt sich offenbar die Aufgabe, eine Perspektive aufzuzeigen, in der die interne und die externe Sicht so ineinander integriert sind, daß weder der einzelne dem Gesamt- oder Durchschnittswohl einer Sozietät geopfert, noch die Sozietät für das Glück des einzelnen instrumentalisiert wird.[13] Auf diese Problematik werden wir bei der Diskussion der unterschiedlichen ethische Ansätze, insbesondere beim Utilitarismus, zurückkommen. Bereits hier aber deutet sich an, daß die Wertorientierung am Glück *aller*, wenn sie als genuin ethische anerkannt werden soll, als Orientierung am Glück eines *jeden* Menschen zu verstehen ist.

Auf die Frage, worum es in der Ethik geht, können wir eine inhaltlich schon recht differenzierte Antwort geben. Und obwohl einige Philosophen zu Wort kamen, sind unsere Überlegungen noch relativ neutral gegenüber den verschiedenen philosophischen Konzepten der Ethik.

Auf dem derzeitigen Stand unserer Überlegungen können wir folgende Bestimmung geben: In der Ethik reflektieren wir unsere Lebens- und Verhaltensweisen. Aufgrund der Offenheit der menschlichen Natur sind diese nicht durch ein biologisches Programm fixiert. Menschen können also unterschiedlichen, ja gegensätzlichen Motiven folgen. Sie können sich im Widerstreit ihrer egoistischen Neigungen aufreiben, sich selbst aus altruistischen Motiven opfern, sich wechselseitig instrumentalisieren oder in ihrem Tun bald der einen oder der anderen Motivation nachgeben. Einige dieser Möglichkeiten sind der

---

[13] In diesem Sinne schreibt Thomas Nagel: »Deontologische Gebote nehmen eine Zwischenstellung zwischen rein individuellen Motiven und vollkommen überpersönlichen Werten ein.« Thomas Nagel: Das Subjektive und das Objektive. In: Ders.: Die Grenzen der Objektivität. Philosophische Vorlesungen. Übersetzt von Michael Gebauer. Stuttgart 1991, S. 112.

menschlichen Natur derart unangemessen, daß sie im Alltag als Verhaltensidiotien erscheinen. Andere erwecken den Verdacht, daß sie zumindest partiell – in bestimmten Situationen, für bestimmte Menschen – ähnliche Resultate zeitigen wie die Verhaltensidiotien. Die Ethik versucht diese Schwierigkeiten zu vermeiden, indem sie eine Interessenvermittlung konzipiert, die am Glück eines jeden Menschen orientiert ist.

Bisher haben wir die Begriffe *Ethik* und *Moral* nicht voneinander unterschieden. Wir sind nur auf die Etymologie der Wörter eingegangen und haben dabei eine enge Verwandtschaft zwischen beiden festgestellt. Jetzt aber wollen wir eine terminologische Festlegung treffen. Es soll nun gelten: *Moral* ist das, worum es in der Ethik geht. Umgekehrt heißt das: Die *Ethik* ist die Reflexion der Moral. Nun könnten wir uns sicher auf verschiedene Weisen mit Moral beschäftigen. Wir könnten anhand von Dokumenten und anderen Zeugnissen studieren, wie fremde Völker zu längst vergangenen Zeiten die Vermittlung ihrer Interessen konzipierten und praktizierten. Ebenso könnten wir die Praxis bestimmter sozialer Gruppen untersuchen oder uns sogar fragen, warum einzelne Menschen diese oder jene Moral an den Tag legen. Wir würden dann Kulturgeschichte der Moral, Moralethnologie, Moralsoziologie oder Moralpsychologie betreiben. Diese Möglichkeiten wollen wir von der Ethik unterscheiden. Ethik soll verstanden werden als *Philosophie der Moral*. Während die genannten *Wissenschaften* vorgefundene Moral beschreiben und vielleicht noch erklären möchten, wie diese jeweils entstanden ist, geht es der Ethik, also der *Moralphilosophie*, um die Prüfung oder Begründung der Geltungsansprüche, die mit moralischen Urteilen erhoben werden, womit zugleich untersucht wird, ob und inwiefern diesen Urteilen entsprechende Verhaltensweisen gerechtfertigt werden können.

Die ganz zu Beginn unserer Überlegungen zitierte Definition – »Die *Ethik* als eine Disziplin der Philosophie versteht sich als *Wissenschaft vom moralischen Handeln*« – würden wir also so nicht übernehmen, weil das Wort *Wissenschaft* zu Verwechslungen führen könnte. Statt dessen könnte die Definition lauten: *Ethik*, verstanden als Moralphilosophie, ist die methodische und argumentative Prüfung und Begründung der Moral. Und Moral ist eben das, worum es in der Ethik geht.

2. Determinismus, Freiheit, Handlung

Im ersten Kapitel hatten wir die Moral als jene Interessenvermittlung bestimmt, die sich am Glück eines jeden Menschen
orientiert, um so das Glück aller zu ermöglichen. Eine solche
Lebens- und Verhaltensweise ist dem Menschen von Natur
weder vorbestimmt noch verschlossen. Die anthropologische
Bestimmung der Offenheit des Menschen zur Selbstbestimmung seines Wesen, die Weltoffenheit[1] des Menschen, verweist uns auf eine Voraussetzung unserer Überlegungen, die
wir bisher nicht expliziert haben. Zentral waren bisher der Begriff des Glücks, auch wenn wir diesen noch nicht näher bestimmten, und die Deutung der Rede vom Glück aller. Bei der
impliziten Voraussetzung handelt es sich um die Freiheit. Wenn
wir nämlich sagen, daß wir wählen können, ob wir diesem oder
jenem Motiv folgen, daß wir uns mit Gründen gegen unsere eigenen unmittelbaren Neigungen entscheiden können und daß
uns die Möglichkeit der Selbstbestimmung offen steht, dann
denken wir uns offensichtlich als frei. Zunächst sehen wir darin
sicher einen Unterschied zu den Aktionen der Tiere. Ihr Verhalten gilt uns als determiniert durch das genetische Programm, durch Instinkte und Schlüsselreize. Zwar neigen wir
dazu, höheren Tieren mit steigender Lernfähigkeit auch eine
gewisse Entscheidungskompetenz zuzuschreiben, aber es ist
keineswegs sicher, ob es sich bei den erlernten Verhaltensweisen um mehr als um bloße Konditionierungen handelt.

Jedenfalls scheinen die Aktionen der Menschen und vielleicht jene hochentwickelter Tiere die einzigen Bereiche zu
sein, in denen die Annahme der Freiheit eine Rolle spielt.[2] Ansonsten setzen wir dagegen voraus, daß jedes Geschehen verursacht ist. Danach gilt ein Geschehen als eine mit Notwendigkeit
eintretende Wirkung eines anderen Geschehens, welches somit

---

[1] Vgl. Arnold Gehlen: Der Mensch. Seine Natur und seine Stellung in der
Welt. Wiesbaden [13]1986, S. 39f.

[2] Wesen aus den Bereichen der Religion, des Mythos und der Phantasie wollen wir außer Acht lassen.

als Ursache gedacht wird. Wenn wir diese Idee der Kausalität auf alle Bereiche unserer Wirklichkeit anwenden, dann beziehen wir den Standpunkt des Determinismus.

Läßt sich dieser Standpunkt auch einnehmen, wenn wir menschliche Aktionen betrachten und verstehen wollen? Und wenn ja, müssen wir dann nicht unsere Voraussetzung der Freiheit aufgeben? Könnten wir aber ohne diese Voraussetzung überhaupt sinnvoll von Moral sprechen? Dies sind einige der Fragen, die das philosophische Problem von Freiheit und Determinismus umreißen, das uns jetzt beschäftigen wird.

Versuchen wir zunächst, uns den Standpunkt des Determinismus weiter zu verdeutlichen. Der zeitgenössische englische Philosoph Ted Honderich stellt ein ausgearbeitetes Konzept des Determinismus vor. Er nennt es das Konzept der »kausalen Bedingungskomplexe«[3]. Honderich erläutert es anhand eines alltäglichen Beispiels: das Entzünden eines Streichholzes. Was ist die Ursache dafür, daß das Streichholz brennt? Vielleicht würden wir zunächst sagen: das Anreiben des Streichholzes. Nun könnten wir aber ein Streichholz anreiben, das dann trotzdem nicht brennt. Das Anreiben allein ist also nicht hinreichend. Einen kausalen Bedingungskomplex will Honderich nun verstanden wissen als Menge jener und nur jener Bedingungen, die hinreichend sind, damit die Wirkung hervorgebracht wird. Nehmen wir einmal an, der kausale Bedingungskomplex würde in unserem Beispiel die folgenden Elemente enthalten: das Streichholz, die Reibefläche, das Vorhandensein von Sauerstoff und das Anreiben. Wenn nun diese Bedingungen erfüllt sind, dann verursachen sie mit Notwendigkeit das Brennen des Streichholzes. Dies besagt das Konzept. Wenn das Streichholz dann trotzdem nicht brennt, wird das Konzept nicht in Frage gestellt, sondern übernimmt eine heuristische, d. h. eine unsere Nachforschung anleitende, Funktion bei der Fehlersuche. Entweder würden wir annehmen, daß eine der vier elementaren Be-

---

[3] Ted Honderich: Wie frei sind wir? Das Determinismus-Problem. Übersetzt von Joachim Schulte. Stuttgart 1995, S. 17

dingungen doch nicht erfüllt war, es z. B. gar kein Streichholz war, sondern nur eine Streichholzattrappe, oder wir kämen zu dem Schluß, daß unsere Liste der Bedingungen nicht vollständig ist. Als fünfte Bedingung würden wir dann vielleicht die Forderung, daß das Streichholz trocken sein muß, mit auf die Liste setzen.[4] Das Konzept der kausalen Bedingungskomplexe ist also nicht davon abhängig, daß wir immer alle Elemente eines Bedingungskomplexes auch tatsächlich kennen müssen. Es bewährt sich auch bei der Suche nach diesen Elementen.

Honderich ist es wichtig zu betonen, daß es für sein Konzept keineswegs hinreichend für die Behauptung eines kausalen Zusammenhanges ist, wenn zwischen zwei Ereignissen eine »bleibende Verknüpfung« besteht. Der Wechsel zwischen Tag und Nacht ist für die Menschen eine bleibende Verknüpfung, aber weder ist die Nacht die Ursache, der kausale Bedingungskomplex, für den Tag, noch verhält es sich umgekehrt. Vielmehr werden beide durch einen Komplex verursacht, zu dem etwa das Sonnenlicht, die Stellung der Erde zur Sonne und das Nichtvorhandensein anderer relevanter Lichtquellen gehören. Ist dieser Komplex von Bedingungen erfüllt, dann vollzieht sich mit Notwendigkeit der Wechsel von Tag und Nacht. Aber nur weil es Nacht war, muß es nicht auch Tag werden, nämlich dann nicht, wenn mindestens eine der zum kausalen Bedingungskomplex gehörenden Bedingungen nicht erfüllt ist.[5]

Der Determinismus besagt nun, daß ein jedes Ereignis durch einen bestimmten kausalen Bedingungskomplex hervorgebracht wird, dessen Elemente wiederum jeweils durch einen Bedingungskomplex verursacht sind und so fort. Honderich drückt diese für den Determinismus konstitutive Behauptung so aus:

> »Hinzu kommt, daß der kausale Bedingungskomplex für eine Wirkung in der Regel aus Teilen besteht, die ihrerseits Wirkungen sind. Dementsprechend ist dieser ganze Bedingungskomplex die Wirkung

---

[4] Vgl. ebenda, S. 15f.
[5] Vgl. ebenda, S. 19f.

eines früheren Bedingungskomplexes, der womöglich vor langer Zeit gegeben war. Demnach hat der frühere Bedingungskomplex auch die abschließende Wirkung notwendig herbeigeführt. Dieses Faktum bezüglich der Wirkungen, also bezüglich der sogenannten Kausalketten, ist für den Determinismus von ausschlaggebender Bedeutung.«[6]

Läßt sich dieses Konzept der Bedingungskomplexe und der Kausalketten nun auch auf die Aktionen der Menschen übertragen? Und was meinen wir überhaupt mit dem Ausdruck *Aktionen der Menschen*?

Betrachten wir zwei unterschiedliche Fälle. Jemand stolpert, stößt dabei gegen eine Vase, die herunterfällt und zerbricht. Und der andere Fall: Jemand ruft: »Ich hasse Dich«, und greift nach einer Vase, wirft sie in die Richtung des Angesprochenen, den er glücklicherweise verfehlt. Aber die Vase geht letztlich auch zu Bruch.

Im ersten Fall würden wir wohl von einem Unfall, schlimmsten Falls von Fahrlässigkeit sprechen. Dennoch schreiben wir den angerichteten Schaden der in das Geschehen involvierten Person zu. Wenn die Vase nicht dem Unglücksraben selbst gehört, kann ihr Eigentümer Schadenersatz fordern. Es könnte dann freilich immer noch einen Streit um die Klärung der näheren Umstände geben, so etwa um ein mögliches Mitverschulden des Eigentümers, der vielleicht etwas getan hat, weshalb der andere stolpern mußte. Auch könnte die Versicherung des Pechvogels sich weigern den Schaden zu bezahlen, weil sie ihrem Klienten grobe Fahrlässigkeit vorwirft. Dennoch ist dieser Fall hinreichend verschieden vom zweiten Fall: Hier würden wir nicht von einem Unfall sprechen, sondern von einer Handlung, wenn auch vielleicht von einer Handlung im Affekt oder aus Leidenschaft.

Zu der Rede von einem Unfall scheint das Konzept der Bedingungskomplexe recht gut zu passen: Es ermöglicht die Zuschreibung der Schadenverursachung zu begründen, indem die involvierte Person als unverzichtbares Element jenes Bedin-

---

[6] Ebenda, S. 21f.

gungskomplexes erkannt wird, der zur Zerstörung der Vase führte. Zugleich ermöglicht dieses Konzept, danach zu fragen, durch welchen Bedingungskomplex das Stolpern der Person verursacht wurde, was für die Feststellung eines möglichen Mitverschuldens des Eigentümers wichtig ist.

Paßt aber das deterministische Konzept auch zu der Rede von Handlungen? Sind Handlungen Wirkungen? Sind Handlungen Glieder einer Kausalkette? Wie denken wir Handlungen?

Nun, für gewöhnlich wissen wir recht gut, ob wir ein bestimmtes Geschehen als eine Handlung bezeichnen sollen oder nicht. Wir verstehen es, den Begriff der *Handlung* oder den synonymen der *Tätigkeit* für bestimmte Unterscheidungen zu gebrauchen. In diesem Sinne schreibt Ludwig Wittgenstein:

> »Von der Bewegung meines Armes, z. B., würde ich nicht sagen, sie komme, wenn sie komme, etc. Und hier ist das Gebiet, in welchem wir sinnvoll sagen, daß uns etwas nicht einfach *geschieht*, sondern daß wir es *tun*. ›Ich brauche nicht abzuwarten, bis mein Arm sich heben wird, – ich kann ihn heben.‹ Und hier setze ich die Bewegung meines Arms etwa dem entgegen, daß sich das heftige Klopfen meines Herzens legen wird.«[7]

So oder so ähnlich hätte wohl jedermann auf die Bitte, er möge erläutern, was er mit dem Begriff der Handlung meine, geantwortet. Aus dieser Antwort lassen sich einige wesentliche Merkmale der Handlung herauslesen:

Erstens ist Handeln etwas, was wir für gewöhnlich einer Person, also einem seiner selbst bewußten Wesen, zuschreiben. Hierauf verweist das Personalpronomen »ich«.

Zweitens fungiert diese Person als Subjekt und ist nicht bloß als Objekt in ein Geschehen involviert. Dies verdeutlicht die Gegenüberstellung von »uns etwas geschieht« und »wir es tun«.

Drittens ist Handeln etwas, was, zumindest der Möglichkeit nach, in der Macht des Subjekts steht: das Bewirken von etwas,

---

[7] Ludwig Wittgenstein: Philosophische Untersuchungen, I. Teil, § 612. Frankfurt/M. 1984, Werkausgabe Bd. 1, S. 464f.

wovon ein Subjekt sich als mögliche Ursache weiß oder zu wissen glaubt und das es daher als Wirkung voraussehen kann. Dafür steht die Wendung »ich kann ihn [meinen Arm] heben«. An anderer Stelle notiert Wittgenstein bezüglich der Antizipation: »Man könnte also sagen: die willkürliche Bewegung sei durch die Abwesenheit des Staunens charakterisiert.«[8]

Viertens bedeutet Handeln, den Zeitpunkt des Beginns eines – ganz allgemein gesagt – Ereignisses festzulegen, einen Anfang in der Zeit zu setzen. Wittgenstein drückt dies durch die Formulierung »ich brauche nicht abzuwarten« aus.

Betrachten wir zunächst den dritten Punkt etwas genauer. Offensichtlich spielen beim Handeln Fragen der Kausalität, der hinreichenden Bedingungen, um eine bestimmte Wirkung zu erzielen oder auch zu verhindern, durchaus eine wichtige Rolle. Für dieses Element einer Handlung wollen wir den Begriff der *Operation* einführen. Mit dem Begriff der Operation erfassen wir sozusagen den technischen Aspekt der Handlung: Wir müssen wissen oder zumindest zu wissen glauben, wie wir vorhandene Bedingungen nutzen können, welche Mittel für das Erzielen oder für das Verhindern welchen Effekts geeignet sind und was wir selbst können müssen, um Bedingungen zu nutzen, Mittel herzustellen und zu handhaben. Handlungen werden also durch Operationen, einschließlich entsprechender Mittel, realisiert.

Die Rede von Operationen bzw. Mitteln setzt voraus, daß die handelnde Person eine bestimmte antizipierte Wirkung herbeiführen will, sich diese also zu ihrem Zweck macht. Denn die Kenntnis des Zwecks entscheidet darüber, ob etwas überhaupt als Operation bzw. Mittel in Frage kommt. Für ein und denselben Zweck können verschiedene Operationen gleich oder unterschiedlich gut geeignet sein. Andererseits kann dieselbe Operation zur Realisierung verschiedener Zwecke eingesetzt werden. Damit stellt sich die Frage nach der Identität der

---

[8] Ebenda, I. Teil, § 628, vgl. auch § 629. A. a. O., S. 469.

Handlung: Ist es dieselbe Handlung, wenn dieselben Operationen für verschiedene Zwecke eingesetzt werden oder wenn derselbe Zweck, aber mit verschiedenen Operationen erreicht werden soll? Denken wir die Handlungsidentität als Identität der Operationen oder als Identität der Zwecke?

Nehmen wir ein drastisches Beispiel: Jack the Ripper mag an seinen Opfern, von deren Tötung abgesehen, dieselben Operationen ausführen, die auch ein Chirurg bzw. Pathologe ausführt, dennoch würden wir nicht sagen, daß alle dieselben Handlungen oder Handlungsweisen ausführen. Offensichtlich wird hier die Handlungsidentität mit dem Zweck gesetzt. Wir können also auch dann von verschiedenen Handlungsweisen sprechen, wenn die Operationen dieselben sind. Wir könnten aber niemals von derselben Handlungsweise reden, wenn die Zwecke verschiedene wären, gleichgültig, wie es dabei um die Operationen bestellt sei. Im Hinblick auf die Bestimmung der Handlungsidentität läßt sich also folgendes sagen: Die Verschiedenheit der Zwecke ist notwendige und hinreichende Bedingung für die Verschiedenheit von Handlungsweisen; die Verschiedenheit der Operationen dagegen ist eine hinreichende, aber keine notwendige Bedingung für die Verschiedenheit von Handlungsweisen.

Allerdings bleibt hier noch das Problem der sogenannten *Handlungsfolgen*. Denn realisierte Zwecke können ihrerseits zu Ursachen weiterer Wirkungen werden. Gehören solche Folgen zur Handlung? Eine scharfe Abgrenzung läßt sich hier kaum angeben. Aber von manchen Folgen werden wir sagen, daß sie der Handelnde voraussehen *muß* oder billiger Weise voraussehen *kann*. Wenn er sich trotzdem für die Handlung entscheidet, dann will er offensichtlich diese Folgen auch herbeiführen oder nimmt zumindest das Risiko in Kauf, daß sie eintreten werden. Solche Folgen, um die der Handelnde billiger Weise wissen kann, würden wir also mit zur Handlung rechnen; sie gehören sozusagen mit zum Zweck der Handlung.

Wir sprechen nicht nur davon, daß wir Handlungen ausführen, sondern auch davon, daß wir Handlungen *unterlassen*.

Letzteres soll nicht einfach heißen, daß jemand eben nicht handelt, sondern es bedeutet, daß er sich bewußt dafür *entscheidet*, nicht zu handeln. Die *Unterlassung* ist also die Negation der Ausführung einer bestimmten Handlung oder die bestimmte Negation einer Handlungsausführung. Wer es in diesem Sinne unterläßt, eine Handlung auszuführen, der will, oder nimmt es zumindest bewußt in Kauf, daß ein bestimmter, von ihm vorausgesehener Verlauf nicht abgeändert oder gar abgebrochen wird. Ein so konzipierter Begriff der Unterlassung wird nicht dem Begriff der Handlung entgegengesetzt, sondern bezeichnet einen der beiden einander ausschließenden Modi der Handlung: eben die Unterlassung im Gegensatz zur Ausführung. Was eine Unterlassung zur Handlung macht, ist in erster Linie der Entschluß in der Situation der Entscheidung: Vieles, was wir tun könnten, tun wir nicht, obwohl wir uns nicht zur Unterlassung entschlossen haben. Aber wenn wir erst einmal vor der Entscheidung stehen, ob wir etwas tun oder nicht tun, werden wir am Ende einen Entschluß gefaßt haben, egal wie wir uns entscheiden. In der Situation der Entscheidung sind wir also zum Entschluß und damit zur Handlung, entweder als Ausführung oder als Unterlassung, verurteilt.

Versuchen wir unsere Überlegungen zu einem Handlungsbegriff zusammenzufassen. Die Wahl des Beginns der Handlung, die Wahl der Operationen bzw. der Mittel und die Setzung des Zwecks sind alles Elemente, von denen wir sagen können, daß sich in ihnen die Absicht der Person ausdrückt. Unter Berücksichtigung der beiden Handlungsmodi können wir daher sagen: Eine *Handlung* ist entweder die absichtliche Ausführung oder die absichtliche Unterlassung von zweckgerichteten Operationen durch mindestens eine Person. Unter diese Definition fallen weder das Stolpern aus unserem Beispiel, noch das Klopfen des Herzens, von dem Wittgenstein spricht: Solche Aktivitäten bezeichnen wir als Widerfahrnisse bzw. als vegetative Prozesse. Wenn es allerdings jemand durch Yoga oder durch autogenes Training gelingt, das Klopfen seines Herzen willkürlich zu beeinflussen, dann müssen diese

Veränderungen als Operationen und, unter Einbeziehung ihres Zwecks, als Handlungen gelten.

Was ergibt sich nun für das Verhältnis von Handlung und Determinismus? Daß die kausalen Bedingungskomplexe für den technischen Aspekt der Handlungen, also für Operationen und Mittel, bedeutsam sind, ist leicht einzusehen. Aber wie ist es mit der Handlung als solcher? Kann die Handlung eine Wirkung sein? Nach unserem Handlungsbegriff nicht. Denn wir hatten ja gesagt, daß es eine freie Entscheidung der Person sei, ob sie mit der Handlung beginnt oder nicht. Die Person legt den Beginn ihrer Handlung nach Belieben fest. Wenn die Handlung aber eine Wirkung wäre, dann müßten wir mit Wittgenstein sagen, daß »sie komme, wenn sie komme«. Wir müßten zunächst abwarten und würden dann staunen, wenn sie endlich beginnt. Sind Handlungen Glieder einer Kausalkette? Nun, wenn Handlungen keine Wirkungen sind, dann können sie auch keine Zwischen- oder Endglieder einer solchen Kette sein. Aufgrund ihrer operativen Macht könnten Handlungen danach nur als erste Glieder jeweils den Beginn einer solchen Kette markieren. Insofern wäre eine jede Handlung zugleich eine erste Ursache. Mit jeder Handlung käme etwas Neues in die Welt, wofür es vorher keine Notwendigkeit im Sinne des Determinismus gab.

Nun könnten uns freilich Zweifel daran kommen, ob wir wirklich frei sind. Die Erziehung, das Milieu oder die aktuellen Umstände einer Handlung werden oft bemüht, um ihr Zustandekommen zu erklären. Auch innere Dispositionen eines Menschen werden als Ursachen seines Handelns benannt. Ist es vielleicht nur eine Illusion, ein Vorurteil, wenn wir uns als frei denken, wenn wir glauben, frei zu entscheiden?

Der Philosoph Rüdiger Bittner vertritt offensichtlich diesen Standpunkt. Er schreibt:

> »Wir bestimmen nicht unser Tun, wir beherrschen es nicht, wir wählen es nicht. Freilich sind wir ihm darum nicht ausgeliefert. Da ist niemand, der ihm ausgeliefert oder überlegen sein könnte. Wir tun Dinge, wie Bäume Blätter treiben. Gewiß, manches, was wir tun, ist

gedankenlos, unaufmerksam oder überlegt, umsichtig. Manches ist
vernünftig, manches nicht. Aber es ist all dies nicht dadurch, daß es
einem Eingesehenen, es heiße Regel, Gesetz oder Bild, folgt oder
nicht folgt. Es ist dies dadurch, daß es zusammen mit Umständen und
früherem Tun Muster zeigt, die unter diesen Bezeichnungen klassifi-
ziert werden.«[9]

Was könnten wir darauf erwidern? Zunächst würden wir sicher
auf den eklatanten Widerspruch dieser Position zu unserem üblichen Selbstverständnis verweisen: Wer würde schon von sich
sagen, er schreibe Texte, halte Vorlesungen, gehe in Kino oder
spende Geld, wie ein Baum Blätter treibt? Ebenso ungewöhnlich wäre es für uns, zu sagen, das Lügen, Betrügen, Rauben
und Morden Geschehnisse seien, wie das Knospen und Ver-
welken der Blätter eines Baumes. Vom Sollen könnte vielleicht
noch in der Gegenwart oder mit Blick auf die Zukunft die Rede
sein, nämlich in der Meinung, daß die Äußerungen der Gebote
oder der Verbote als Elemente eines kausalen Bedingungskomplexes wirksam werden. Aber zu sagen, daß jemand ein Tun in
der Vergangenheit hätte ausführen bzw. unterlassen sollen,
wäre eine Rede ohne Sinn. Wir könnten zwar einschätzen, daß
ein anderes Tun bessere Wirkungen für uns gehabt hätte, müßten aber immer anerkennen, daß genau die eingetretenen Wirkungen mit Notwendigkeit eintreten mußten. Das Gefühl der
Reue, insofern es darauf beruht, daß jemand meint, er hätte anderes tun sollen und tun können, müßten wir streichen. Wir
könnten nur mit den Resultaten unseres Tuns unzufrieden sein,
aber dieses niemals bereuen, denn wir hatten ja keine Wahl.
Die Veränderung unseres Selbstverständnisses wäre so radikal,
so tiefgreifend, daß wir in einer anderen Welt leben würden.
  Rüdiger Bittner ist sich dieser Konsequenzen durchaus bewußt, wenn er schreibt:

---

[9] Rüdiger Bittner: Handlungen und Wirkungen. In: Gerold Prauss (Hg.):
Handlungstheorie und Transzendentalphilosophie. Frankfurt/M. 1986, S. 25.
Wir können Bittner zugestehen, daß wir unser Tun nicht immer und selten vollständig beherrschen. Aber allein das stellt unser Selbstverständnis als Handlungssubjekte nicht prinzipiell in Frage.

»Am Ende mag sich diese Welt auch dadurch von der unseren unterscheiden, daß wir anderes tun, eben weil wir so denken. Nicht daß
wir uns, diesen Gedanken folgend, zu einem Tun bestimmen. Die Erfahrung zeigt nur, daß manches Tun im Umkreis mancher Gedanken
nicht gedeiht. So mögen wir unter den beschriebenen Bedingungen
aufhören, einander zu richten. Gutes und Schlimmes geschieht uns,
nicht Böses. Wir freuen uns, wir klagen, aber wir loben und tadeln
nicht. Wir sind ohne Schuld.
So unterscheidet sich diese Welt doch wohl beträchtlich von der unseren. Aber so ungewohnt ein Leben in ihr wäre, unverständlich ist es
nicht. Unverständlich ist die Meinung, deren Fortbestehen uns von
ihm trennt.«[10]

Ist dieses andere Leben tatsächlich nicht unverständlich? Welche Bedeutsamkeit hätte es für uns, zwischen Gutem und
Schlechtem zu unterscheiden? Könnten wir in der anderen
Welt noch sagen, wir wollen dafür Sorge tragen, daß Gutes geschieht? Was sollte dies heißen? Es könnte nicht heißen, daß
wir Gutes tun wollen. Denn wir könnten uns nicht entscheiden.
Es würde gelten: Entweder sind oder werden wir eine Ursache
die Gutes bewirkt oder wir sind oder werden keine solche Ursache. *Wir* könnten es nicht ändern, denn das hieße ja, daß wir
die Ursache unserer selbst wären. Das aber würde gerade die
Position des Determinismus aufheben. Es würde nämlich bedeuten, daß wir zur Selbstbestimmung, also zur Freiheit, fähig
wären. Und was sollten die Worte ›ich‹ und ›wir‹ eigentlich in
dieser anderen Welt bedeuten? Bittner selbst schreibt ja: »Da
ist niemand, der ihm [nämlich: »unserem Tun«] ausgeliefert
oder überlegen sein könnte.« Dann wäre es aber auch nicht
›unser‹ Tun, sondern wir wären nur Teil eines Geschehens. Der
Gebrauch des Wortes ›ich‹ wäre keine Weise des Selbstbezu-
ges mehr, weil unklar sein würde, was das Selbst sein soll.
Jeder wäre eine Wirkung, die in verschiedenen kausalen Bedingungskomplexen als Element verschiedener Ursachen fungiert. Und daß dies geschieht, wäre nicht von uns, verstanden
als selbstbezügliche Wesen, abhängig. Die Rede von einer Ich-

---

[10] Ebenda.

Identität hätte sich damit erledigt. Wer *Ich* sagt, sagt auch *Freiheit*, oder er gebraucht das Wort *Ich* in einer unüblichen und insofern unverständlichen Weise.

Andererseits ist Bittners Welt verständlich, wenn wir den Determinismus als gültig voraussetzen. Und dies tun wir, wenn es uns um wissenschaftliche Erkenntnis, um Forschungsstrategien und um die Bestimmung des Technischen im Handeln geht. Von dieser Position aus müssen die Rede von der Freiheit und der ihr entsprechende Handlungsbegriff als unverständlich erscheinen. Wer von Freiheit spricht, scheint dann an Geister zu glauben, an Wesen, die sich der Naturnotwendigkeit entziehen. Der Apologet der Freiheit, könnte der Determinist sagen, sehe Gespenster.

Das Determinismus-Problem hat damit die Form eines Streits zwischen verschiedenen Perspektiven angenommen. Aus der Perspektive unseres lebensweltlichen Selbstverständnisses, insbesondere in praktischer Hinsicht, also wenn es darum geht, daß wir uns entscheiden, daß wir etwas wollen, daß wir handeln, setzen wir uns als frei, als fähig zur Selbstbestimmung voraus. Aus der Perspektive der theoretischen Aneignung der Welt, in Wissenschaft, Forschung und Technik, setzen wir dagegen voraus, daß es notwendige Zusammenhänge gibt – alles andere erschiene uns als Aberglaube. Läßt sich nun eine der beiden Voraussetzungen beweisen, so daß die je andere Seite für immer schweigen müßte?

Versuchen wir es zunächst mit der Freiheit. Können wir die Freiheit, die Selbstbestimmung, beweisen? Können wir sie so beweisen, daß der Theoretiker dem Praktiker zustimmen muß? Dazu bedürfte es eines theoretischen bzw. empirischen Beweises der Freiheit. Denken wir uns also ein Experiment aus. Die Person A fordert neun Personen aus ihrem Bekanntenkreis auf, eine geheime Liste mit Tätigkeiten zu erstellen. Alle dies Tätigkeiten sollen etwas ungewöhnlich sein: sich am Gummiseil in die Tiefe stürzen, eine Sahnetorte aufessen und dergleichen Unfug mehr. Es sollen also Tätigkeiten sein, die nicht jeder ausführt und die einige Überwindung kosten, wenngleich

es nicht gänzlich unwahrscheinlich oder gar unmöglich sein
soll, daß die Person A diese Tätigkeiten ausführt. Extreme
Lebensgefahr soll ausgeschlossen sein. Dann sollen die anderen im Geheimen abstimmen, welche Tätigkeiten die Person A
tun wird, wenn man ihr die Liste vorlegt. Weil es eine ungerade
Anzahl an Personen ist und Stimmenthaltungen ausgeschlossen sind, werden die Personen also für jede Tätigkeit eine eindeutige Prognose nach dem Mehrheitsprinzip abgeben. Aber
die Person A hat, weil sie ja ihre Freiheit beweisen will,
beschlossen, unabhängig von den Tätigkeiten, die auf der Liste
stehen werden, nach einer Regel vorzugehen. Diese Regel
könnte lauten: Alle Tätigkeiten unterlassen, oder: Alle Tätigkeiten ausführen, oder: Jede zweite Tätigkeit ausführen, die
anderen unterlassen. Die Person A meint also, daß ihre Entscheidungen völlig unabhängig davon sind, was auf der Liste
stehen wird, unabhängig davon, welche Emotionen – wie
Furcht, Ekel, Unwohlsein – der Gedanke an die Tätigkeiten
und erst recht ihre Ausführung auch erwecken mag. Sie folgt
ausschließlich ihrer Regel und damit ihrer Selbstbestimmung.
Daß Prognosen der anderen Personen nicht zutreffen, kann der
Determinist damit erklären, daß diese die kausalen Bedingungskomplexe eben nicht durchschaut haben. Aber wie ist es
mit der Selbstbestimmung durch eine bestimmte Regel? Nun,
auch hier kann der Determinist sagen, es sei eine Wirkung, daß
gerade diese Regel von der Person A gewählt worden war. Und
wenn sich die Person A bei einer Neuauflage des Experiments
für eine andere Regel entscheidet? Ebenso, würde der Determinist sagen, auch diese angebliche Entscheidung ist nur eine
notwendig eintretende Wirkung. Wir können uns drehen und
wenden, wie wir wollen – einen theoretischen oder empirischen Beweis der Freiheit, den auch der Determinist akzeptieren muß, können wir nicht führen.

Aber kann denn der Determinist seine Position beweisen?
Für die Wahl der Regel durch die Person A dürfte dies schon
kaum möglich sein. Freilich wird der Determinist sagen, daß
liege nur am noch zu geringen Wissen über die menschliche

Psyche. Und er wird auf Fälle verweisen, in denen kausale Erklärungen experimentell immer wieder bestätigt werden. Aber auch wenn wir dies akzeptieren, ist es kein Beweis des Determinismus. Für diesen ist wichtig, was Honderich sagt: Jede Wirkung geht mit Notwendigkeit aus einem Bedingungskomplex hervor, dessen Elemente gleichfalls Wirkungen sind und so fort. Das heißt aber, daß keine kausal Erklärung vollständig sein kann. Denn die jüngste Wirkung verdankt die Notwendigkeit ihres Eintretens allen Bedingungskomplexen ihrer Kausalkette. Nicht nur daß wir als Menschen nur über *begrenzte Kapazitäten* verfügen, um eine solche Kausalkette zurückzuverfolgen. Schlimmer noch: Wir geraten in einen Regressus ad infinitum. Nach dem Konzept der Kausalketten müssen wir nämlich unterstellen, daß jede *unendlich* weit in die Vergangenheit reicht. Daher ist es auch *begrifflich* ausgeschlossen, eine *vollständige* Kausalerklärung zu geben. Aber genau das müßte der Determinismus tun, um seine Gültigkeit zu beweisen.

Der Streit zwischen Freiheit und Determinismus endet also hinsichtlich ihrer Beweisbarkeit mit einem Remis: Keine Position kann ihre Gültigkeit zweifelsfrei beweisen. Und eben weil keine wissenschaftliche Entscheidung möglich ist, ist das Determinismus-Problem auch ein echtes philosophisches *Problem*, nicht nur eine Frage, auf die sich die Antwort schon noch finden wird.

Wie wollen wir nun mit diesem Ergebnis umgehen? Es ist offensichtlich angebracht, auf ontologisierende Redeweisen zu verzichten. Zu sagen: Personen *sind* frei, oder: alles *ist* durch kausale Bedingungskomplexe determiniert, sind unbeweisbare Sätze. Allerdings können wir sagen, daß wir in der wissenschaftlichen Forschung dem Determinismus als einem heuristischen Prinzip folgen und daß sich dieses Prinzip bewährt. Ebenso könnten wir sagen, daß wir uns in praktischer Hinsicht als frei und mithin als handelnde Wesen denken. Und auch dieses Denken muß sich bewähren: im Alltag, in der praktischen Philosophie, speziell in der Ethik. Beide Prinzipien, die Freiheit und der Determinismus, sind sozusagen gerechtfertigt, als

Voraussetzungen bestimmter Praktiken. Wenn wir Wissenschaft treiben, dürfen wir nicht an Gespenster oder Wunder oder sonstige Ereignisse, die sich der Naturnotwendigkeit entziehen, glauben. Wenn wir aber Menschen als Personen und ihre Aktivitäten als Entscheidungen und Handlungen verstehen und beurteilen wollen, dann müssen wir Freiheit voraussetzen. Wir können nicht erkennen, ob es Freiheit oder universelle Notwendigkeit im Sinne des Determinismus gibt, aber wir konstruieren mit Hilfe solcher Prinzipien unsere Welt. In diesem Sinne schreibt Immanuel Kant:

> »Alle Menschen denken sich dem Willen nach als frei. Daher kommen alle Urteile über Handlungen als solche, die hätten *geschehen sollen*, ob sie gleich *nicht geschehen sind*. Gleichwohl ist diese Freiheit kein Erfahrungsbegriff, und kann es auch nicht sein [...]. Daher ist Freiheit nur eine Idee der Vernunft, deren objektive Realität an sich zweifelhaft ist [...].«[11]

Den Determinismus dagegen können wir als einen jener Grundsätze verstehen, die fordern, in der Erforschung einer Reihe des Bedingten nicht etwas Unbedingtes anzunehmen, sondern immer weiter nach Bedingungen zu fragen. So können wir außer nach kausalen Bedingungskomplexen z. B. auch nach immer kleineren Teilchen forschen oder nicht nur nach der Ursache, sondern auch nach Zeit und Raum vor dem Urknall, der ja von manchen Kosmologen als Beginn unseres Universums postuliert wird, fragen. Über derartige Grundsätze, wovon der Determinismus eine Variante darstellt, schreibt Kant:

> »Der Grundsatz der Vernunft also ist eigentlich nur eine *Regel*, welche in der Reihe der Bedingungen gegebener Erscheinungen einen Regressus gebietet, dem es niemals erlaubt ist, bei einem Schlechthinunbedingten stehen zu bleiben. Er ist also [...] ein Grundsatz der größtmöglichen Fortsetzung und Erweiterung der Erfahrung, [...] also ein Principium der Vernunft, welches, *als Regel*, postuliert, was von uns im Regressus geschehen soll, und *nicht antizipiert*, was im *Ob-*

---

[11] I. Kant: Grundlegung zur Metaphysik der Sitten; BA 114f.

jekte vor allem Regressus an sich gegeben ist. Daher nenne ich es ein *regulatives* Prinzip der Vernunft, da hingegen der Grundsatz der absoluten Totalität der Reihe der Bedingungen, als im Objekte (den Erscheinungen) an sich selbst gegeben, ein konstitutives kosmologisches Prinzip sein würde [...]«[12]

Auch wenn wir Kants Argumentation, die im Detail durch die Spezifik seiner Erkenntnistheorie geprägt ist, nicht nachvollzogen haben, können wir doch sagen, daß wir zum gleichen Ergebnis gelangen wie er. Diese Parallele zeigt sich noch in anderer Hinsicht. Kant schreibt nämlich:

»In Ansehung dieses empirischen Charakters gibt es keine Freiheit, und nach diesem können wir doch allein den Menschen betrachten, wenn wir lediglich *beobachten*, und, wie es in der Anthropologie geschieht, von seinen Handlungen die bewegenden Ursachen physiologisch erforschen wollen.«[13]

Den »empirischen Charakter«, von dem Kant hier spricht, können wir als das Sein der Menschen als Lebewesen und in sozialen Zusammenhängen verstehen. Dieses Sein, dieser »Charakter«, bildet die verschiedenen Gegenstände der Humanwissenschaften, z. B. der Soziologie, der Psychologie, der von Kant erwähnten empirischen Anthropologie, der Medizin und vielleicht noch anderer Disziplinen. Insofern diese lediglich »beobachten«, wie Kant sagt, d. h. insofern sie empirische Forschung und entsprechende Theoriebildung betreiben, sollen auch sie dem Determinismus als Erkenntnisprinzip folgen. Sie sollen also durchaus nach kausalen Erklärungen suchen. Für diese Forschungen ist es weder nötig, noch als Forschungsmaxime geboten, den Menschen als frei zu denken. Vom Handeln

---

[12] I. Kant: Kritik der reinen Vernunft; B 536f, A 508f.

[13] Ebenda, B 578. *Anthropologie*, wie Kant den Terminus hier benutzt, muß als Gesamtheit aller Natur- und Sozialwissenschaften vom Menschen interpretiert werden. »Physiologisch« meint dann »natürlich« oder »naturgesetzlich« im Sinne dieser Wissenschaften – also von (bio-)mechanisch bis soziologisch. Vgl. z. B.: I. Kant: Grundlegung zur Metaphysik der Sitten, BA 63, wo die »empirische Seelenlehre« als Teil der »Naturlehre« aufgefaßt wird.

muß also dort gar nicht die Rede sein. Da es aber z. B. in der Soziologie oder der Psychologie dennoch um menschliche Aktivitäten geht, wollen wir in diesen Fällen vom *Verhalten* sprechen. Die Soziologie gelangt vielleicht nicht bis zu strengen Kausalerklärungen des Verhaltens, aber doch wenigstens zu statistischen Korrelationen zwischen bestimmten Bedingungen und dem Verhalten der Menschen bestimmter Gruppen. Die Einstellung in den empirischen Humanwissenschaften ist also ihrer Art nach eher naturwissenschaftlich als moralphilosophisch. Daß es für die Forschung, sozusagen für die Logik dieser Forschungen, nicht nötig ist, den Menschen als frei, also als handelnde Person, vorauszusetzen, kann natürlich nicht heißen, daß der Forscher diese moralische Einstellung unberücksichtigt lassen darf, wenn er an wirklichen Menschen forscht, etwa im Falle psychologischer Experimente oder medizinischer Versuche. *Freiheit* und *Handlung* im moralphilosophischen Sinne sind zwar keine Begriffe, die in diesen Theorien vorkommen sollen, die aber sofort ihr Recht verlangen, wenn der Forscher in ein praktisches Verhältnis zu wirklichen Menschen tritt.

Wir haben nun begrifflich die Handlung vom Widerfahrnis, von vegetativen Prozessen und vom Verhalten unterschieden und Operationen als Elemente der Handlung bestimmt. Dennoch könnten wir nun fragen, ob und wie wir unseren Handlungsbegriff überhaupt anwenden können. Erinnern wir uns an das Beispiel mit der Vase. Es war uns völlig plausibel, im Falle des Stolperns von einem Widerfahrnis und im Falle des wütenden Werfens der Vase von einer Handlung zu sprechen. Aber woher wollen wir das wissen? Diese Frage mutet im ersten Moment, und nicht ganz zu unrecht, absurd an. Im gewissen Sinne *sehen* wir, was eine Handlung ist und was nicht. Bestimmte Körperbewegungen, eine bestimmte Mimik und Gestik, Laute und erst recht Sätze haben für uns immer schon die Bedeutung, daß da jemand handelt und ihm nicht bloß etwas widerfährt. Wir wissen dies, weil wir so sozialisiert sind. Die Erfahrung, nicht im Sinne der methodisch gewonnen Erfahrung der empirischen Wissenschaften, sondern die Erfahrung im Umgang miteinander, hat uns dies gelehrt. Freilich kann es auch Fälle geben, in denen wir uns nicht sicher sind. Bleiben wir bei unserem Beispiel: Ist die Person wirklich gestolpert oder hat sie das Stolpern nur vorgetäuscht, um nicht der mutwilligen Zerstörung der Vase beschuldigt zu werden, was aber tatsächlich ihre Absicht war? Wer über mehr oder bessere Erfahrung verfügt, wird in solchen Fällen sicherer urteilen können. Es ist mit dem Handlungsverstehen in diesen Fällen so, wie mit dem Verstehen von Empfindungsausdrücken, etwa wenn wir nicht sicher sind, ob jemand Schmerzen nur vortäuscht. Was Ludwig Wittgenstein mit Bezug auf das Ausdrucksverstehen ausführt, gilt daher auch für das Handlungsverstehen. Er schreibt:

»Gibt es über die Echtheit des Gefühlsausdrucks ein ›fachmännisches‹ Urteil? – Es gibt auch da Menschen mit ›besserem‹ und Menschen mit ›schlechterem‹ Urteil. Aus dem Urteil des besseren Menschenkenners werden, im allgemeinen, richtigere Prognosen hervorgehen. Kann man Menschenkenntnis lernen? Ja; Mancher kann sie lernen. Aber nicht durch einen Lehrkurs, sondern durch ›*Erfahrung*‹. – Kann ein Andrer dabei sein Lehrer sein? Gewiß. Er gibt ihm von Zeit zu Zeit den richtigen *Wink*. – So schaut hier das ›Lernen‹ und das ›Lehren‹ aus. – Was man erlernt, ist keine Technik; man lernt richtige Urteile. Es gibt auch Regeln, aber sie bilden kein System, und nur der Erfahrene kann sie richtig anwenden. Unähnlich den Rechenregeln.«[14]

Wittgenstein verdeutlicht, daß mit dem Wort *Erfahrung* in diesem Zusammenhang gerade nicht empirische Forschung, sondern Menschenkenntnis gemeint ist. Zumindest in der Anwendung einiger ihrer Begriffe ist Philosophie eben auch Menschenkenntnis. In manchen Fällen können wir daher nicht einfach sehen, ob jemand ein Widerfahrnis vortäuscht, aber eigentlich handelt, oder vielleicht eine bestimmte Handlung vortäuscht, aber ganz andere Absichten verfolgt und also eine

[14] Ludwig Wittgenstein: Philosophische Untersuchungen, 2. Teil, XI; in: Werkausgabe, Frankfurt/M. [10]1995, Bd. I, S. 574f.

andere Handlung ausführt. Hier müssen wir auf unsere Menschenkenntnis bauen und können Indizien anführen, verbleiben
aber im Bereich des Räsonierens, gelangen nicht zur Erkenntnis im wissenschaftlichen Sinne. Wittgenstein drückt dies so
aus:

> »Ich bin mir *sicher*, daß er sich nicht verstellt; aber ein Dritter ist's
> nicht. Kann ich ihn immer überzeugen? Und wenn nicht, macht er
> dann einen Denk- oder Beobachtungsfehler? ›Du verstehst ja nichts!‹
> so sagt man, wenn Einer anzweifelt, was wir als echt erkennen, –
> aber wir können nichts beweisen.«[15]

In diesen Streitfällen interpretieren wir also, und deshalb können wir dann Handlungen als Interpretationskonstrukte auffassen. Dies ist aber der sekundäre Fall, der nur möglich ist, weil
wir normaler Weise wissen, was als Handlung oder auch als
Empfindungsausdruck gilt. Daß ein bestimmtes Verhalten entweder als Handlung oder als Widerfahrnis aufgefaßt wird, muß
bereits ein Umstand von kultureller Gültigkeit sein, damit Täuschung, Zweifel und Interpretation überhaupt möglich werden.

Nachdem wir nun den Status von Handlungen sowohl begrifflich als auch im Hinblick auf die Anwendung, den Gebrauch des Begriffs geklärt haben, wollen wir noch einige
Differenzierungen vornehmen, die in der ethischen Diskussion
von Wichtigkeit sind. Wir wollen drei Handlungstypen unterscheiden, wozu wir auch den Begriff der Freiheit präzisieren
müssen.

Unseren Fall des mit der Vase werfenden Wüterichs hatten
wir bereits als *Handlung im Affekt* charakterisiert. Um eine
Handlung kann es dem Begriff nach nur dann gehen, wenn wir
Absichtlichkeit unterstellen. Und in der Tat würden wir sagen,
daß er die Absicht hatte, mit der Vase sein Gegenüber zu treffen. Seine Freiheit bestand also auf jeden Fall darin, eine bestimmte Absicht zu fassen und sich zur Handlung zu
entschließen. Diese Freiheit, oder diese Aspekte der Freiheit,

---

[15] Ebenda, S. 574.

wollen wir *Handlungsfreiheit* nennen. Was heißt es nun, wenn wir von einer Handlung im Affekt reden? Die gerade bestimmte Handlungsfreiheit darf davon nicht berührt sein, denn sonst könnten wir begrifflich gar nicht mehr von einer Handlung reden. Dies ist z. B. der Fall, wenn jemand unter dem Einfluß starker Drogen steht. Seine Aktivitäten würden wir ihm dann nicht mehr als *Handlungen* zurechnen. Als Handlung zurechnen würden wir aber den Fakt, daß er Drogen genommen hat. Wenn er aber unwissentlich oder gegen seinen Willen durch andere unter Drogen gesetzt wurde, ist er sozusagen als verantwortliches Handlungssubjekt ganz aus der Sache raus: Ihm kann bei der ganzen Angelegenheit keine Handlungsfreiheit zugeschrieben werden. Bei der Handlung im Affekt ist dies nicht der Fall. Dennoch soll die Klassifikation *im Affekt* auf eine Einschränkung der Freiheit aufmerksam machen. Denn wenn jemand im Affekt handelt, wird er quasi von seiner Erregung übermannt. Eingeschränkt wird dadurch seine Fähigkeit zur Überlegung, zur Deliberation. Er überlegt nicht, welches Mittel er einsetzt, sondern ergreift das nächstliegende. Zum Glück war es bloß eine Vase und keine Axt. Aber das ist nicht die einzige Art der Überlegung, die hier defizitär bleibt.

Die handelnde Person könnte nämlich auch ihren Handlungszweck in Frage stellen. Ein erreichbares Ziel wird erst dann zu einem Zweck, wenn ihm durch das Handlungssubjekt ein Wert zugeschrieben wird. Der Handelnde könnte sich also fragen: Ist es wirklich von Wert, für mich oder im moralischen Sinne, wenn ich mein Gegenüber mit der Vase treffe? Diese Überlegung könnte ihn dazu bringen, daß er sich ein mögliches Ziel nicht zum Zweck macht. Jenen Wert der ein Ziel für ein Subjekt zu einem Zweck werden läßt, den es tatsächlich verfolgt, können wir das *Motiv* der Handlung nennen. Motive sind also handlungsrelevante Werte. Die Handlung im Affekt ermangelt also auch der Überlegung im Hinblick auf das Motiv.

Fassen wir zusammen: Eine Handlung im Affekt ist eine Handlung, weil wir Handlungsfreiheit, also Absichtlichkeit und Entschluß unterstellen. Sie ist eine defizitäre Handlung, weil die Deliberationsfreiheit in zweifacher Hinsicht, nämlich hinsichtlich der Überlegung zur Wahl der Mittel und zur Motivbildung, eingeschränkt ist.

Nun war in unserem Beispiel der Satz gefallen: »Ich hasse Dich«. Während die Wut als Affekt wohl so schnell vergeht, wie sie kommt, kann Haß eine echte Leidenschaft sein. Jemand kann ausdauernd hassen. Es kann zur Passion werden. Der Haß kann also vor dem affektiven Ausbruch bestanden haben und auch danach erhalten bleiben. Jemand, der *aus Leidenschaft* handelt, muß nicht im Affekt handeln. Leidenschaften können erfinderisch, ja raffiniert machen. Jemand, der aus Leidenschaft handelt, kann es sich sehr wohl überlegen, welche Mittel er einsetzen will, welche er für die geeignetsten hält. Die Deliberationsfreiheit bezüglich der Wahl der Mittel und Operationen ist mit dem Handeln aus Leidenschaft durchaus verträglich. Als Defizit bleibt hier nur die Überlegung zur Motivbildung. Daß alles, was z. B. dem Haß Genugtuung verschafft, ein wertvolles Handlungsziel ist und deshalb als Zweck gesetzt wird, gilt dem leidenschaftlich Handelnden für ausgemacht. Es wird nicht in Frage gestellt. Dies anzuzweifeln, hieße, die Leidenschaft aufzugeben.

Der dritte und in dieser Einteilung (vgl. Abbildung 5) letzte Handlungstyp ist folglich jener, bei dem sich die Deliberationsfreiheit auch auf die Motivbildung erstreckt. Wer so handelt, ist bereit, alle Aspekte seines Handelns zu rechtfertigen und ist dementsprechend auch Argumenten zugänglich, die diese Aspekte in Frage stellen. Ein solches Handeln wollen wir Handeln *mit Gründen* oder *nach Regeln* nennen, wobei wir eben unterstellen, daß die Gründe oder Regeln *alle* Handlungsaspekte reflektieren. Welcher Art die Gründe und Regeln sind, ob es sich dabei um moralische oder andere handelt, spielt aber hier noch keine Rolle. Wichtig ist nur, daß das Handlungssubjekt nicht durch Affekte oder Leidenschaften in seiner Deliberationsfreiheit eingeschränkt ist.

Es könnte eingewandt werden, daß auch jemand, der mit Gründen oder nach einer Regel handelt, dies auf leidenschaft-

	Handlungs- freiheit	Deliberationsfreiheit: Überlegungen zur	
	Absichtlichkeit und Entschluß	Optimierung der Mittel	Motivbildung
Handeln:			
im Affekt	x	–	–
aus Leidenschaft	x	x	–
nach Regeln	x	x	x

Abbildung 5: Arten menschlichen Handelns
nach Graden fortschreitender Freiheit

liche Weise tun könne, nämlich dann, wenn er sich mit ganzer Kraft und aller Konsequenz bei der Ausführung seiner Handlungen einsetzt. Das ist zwar in gewisser Weise richtig, aber es entspricht eben nicht der hier gegeben Bestimmung des Begriffs der Leidenschaft. In einem solchen Fall sollten wir daher besser von *Engagement* reden. Engagement erlaubt vollständige Deliberationsfreiheit und daher auch das Ende des Engagements mit Gründen. Der Begriff der Leidenschaft soll aber den Fällen vorbehalten bleiben, bei denen kein Nachdenken über Motive und Zwecke stattfindet und entsprechende Argumente sozusagen abgeblockt werden. Freilich kann Engagement in Leidenschaft umschlagen.

Zum Abschluß unseres Nachdenkens über Determinismus, Freiheit und Handlung soll noch ein Begriff der Freiheit erwähnt werden, der sich von unserem Begriff der Freiheit, der im wesentlichen Selbstbestimmung bedeutet, unterscheidet. Dieser alternative Begriff besagt: Freiheit ist die Möglichkeit oder die Fähigkeit, Hindernisse überwinden, also etwas ungehindert realisieren zu können.[16] Die Fähigkeit, Hindernisse

---

[16] Vgl. z. B. Thomas Hobbes: Leviathan oder Stoff, Form und Gewalt eines kirchlichen und bürgerlichen Staates. Herausgegeben und eingeleitet von Iring Fetscher. Übersetzt von Walter Euchner. Frankfurt/M. 1984, S. 163ff. (21. Kapitel).

überwinden zu können, betrifft aber in unserer Terminologie die Operationen. Denn Hindernisse lassen sich dann und um so besser überwinden, wenn bestimmte Operationen möglichst perfekt beherrscht werden und möglichst geeignete Instrumente zur Verfügung stehen. Daher soll hier die Fähigkeit, Hindernisse überwinden zu können, als *Macht* – wir könnten auch sagen: als *operative Macht* – definiert werden, aber nicht als Freiheit.

Allerdings könnte jemand sagen, daß Affekt und Leidenschaft doch offensichtlich Hindernisse seien, die unsere Freiheit, nämlich unsere Deliberationsfreiheit, einschränken. Also sei Deliberationsfreiheit doch die Überwindung von Hindernissen. Aber das, was Affekt und Leidenschaft einschränken, ist unsere Selbstbestimmung durch Überlegung. Der Begriff der Freiheit als Selbstbestimmung ist hier also schon vorausgesetzt. Nur unter dieser Voraussetzung können wir sinnvoll vom Beherrschen der Affekte und vom Meistern der Leidenschaften sprechen. Mit den Operationen, die hierzu nötig sind, bezieht sich das Subjekt auf sich selbst. Solche Selbsttechniken gehören zur Askese, insofern wir darunter jene Disziplin verstehen, die zum Handeln mit Gründen oder nach Regeln nötig ist. Die asketische Seite des Handelns wird in neueren Handlungstheorien leider oft unterschlagen.

Die Selbsttechniken, die ein Bestandteil der Handlungen sind und daher den Begriff der Freiheit als Selbstbestimmung voraussetzen, geben einen Fingerzeig auf die Genese der Prinzipien der Freiheit und des Determinismus: Indem ein Subjekt sich disziplinierenden auf sich selbst bezieht, setzt es sich als frei. Die Selbsttechniken sind aber nur notwendige, keine hinreichenden Bedingungen des Handelns. Zu den hinreichenden Bedingungen gehört auch das Wissen um die gegenstandsbezogenen Manipulationen. Je mehr sich das Handeln vom magischen Weltbild emanzipiert und die Menschen ihren eigenen Werkzeuggebrauch reflektieren, desto konsequenter konstruieren sie die Welt nach Zusammenhängen des Bewirkens. Die Einsicht, etwas bewirken zu können, wird zum Prinzip der

Welterschließung und avanciert schließlich zum objektiven Prinzip der Welt. Ernst Cassirer drückt dies so aus:

> »Der Kausalbegriff gehört zu jenen Urformen der Synthesis, durch welche allein es möglich ist, den Vorstellungen einen Gegenstand zu geben: er ist als Bedingung der Möglichkeit der Erfahrung Bedingung der Möglichkeit der Gegenstände der Erfahrung. Von einer solchen ins Objektive gewandten und das Reich der Objekte erst aufbauenden und ermöglichenden Kausalität weiß die mythisch-magische Welt noch nichts. [...] Das *Werkzeug* erst und sein regelmäßiger Gebrauch durchbricht prinzipiell die Schranke dieser Vorstellungsart. In ihm kündigt sich die Götterdämmerung der magisch-mythischen Welt an. Denn hier erst tritt der Gedanke der Kausalität aus der Begrenztheit der ›inneren Erfahrung‹, aus der Gebundenheit an das subjektive Willensgefühl heraus. Er wird zu einem Band, das rein *gegenständliche* Bestimmungen miteinander verknüpft und zwischen ihnen eine feste Regel der Abhängigkeit setzt.«[17]

Das menschliche Handeln und seine Reflexion erweisen sich als der Ursprung aller Konstruktionen nach den Prinzipien der Freiheit *und* des Determinismus.

---

[17] Ernst Cassirer: Form und Technik. In: Peter Fischer (Hg.): Technikphilosophie. Von der Antike bis zur Gegenwart. Leipzig 1996, S. 184.

3. Rationales Handeln

Im vorhergehenden Kapitel haben wir den Begriff des Handelns bestimmt. Es hatte sich erwiesen, daß Handlungen als Konstruktionen nach dem Prinzip der Freiheit zu denken sind. Als solche gehören sie zu unserem Selbstverständnis als soziale Kulturwesen in unserer praktischen Einstellung zur Welt. Dies vorausgesetzt konnte der Handlungsbegriff definiert werden: Unter einer Handlung verstehen wir entweder die absichtliche Ausführung oder die absichtliche Unterlassung von zweckgerichteten Operationen durch mindestens eine Person.

Handlungen können nun in verschiedener Hinsicht beurteilt werden. Die Einteilung der Handlungstypen in Handeln im Affekt, aus Leidenschaft und nach Regeln legt eine bestimmte Art der Handlungsbeurteilung nahe. Denn sowohl vom Handeln im Affekt als auch vom Handeln aus Leidenschaft würden wir nicht bzw. zumindest nicht schlechthin sagen, daß es rational sei. Fragen wir also: Inwiefern sind das Handeln im Affekt oder aus Leidenschaft nicht rational?

Das Handeln im Affekt ist mindestens in zweifacher Hinsicht nicht rational. Denn erstens wird hier nicht über das beste Mittel zur Erreichung des Zwecks nachgedacht, sondern einfach das nächstliegende ergriffen. Die Art, wie ein Zweck erreicht wird, kann aber unterschiedliche Folgen mit sich bringen. Die billiger Weise vorhersehbaren Folgen zählen wir zum Zweck der Handlung. Also kann durch die Wahl der Mittel auch der Zweck modifiziert werden. Wer im Affekt handelt, denkt aber darüber nicht nach. Er optimiert seine Mittelwahl weder im Hinblick auf ihre technische Eignung, noch im Hinblick auf ihre Zweckgenauigkeit. Betrachten wir noch einmal das Beispiel mit der Vase: Um den anderen zu treffen, wäre vielleicht ein Gegenstand besser geeignet gewesen, dessen Flugbahn weniger durch die eigene Unwucht beeinflußt wird. Dies betrifft die technische Eignung. Den Aspekt der Zweckgenauigkeit verdeutlicht die folgende Variation des Beispiels: Der Wütende will den anderen treffen, um ihm weh zu tun. Er will ihn aber nicht töten. Statt der Vase sei nun aber eine Axt das nächstliegende Mittel. Das mit einer Wurfaxt ein Mensch getötet werden kann, ist aber eine solche Folge des absichtlichen Treffens, die normalerweise jeder vorhersehen kann. Der Griff nach der Axt im Affekt kann also das modifizieren, was als Zweck zugeschrieben wird, obwohl es aufgrund der mangelnden Überlegung nicht der bewußte Zweck des Handelnden war. Juristisch gesehen kann so aus Körperverletzung im Affekt Totschlag im Affekt werden.

Beim Handeln aus Leidenschaft unterbleibt die kritische Thematisierung des Handlungsmotivs, was beim Handeln im Affekt ohnehin der Fall ist. Der leidenschaftlich Handelnde ist auf bestimmte Zwecke fixiert: Sie müssen genau dem Wert entsprechen, den er leidenschaftlich verfolgt. Andere Werte interessieren ihn nicht. Wenn der Handelnde z. B. nur noch danach fragt, ob eine Handlung seinen Haß befriedigen könnte, aber nicht, was sie an Ressourcen kostet oder einbringt, auch nicht, ob sie gut ist für sein Ansehen und dergleichen mehr, dann kann er sich durch die Fixierung auf bestimmte Zwecke, also auf den bestimmten Wert von möglichen Zielen unter Vernachlässigung aller anderen Werte, ruinieren, ohne daß sein Haß Befriedigung gefunden hätte.

Handeln im Affekt ist also insofern unvernünftig, als es Überlegungen zur Optimierung des Handlungserfolges unterläßt und zu unbeabsichtigten, aber billiger Weise vorhersehbaren Folgen führen kann. Zumindest letzteres gilt auch für das Handeln aus Leidenschaft. Dem Handeln aus Leidenschaft können wir eine gewisse Wertrationalität bescheinigen, denn die Wertentsprechung des Handelns ist hier das allein entscheidende Kriterium der Auswahl von Handlungsoptionen. Wegen der leidenschaftlichen Fixierung auf einen ganz bestimmten Wert könnten wir aber in gewisser Hinsicht auch von eingeschränkter oder unkritischer Wertrationalität reden. Sowohl diese eingeschränkte Wertrationalität als auch die Defizite des Handelns im Affekt führen zur mangelnden Beachtung der Handlungsfolgen. Dies und die beim Handeln im Affekt fehlende Überlegung zur Mittelwahl verhindern die Optimierung des Zweck-Mittel-Verhältnisses. Insofern können wir von fehlender oder eingeschränkter Zweckrationalität sprechen. Wertrationalität und Zweckrationalität sind also zwei Weisen der Handlungsbeurteilung.

Die Begriffe *Wertrationalität* und *Zweckrationalität* hat wohl als erster der deutsche Soziologe Max Weber in die Diskussion eingebracht. Nach Weber können Handlungen verstanden werden als:

> »1. *zweckrational*: durch Erwartungen des Verhaltens von Gegenständen der Außenwelt und von anderen Menschen und unter Benutzung dieser Erwartungen als ›Bedingungen‹ oder als ›Mittel‹ für rational, als Erfolg, erstrebte und abgewogene eigne *Zwecke*, – 2. *wertrational*: durch bewußten Glauben an den – ethischen, ästhetischen, religiösen oder wie immer sonst zu deutenden – unbedingten *Eigen*wert eines bestimmten Sichverhaltens rein als solchen und unabhängig vom Erfolg, – 3. *affektuell*, insbesondere *emotional*: durch aktuelle Affekte und Gefühlslagen, – 4. *traditional*: durch eingelebte Gewohnheit.«[1]

Mit Hilfe dieser Gesichtspunkte möchte Max Weber das Handeln »deutend verstehen«.[2] Allerdings thematisiert er nicht den ontologischen Status von Handlungen, wie wir es im zweiten Kapitel getan haben, sondern konzentriert sich auf die Frage, wie Handlungen anderer nachvollzogen werden können. Das Verstehen richtet sich auf den »subjektiv gemeinten Sinn« von »Handlungen«, welche als empirisch konstatierbare Fälle vorausgesetzt werden. Als empirische Entitäten können Handlungen für Weber historisch einmalige Ereignisse oder statistisch klassifizierbare Verhaltensweisen sein.[3] Seine Grundlegung gilt der Geschichtswissenschaft und der Soziologie in expliziter Abgrenzung zu philosophisch-normativen

---

[1] Max Weber: Wirtschaft und Gesellschaft. Grundriß der verstehenden Soziologie. Studienausgabe. Tübingen [5]1980, S. 12.
[2] Vgl. ebenda, S. 1.
[3] Was Weber also *Handlung* nennt, nennen wir *Verhalten*.

Disziplinen wie der Ethik oder der Ästhetik. Dennoch erlangten seine Kriterien des Handlungsverstehens und der Beurteilung von Handlungen auch in philosophischen Diskussionen einen bedeutsamen Einfluß. Dies gilt insbesondere für seinen Begriff der Zweckrationalität.

Zweckrationales Handeln versteht Weber als eine idealtypische Konstruktion. Idealtypen dienen dazu, eine bestimmte Handlungsorientierung abstrakt, d. h. ohne den faktischen Einfluß anderer Orientierungen, darzustellen. So schreibt Weber über den Idealtypus des zweckrationalen Handelns:

> »Die Konstruktion eines streng zweckrationalen Handelns also dient in diesen Fällen der Soziologie, seiner evidenten Verständlichkeit und seiner – an der Rationalität haftenden – Eindeutigkeit wegen, als Typus (›Idealtypus‹), um das reale, durch Irrationalitäten aller Art (Affekte, Irrtümer) beeinflußte Handeln als ›Abweichung‹ von dem bei rein rationalem Verhalten zu gewärtigenden Verlaufe zu verstehen.«[4]

Es geht also nicht darum, ob irgend jemand tatsächlich zweckrational handelt, sondern darum, inwiefern tatsächliche Handlungen dem Idealtypus der Zweckrationalität entsprechen. Der Idealtypus ist also ein Maßstab der Beurteilung.

Im folgenden werden wir vorrangig die Zweckrationalität und ihr Verhältnis zur Wertrationalität diskutieren, denn die Aspekte des Affektuellen bzw. des Traditionalen können als in jenen ersten Gesichtspunkten inbegriffen verstanden werden: Das Affektuelle bedeutet eine Einbuße an Zweckrationalität, das Traditionale läßt sich als spezieller Fall der Wertrationalität auffassen.

Zweckrationalität meint bei Weber jede Form einer instrumentellen Optimierung. Die Mittel sollen für Zwecke geeignet sein und das Erreichen verschiedener Zwecke soll sich weder

---

[4] Ebenda, S. 3. Idealtypen werden »aus diesem methodischen Zweckmäßigkeitsgrunde« gebildet. Weber unterschätzt den Umstand, daß der Idealtypus des zweckrationalen Handelns selbst eine Normativität erhält. Hierin liegt die Gefahr, daß etwas für schlechthin rational und gültig angesehen wird, was seine ursprüngliche Geltung einer faktischen Ordnung verdankt.

gegenseitig behindern, noch soll die Zweckerfüllung Folgen zeitigen, die den erstrebten Effekt mindern oder gar in sein Gegenteil verkehren. Die Optimierung stellt sich Weber so vor:

> »Die Entscheidung zwischen konkurrierenden und kollidierenden Zwecken und Folgen kann dabei ihrerseits *wert*rational orientiert sein: dann ist das Handeln nur in seinen Mitteln zweckrational. Oder es kann der Handelnde die konkurrierenden und kollidierenden Zwecke ohne wertrationale Orientierung an ›Geboten‹ und ›Forderungen‹ einfach als gegebene subjektive Bedürfnisregungen in eine Skala ihrer von ihm bewußt *abgewogenen* Dringlichkeit bringen und darnach sein Handeln so orientieren, daß sie in dieser Reihenfolge nach Möglichkeit befriedigt werden (Prinzip des ›Grenznutzens‹).«[5]

Was Weber über den Typus des wertrationalen Handelns schreibt, stimmt annähernd mit unserer Darstellung des Handelns aus Leidenschaft überein: Über die Mittel wird zwar nachgedacht, aber der jeweilige Wert, welcher als Handlungsmotiv der Auswahl der Zwecke zugrunde liegt, wird nicht in Frage gestellt. Was Weber dagegen als Darstellung der Zweckrationalität ohne Wertrationalität ausgibt, nämlich die Entscheidung über Zwecke anhand einer Dringlichkeitsskala der subjektiven Bedürfnisse und die entsprechende Optimierung der Mittel, entspricht im wesentlichen dem Begriff der Klugheit, wie wir ihn im ersten Kapitel eingeführt haben. Freilich sagen wir nicht, daß die Klugheit ohne Wertorientierung sei, denn sie folgt dem Wert der eigenen Glückseligkeit. Der Grund für diese Differenz zu Weber liegt darin, daß er Werte immer schon mit dem Anspruch auf objektive oder universelle Gültigkeit verbunden denkt, was aber keineswegs so sein muß. Webers Position wird deutlich, wenn er schreibt:

> »Vom Standpunkt der Zweckrationalität aus aber ist Wertrationalität immer, und zwar je mehr sie den Wert, an dem das Handeln orientiert wird, zum absoluten Wert steigert, desto mehr: *irrational*, weil sie ja um so weniger auf die Folgen des Handelns reflektiert, je unbeding-

---

[5] Ebenda, S. 13.

ter allein dessen *Eigen*wert (reine Gesinnung, Schönheit, absolute Güte, absolute Pflichtmäßigkeit) für sie in Betracht kommt.«[6]

Weber kennt offensichtlich keine relativen Werte, wie den der *eigenen* Glückseligkeit, sondern nur absolute.[7] Wenn er dennoch von »zum absoluten Wert steigern« spricht, meint er lediglich die fanatische Orientierung an unbedingten Werten.

Webers Begriff der Zweckrationalität bildet nun den theoriegeschichtlichen Hintergrund für Modelle der rationalen Entscheidung und für spieltheoretische Modellierungen des Handelns. Wir hatten im ersten Kapitel bereits einige Zweifel daran geäußert, daß die Interessenvermittlung durch Klugheit als ethische Vermittlung gelten kann. Jetzt wollen wir untersuchen, ob die spieltheoretische Modellierung des rationalen, d. h. im Sinne Webers: zweckrationalen, Handelns diese Zweifel bestätigt. Wenn es uns gelingt, zu zeigen, daß die Zweckrationalität an bestimmte Grenzen stößt, wir also Handlungen nicht schlechthin als vernünftige einstufen, obwohl der Zweckrationalität Genüge getan wird, dann haben wir einen guten Grund nach einer ethischen Vernunft zu fragen, die eben nicht mit Zweckrationalität gleichzusetzen ist. Wir benötigen also ein Modell, welches nicht nur die Handlung eines einzelnen darstellt, sondern ein Modell sozialen Handelns, denn es soll ja um die Vermittlung der Interessen von mindestens zwei Handlungssubjekten gehen. Wir können hier die Definition des sozialen Handelns von Max Weber voraussetzen:

> »›Soziales‹ Handeln aber soll ein solches Handeln heißen, welches seinem von dem oder den Handelnden gemeinten Sinn nach auf das Verhalten *anderer* bezogen wird und daran in seinem Ablauf orientiert ist.«[8]

---

[6] Ebenda.

[7] Polemisch könnte man formulieren: Der Gebrauch des Wortes »Wert« durch Weber ist Symptom seines Affekts gegen das Unbedingte.

[8] M. Weber: Wirtschaft und Gesellschaft. A. a. O., S. 1.

Diese Definition trägt dem Umstand Rechnung, daß die Realisierung vieler Handlungszwecke nicht nur von einem Subjekt abhängig ist, sondern auch davon, was andere tun.

Stellen wir uns einen Fall in dieser Art vor: Eine Handlungsweise erbringt für eine definierte Anzahl von Personen einen Nutzen, aber die definierte Anzahl derer, die dazu *notwendigerweise* diese Handlung praktizieren müssen, ist kleiner als die der Nutznießer. Jeder einzelne könnte also versuchen, in den Genuß des Nutzens zu kommen, ohne einen Beitrag zum Erfolg zu leisten. Er würde eben darauf spekulieren, daß die anderen die notwendigen Leistungen erbringen. Für jemanden, der so denkt, ist der Ausdruck *Trittbrettfahrer* gebräuchlich. Es können dann folgende Probleme entstehen:

- Wenn die Anzahl der Trittbrettfahrer zu groß wird, kann der Nutzen gar nicht mehr realisiert werden.
- Es kann der Fall sein, daß die Trittbrettfahrer den Gesamtnutzen verringern, also ihre Kostenersparnis mit Gewinneinbußen verrechnen müssen.
- Trittbrettfahrer tragen das Risiko, als solche entdeckt zu werden. Sie müssen dann mit Sanktionen rechnen, etwa dem Ausschluß aus der Gemeinschaft der Nutznießer oder dem Ausschluß von künftigen Projekten.

Alle drei Probleme lassen sich als Probleme von Klugheitserwägungen verstehen. Das erste betrifft die Gefahr, einen Zweck aufgeben zu müssen, das zweite thematisiert die Effektivität und die Sicherheit der Mittel und das dritte zieht zusätzlich die Optimierung langfristiger Interessen ins Kalkül. Ausschlaggebend für die Entscheidung realer pragmatisch denkender – wir können jetzt auch sagen: zweckrationaler – Subjekte wird es sein, wie sie die jeweiligen Risiken, also das jeweilige Produkt aus Eintrittswahrscheinlichkeit und Nutzens- bzw. Schadensgröße, einschätzen und wie groß ihre eigene Risikobereitschaft ist. Verstehen wir das Problem so, dann läßt sich aus theoretischer Perspektive kaum mehr dazu sagen.

Manche Modelle abstrahieren daher vom Risiko und von der Risikobereitschaft. Es wird dann von einer *Entscheidung unter Unsicherheit* oder hier synonym *unter Ungewißheit* gesprochen. Das vielleicht bekannteste spieltheoretische Modell dieser Art ist das Gefangenendilemma. Es wird durch folgende Geschichte eingeführt: Zwei Gangster werden verhaftet. Beiden kann ein relativ geringfügiges Delikt, sagen wir Waffenbesitz, nachgewiesen werden. Dafür würde jeder mit einem Jahr Gefängnis bestraft werden. Außerdem haben sie noch ein schweres Verbrechen, etwa bewaffneten Raub, begangen. Für dieses Verbrechen drohen 8 Jahre Haft. Aber dieses Verbrechen kann ihnen nicht nachgewiesen werden, wenn nicht mindestens einer der beiden gesteht. Um Absprachen zu verhindern, werden die beiden getrennt voneinander verhört. Außerdem wird eine Kronzeugenreglung in Aussicht gestellt: Wer gesteht, wenn der andere nicht gesteht, soll straffrei ausgehen. Gestehen aber beide, wird es beiden bei der Bemessung des Strafmaßes angerechnet: Statt der üblichen 8 sollen beide dann nur 5 Jahre Gefängnis erhalten. Soweit die Story des Gefangenendilemmas. Die Handlungsoptionen und die sich dann daraus jeweils ergebenden Resultate lassen sich nun in einer Matrix darstellen:

	Gefangener 2	
	gesteht nicht	gesteht
Gefangener 1		
gesteht nicht	1/1	8/0
gesteht	0/8	5/5

Abbildung 6: Gefangenendilemma.
Die Story, dargestellt mit Kardinalzahlen

So, wie die Geschichte erzählt wird, könnten wir meinen, beide sollten gestehen. Denn wenn jemand schon ein Verbrechen begannen hat, sollte er wenigsten so moralisch sein, es einzugestehen. Aber diese Lesart entspricht nicht der Funktion, die das Gefangenendilemma erfüllen soll: Es soll nicht das Verhältnis der Gefangenen zu Dritten, letztlich also zur Gesellschaft, thematisiert werden, sondern ihr Verhältnis zueinander angesichts dieser Situation. Wir könnten uns also vorstellen, es gehe um ein Trittbrettfahrerproblem oder um zu unrecht politisch Verfolgte. Die Frage lautet dann: Inwiefern ist es zweckrational, daß die beiden miteinander kooperieren, daß sie also jeweils die Handlungsoption wählen, mit der sie *beide* am besten fahren. Stellen wir also die Matrix etwas anders dar. Statt von »Gefangenen« soll neutral von »Spielern« die Rede sein. Und statt der Gefängnisjahre wollen wir nur angeben, welches Ergebnis aus der Sicht des jeweiligen Spielers an erster, zweiter, dritter und vierter Stelle seiner Präferenzordnung steht, wenn er zweckrational denkt. Außerdem wollen wir nicht von »nicht gestehen« bzw. »gestehen« sprechen, sondern von »kooperieren« und, als dessen Gegenteil, von »defektieren« [abtrünnig werden] als dem Aussteigen aus der Kooperation. Es ergibt sich nun die folgende Matrix:

Spieler 1	Spieler 2	
	koperiert	defektiert
kooperiert	2./2.	4./1.
defektiert	1./4.	3./3.

Abbildung 7: Gefangenendilemma. Neutrale Darstellung mit Ordinalzahlen

Bevor wir das Gefangenendilemma diskutieren, wollen wir noch die Problembedingungen explizieren. Der Gebrauch des Wortes *Kooperation* weicht hier vom üblichen Sprachgebrauch ab. Üblich ist es, *Kooperation* als *planvolles* neben- und miteinander Handeln zu verstehen. Hier aber wird vorausgesetzt, daß keine Absprachen und keine sonstigen bereits bestehenden Verbindlichkeiten zwischen den möglichen Kooperationspartnern bestehen. Oder anders gesagt: Die Entscheidung zwischen Kooperation und Defektion muß im Rahmen eines nichtkooperativen Spiels gefällt werden.[9] Eine zweite Problembedingung besagt, daß die Auszahlungen bereits alle Strebensziele enthalten, die die Spieler im Hinblick auf ihr Glück verfolgen. Das Problem, welches das Gefangenendilemma modelliert, kann also nicht durch die Einführung neuer Präferenzen gelöst, sondern nur aufgehoben werden. Drittens stehen die vier möglichen Auszahlungen für jeden der beiden Spieler in einer eindeutigen, einander entsprechenden Rangordnung. Schließlich muß viertens gewährleistet sein, daß der Lohn für beiderseitige Kooperation größer ist als die Auszahlung für wechselseitige Ausnutzung, d. h. als das Mittel aus der Summe der Auszahlungen für die einseitige Defektion und für die einseitige Kooperation. Beide Werte, für beiderseitige Kooperation und für wechselseitige Ausnutzung, müssen größer sein als die Auszahlung für beiderseitige Defektion:

---

[9] »Spiele, in denen die Spieler, ehe sie sich für eine Handlung entscheiden, miteinander kommunizieren und Vereinbarungen treffen können, werden *kooperative* Spiele, Spiele, in denen dies nicht möglich ist, *nicht-kooperative* Spiele genannt.« Georg Meggle: Grundbegriffe der rationalen Handlungstheorie. In: ders. (Hg.): Analytische Handlungstheorien. Handlungsbeschreibungen. Frankfurt/M. 1985, S. 421.

– Das Gefangenendilemma ist ein Modell eines nichtkooperativen Spiels (keine Absprachen, keine Verbindlichkeiten, keine höheren Instanzen).

– Die möglichen Auszahlungen enthalten bereits alle Strebensziele der Spieler in Hinblick auf ihr je eigenes Glück.

– Es gilt: V>B>S>D (Auszahlungen für: V = Versuchung der einseitigen Defektion; B = Belohnung für beiderseitige Kooperation; S = Strafe für beiderseitige Defektion; D =»Lohn des Dummen« für einseitige Kooperation).

– Es gilt: B>(V+D):2>S.

Abbildung 8: Gefangenendilemma. Problembedingungen

Warum ist das sogenannte Gefangenendilemma nun ein Dilemma?

Beide Spieler verfolgen das gleiche Ziel: Weil sie zweckrational denken und dem Wert der eigenen Glückseligkeit folgen, möchte jeder das Ergebnis erreichen, welches für ihn selbst am besten ist. Für die Gefangenen wäre das die Straffreiheit. Wenn der Spieler 1 wüßte, daß der andere kooperiert, würde er nach dieser Logik defektieren, um sein Maximalziel zu erreichen. Wüßte er, der andere defektiert, würde er wiederum defektieren, denn das drittbeste Ergebnis ist immer noch besser als das viertbeste. Wer defektiert hat also mit dem besten oder dem drittbesten Ergebnis zu rechnen, wer kooperiert mit dem zweitbesten oder dem schlechtesten. Wer also nicht weiß, was der andere tun wird, handelt aufgrund der überhaupt möglichen Nutzens- bzw. Schadensgrößen und aufgrund der gerade angestellten Erwägung klug, nämlich zweckrational, wenn er defektiert: Er vermeidet auf jeden Fall das für ihn schlechteste Ergebnis, und er erhält sich vermeintlich die Möglichkeit, sein bestes Ergebnisses vielleicht doch zu erreichen. Von einem Dilemma kann scheinbar keine Rede sein.

Aber ganz so einfach ist die Sache doch nicht. Denn der jeweils andere wird genauso überlegen. Er wird also auch defektieren. Damit aber verschwindet die Möglichkeit, das beste

Ergebnis zu erreichen. Die Lösung, bei der jeder das drittbeste Resultat erzielt, erweist sich anscheinend als stabil. Vom Resultat her gesehen werden diese Handlungsentscheidungen der beiden Spieler als Entscheidungen nach der *Maximin-Regel* bezeichnet. Dies soll besagen: Unter Ungewißheit entscheiden wir uns am besten für die Option, welche uns das Maximum der Minima sichert, bei der wir also auch im schlimmsten Fall noch am besten wegkommen: Lieber den Spatz in der Hand, als die Taube auf dem Dach.

Auch an diesem Punkt der Überlegung zeigt sich kein Dilemma. Die bisherige Argumentation wird als *Dominanzargument* bezeichnet, weil sie eine dominante, eine stabile, Strategie begründet, eben die Maximin-Strategie. Allerdings können wir nun weiter an der Schraube der Reflexion drehen. Beide Spieler könnten sich jetzt folgendes sagen: Wenn ich annehme, daß der andere auch zweckrational denkt und daß er genauso rational ist wie ich, dann müßte ihm wie mir auffallen, daß die Matrix die Möglichkeit eines Resultates enthält, welches für jeden von uns beiden besser ist als das Resultat der Maximin-Regel. Es handelt sich um das Ergebnis des beiderseitigen Kooperierens. Wenn ich also annehme, daß der andere genauso rational ist wie ich und folglich genauso überlegt, kann ich davon ausgehen, daß wir beide kooperieren. Also kooperiere ich. Diese Argument wird *Symmetrieargument* genannt, weil es die Symmetrie der Rationalität der beiden Spieler voraussetzt.

Wenn wir einmal davon absehen, daß es sich bei den beiden Spielern um Gangster handeln könnte, von denen wir aus moralischen Gründen fordern würden, daß sie gestehen, also defektieren sollen, dann entspricht das Symmetrieargument offensichtlich dem, was wir im ersten Kapitel als die moralische Orientierung bestimmt hatten: die Orientierung am Glück eines jeden, um so das Glück aller zu ermöglichen. Wenn die beiden Spieler *alle* relevanten Personen sind, dann gilt dies sogar für die beiden Verbrecher, weshalb der »Ehrenkodex« von Gangstern, sich gegenseitig nicht zu verpfeifen, nicht zu unrecht als deren *Binnen-* oder *Gruppenmoral* bezeichnet werden kann.

Außerdem verweist das Symmetrieargument auf zwei Präzisierungen der moralischen Orientierung: Erstens nämlich gibt es offensichtlich Fälle, in denen die Orientierung am Glück eines jeden nicht möglich ist, ohne daß ein jeder, vielleicht auch nur manche, von ihrer Maximalvorstellung vom eigenen Glück abgehen. Wir dürfen sogar vermuten, daß diese Fälle nicht selten sind. In der Situation des Gefangenendilemmas zeigt sich dies eben darin, daß die dem Symmetrieargument entsprechende Lösung für beide Spieler jeweils nur das zweitbeste überhaupt mögliche Resultat erbringt. Zweitens zeigt sich, daß die moralische Orientierung offensichtlich eine Gleichbehandlung aller impliziert. Dies muß aber nicht, wie beim Symmetrieargument bedeuten, daß beiden Gleiches zuteil wird. Gleichbehandlung könnte ja auch bedeuten, daß unterschiedliche Ausgangslagen der relevanten Personen angeglichen werden. Gleichbehandlung wäre also die Behandlung zur Herstellung von relevanter Gleichheit, z. B. von Chancengleichheit.

Wenn die Angelegenheit mit dem Symmetrieargument nun erledigt wäre, dann müßten wir wohl einräumen, daß durch Klugheit doch eine moralische Vermittlung der Interessen gelingt. Ist das Symmetrieargument also das letzte Wort? Die Antwort lautet: Nein. Wenn nämlich ein Spieler diese Stufe der Überlegung erreicht hat, kann er sich wiederum sagen, daß es für ihn unter der Annahme, der andere kooperiere entsprechend dem Symmetrieargument, besser sei zu defektieren, also doch dem Dominanzargument zu folgen. Dann nämlich würde er sogar sein Maximalziel erreichen, was ja seiner Zweckrationalität entspricht. Andererseits könnte sich nun wieder das Symmetrieargument, also die Überlegung, daß der andere genauso rational ist, anschließen. Und sofort. *Theoretisch* erscheint das Dilemma daher als der fortgesetzte und nicht zur Ruhe kommende Wechsel von Dominanz- und Symmetrieargument. Die Bedingung allerdings, daß beide Spieler gleich rational seien und unendlich viele Stufen der Reflexion durchlaufen können, mag zwar als ideale Voraussetzung im Modell unterstellt werden, aber reale Handlungssubjekte können sich immer fragen, bis zu welcher Ebene der Reflexion der andere tatsächlich gelangt. Solange sie daher zweckrational daran festhalten, daß beste Ergebnis für sich erzielen zu wollen, wird die Ungewißheit über die Reflexion des je anderen sie doch wieder zur Maximin-Regel des Dominanzarguments führen. Denn egal auf welcher Stufe der andere seine Reflexion beendet, in beiden Fällen ist es besser zu defektieren: Endet der andere beim Symmetrieargument, wird durch eigenes Defektieren das Maximalziel erreicht; endet der andere beim Dominanzargument, wird durch eigenes Defektieren das Schlimmste verhindert und das drittbeste Resultat als das kleinere Übel gesichert.

Wir können also bis jetzt folgendes sagen: *Aus theoretischer Sicht*, und das heißt hier: unter der Annahme endlos fortgesetzter Reflexion, handelt es sich beim Gefangenendilemma tatsächlich um ein Dilemma, weil sich der Widerstreit zwischen Symmetrie- und Dominanzargument nicht auflösen läßt. *Aus praktischer Sicht*, also im Hinblick auf reale Handlungssubjekte, erweist sich dagegen die Maximin-Regel tatsächlich als die dominante Strategie der Zweckrationalität unter der Bedingung der Ungewißheit. Ist also das Gefangenendilemma kein praktisches Dilemma der Zweckrationalität, wenn diese doch eine der beiden Optionen als die zu wählende begründen kann?

Nun, in gewisser Hinsicht doch. Denn auch wer das Dominanzargument eingesehen hat, muß sich immer noch sagen, daß nach der Matrix der Handlungsoptionen ein besseres Resultat möglich wäre. Allerdings kann es keine Strategie geben, nach der beide handeln *und* ihr Maximalziel erreichen. Dies ist durch der Matrix, also von der Situation her, ausgeschlossen. Das Maximum des eigenen Glücks zu erstreben, erweist sich damit zumindest in Situationen dieser Art und insofern als irrational, als es hier keine allgemeine Regel geben kann, nach der alle ihr Strebensziel erreichen. Die Rede von einer *allgemeinen* Regel meint, daß ein jeder nach ein und derselben Regel handelt, ohne daß das Handeln nach dieser Regel den Erfolg eines jeden unmöglich machen würde. Also ist nicht das Maximalziel das mögliche bessere Resultat, welches sich in der Matrix zeigt, sondern das Resultat der Kooperation. Und hier kann offensichtlich eine allgemeine Regel gedacht werden. Sie könnte kurz und bündig lauten: Kooperiere! Und genau da liegt das Dilemma der Zweckrationalität: Sie erkennt das bessere Resultat und auch das Mittel, um dieses zu erreichen, nämlich das Handeln nach dem Symmetrieargument. Dennoch kann zweckrational nur die Maximin-Regel und nicht die Kooperationsregel gerechtfertigt werden. Denn gerade aufgrund der Zweckrationalität ist das Handeln nach der Kooperationsregel auszuschließen: Wer zweckrational handelt, folgt einer Regel nicht deshalb, weil sie als allgemeine Regel möglich ist. Wer zweckrational handelt, orientiert sich am maximalen Erfolg und am sichersten Mittel. Diesen Kriterien aber entspricht das Dominanzargument. Das Dilemma für die Zweckrationalität besteht also darin, daß das sicherste Mittel, das Defektieren, nur ein suboptimales Resultat, nämlich nur das drittbeste erbringt, obwohl zu sehen ist, welche Resultate besser wären, für die es aber kein sicheres Mittel gibt.

Wir haben also gezeigt, daß die Zweckrationalität in bestimmten Situationen an ihre Grenzen stößt. Aus diesem Bewußtsein entsteht das Bedürfnis nach einer Vernunft, die begründet, warum wir eine zweckrational unsichere, aber bei allgemeiner Befolgung bessere Ergebnisse erbringende Regel annehmen sollten. Wenn diese alternative Vernunft die ethische ist, so würde ihre Aufgabe also darin bestehen, eine solche Begründung zu leisten. Die Wertorientierung am Glück eines jeden steht offenbar im engen Zusammenhang mit einer allgemeinen Regel und der Begründung, warum wir ihr folgen sollen. Hierauf wäre also bei der Diskussion spezieller ethischer Ansätze zu achten.

Nun könnte jemand sagen, daß die Modellsituation des Gefangenendilemmas doch sehr abstrakt sei. Sie sehe von vielen Aspekten ab, die bei Klugheitserwägungen und damit beim

zweckrationalen Handeln eine Rolle spielten. Für die Modellsituation mögen wir die Grenzen der Zweckrationalität gezeigt
haben, aber die Wirklichkeit sei eben eine andere. Das ist in gewisser Weise richtig. Wir müssen gar nicht bestreiten, daß wir
oft unter Ungewißheit über das Verhalten der anderen handeln
müssen. Auch nicht, daß tatsächlich oft der Maximalgewinn
für den einen nur durch Verluste für den anderen möglich ist.
Wenig plausibel ist aber die Isoliertheit der Situation. Der
Volksmund sagt: Man sieht sich immer zweimal im Leben.
Außerdem spricht es sich herum, wie jemand handelt. Im Modell blieben diese Aspekte unberücksichtigt. Deshalb wird die
Situation, die wir bisher betrachtet haben, auch das *einfache
Gefangenendilemma* genannt, und zwar im Unterschied zum
iterierten Gefangenendilemma.

Beim einfachen Gefangenendilemma wird nur eine Runde
gespielt, was auch beiden Spielern bekannt ist. Beim iterierten
werden mehrere Runden gespielt, was wiederum beiden Spielern bekannt ist, aber ohne daß sie wissen, wie viele Runden
gespielt werden. Diese Variante verändert die Situation beacht-
lich, denn der Zweck der Handlungen verändert sich: Es kann
jetzt nicht mehr darum gehen, einmalig ein möglichst günsti-
ges Ergebnis durch ein sicheres Mittel zu erzielen, sondern es
muß ins Kalkül gezogen werden, wie der jeweils andere Spieler in den nächsten Runden auf das eigene Handeln reagiert.
Wir haben es also jetzt mit jenem bereits beim Trittbrettfahrer-
Problem erwähnten Fall zu tun, daß langfristige Interessen und
mögliche Sanktionen durch andere eine Rolle spielen, wenn jemand die Entscheidung treffen muß, ob er kooperiert oder defektiert. Das Handeln erfolgt daher nicht mehr schlechthin
unter Ungewißheit, sondern unter Risiko. Wir hatten bereits
darauf verwiesen, daß dann aus theoretischer Sicht nicht mehr
gesagt werden kann, als daß die Optionswahl von der Risi-
koeinschätzung des Handelnden und von seiner eignen Risikobereitschaft abhängen wird. An dieser Aussage können wir
auch festhalten. Denn um mehr sagen zu können, müssen bestimmte Fälle betrachtet und ausgewertet werden.

Die vielleicht berühmteste Studie, in der genau dies unternommen wird, hat Robert Axelrod mit seinem Buch *Die
Evolution der Kooperation* vorgelegt. Er verbindet seine Untersuchung mit der Frage:»Unter welchen Bedingungen entsteht Kooperation in einer Welt von Egoisten ohne zentralen
Herrschaftsstab?«[10] Die Rede vom zentralen Herrschaftsstab
soll an die Funktion des Souveräns in der politischen Theorie
von Thomas Hobbes erinnern, aber wir können sie in einem
weiteren Sinne so verstehen, daß eben keine Instanzen, weder
politische noch moralische noch sonstige, vorausgesetzt werden. Die Fragestellung ist dann im Prinzip mit der unseren
identisch, inwiefern allein die Zweckrationalität der handelnden Individuen stabile Klugheitsregeln im sozialen Handeln –
im Sinne Webers – ermöglicht und ob diese Regeln als moralische Regeln gelten können.

Axelrod gewinnt die auszuwertenden Fälle, indem er zwei
Computerturniere veranstaltet, wobei die Ergebnisse des ersten
den Teilnehmern des zweiten bekannt sind. Programme werden
von Spezialisten aus verschiedenen Gebieten eingereicht: aus
der Psychologie, der Wirtschaftswissenschaft, der Soziologie,
der Mathematik, der Biologie, der Politologie und der Informa-
tik. Beide Turniere gewinnt das, seiner beanspruchten Speicher-
kapazität nach, einfachste Programm TIT FOR TAT, welches der
kanadische Psychologe Anatol Rapoport ins Rennen schickt.
Dieses Programm kooperiert im ersten Zug und spielt in jedem
weiteren Zug so, wie der andere im vorhergehenden. Würde also
der andere Spieler im ersten Zug auch kooperieren, bliebe TIT
FOR TAT dabei bis der andere defektierte, was TIT FOR TAT
einen Zug später rächen würde, aber mit der Bereitschaft, mit
einem Zug Verspätung zur Kooperation zurückzukehren, wenn
dies auch der andere zuvor getan hätte.

Warum ist TIT FOR TAT so erfolgreich? Axelrod stellt
zunächst einmal das Theorem auf, daß es trotz dieses beein-

---

[10] Robert Axelrod: Die Evolution der Kooperation. Übersetzt von Werner
Raub und Thomas Voss. München/Wien [4]1997 (engl. 1984), S. 3.

druckenden Erfolgs *keine schlechthin beste* Regel gibt.[11] Das
heißt, der Erfolg einer Regel ist von der Zusammensetzung der
Spielerpopulation abhängig, also davon, Strategien welcher Art
von wieviel Spielern bevorzugt werden. Auch zu den beiden
Turnieren, die das Programm TIT FOR TAT gewann, hätten
nachträglich Regeln konstruiert werden können, die in *diesen*
Populationen besser abgeschnitten hätten als TIT FOR TAT,
aber nicht in *jeder* Population am besten abschneiden würden.
Darin kann der spieltheoretische Beweis gesehen werden, daß
sich durch Klugheit, verstanden als Zweckrationalität, keine
universelle Handlungsregel begründen läßt. Dennoch besitzt
das Programm TIT FOR TAT Eigenschaften, die es zu einer relativ robusten Strategie werden lassen.

Axelrod nennt zuerst die Empfehlung: Sei nicht neidisch.[12]
In diesem Ratschlag reflektiert sich der Umstand, daß es Interaktionen gibt, und das iterierte Gefangenendilemma modelliert
eine solche, die nicht als Nullsummenspiele gedacht werden
müssen: Der Vorteil des einen muß nicht notwendigerweise der
Nachteil des anderen sein, sondern es können beide besser oder
beide schlechter abschneiden.

Dieser Hinweis ist keineswegs trivial. Er könnte uns dazu
bringen, den Erfolg nicht immer als das Ergebnis eines Null-
summenspiels anzusehen. Dies tun wir aber meisten. Wir
denken sozusagen sportiv: Erfolg hat der, welcher sich im
Wettbewerb gegen andere durchsetzt – entweder Gewinn
oder Verlust, schon ein Unentschieden, wenn es die Spielre-
geln überhaupt vorsehen, gilt allen Beteiligten als Verlust.
Betrachten wir z. B. ein Fußballturnier der Mannschaften A,
B und C. A verliert gegen B und gegen C jeweils mit 3:4, C
schlägt B mit 1:0. Nach der üblichen Erfolgsbewertung hat C
mit zwei Siegen gewonnen, B wird mit einem Sieg Zweiter
und A sieglos Letzter. Wäre Fußball nun kein Nullsummenspiel, sondern ein ganz anderes Spiel, bei dem es darum geht,

---

[11] Vgl. ebenda, S. 14
[12] Vgl. ebenda, S. 99ff.

im Spiel mit verschiedenen Mannschaften möglichst viele
Tore zu erzielen, gleichgültig, ob eine Mannschaft in jedem
einzelnen Spiel mehr Tore als die andere erreicht, hätten wir
ein völlig anderes Gesamtergebnis. Nach dieser Wertung
hätte die Mannschaft A das Turnier gewonnen, weil sie mit 6
erzielten Treffern die höchste Auszahlung erlangt, während C
mit 5 Treffern auf Platz 2 und B mit 4 Treffern auf Platz 3
landen würden. Genauso verhält es sich mit TIT FOR TAT.
Dieses Programm hat gegen keines der anderen Programme
im direkten Vergleich gewonnen. Im ersten Turnier erzielte es
z. B. 7 Unentschieden und 7 Niederlagen. TIT FOR TAT *kann*
gegen kein Programm gewinnen: Ein Vorteil im direkten Vergleich ist nur dann möglich, wenn der eine Spieler defektiert
und der andere kooperiert. Weil das Programm TIT FOR TAT
stets mit einer Kooperation startet und danach nur die vorhergehenden Züge des Gegners entsprechend sanktioniert, ist
das bestmögliche Resultat ein Unentschieden. TIT FOR TAT
will den anderen nicht besiegen, sondern ist auf den Ausgleich für sich bedacht. TIT FOR TAT gewinnt das Turnier,
weil es niemals mit großem Abstand verliert, weil es mit ko-
operationsbereiten Programmen hohe Auszahlungen erzielt
und weil andere, weniger kooperationsbereite Programme untereinander nur geringe Auszahlungen realisieren. Der Klü-
gere gibt nach, sagt der Volksmund. Der Erfolg von TIT FOR
TAT liefert die spieltheoretische Begründung, warum und in
welchem Rahmen dies richtig ist. Das Verständnis, Interaktionen nicht unbedingt als Nullsummenspiele aufzufassen, ist
grundlegend auch für die anderen Vorzüge von TIT FOR
TAT.

So nennt Axelrod als zweite Empfehlung: Defektiere nicht
als erster.[13] Die Freundlichkeit oder Kooperationsbereitschaft
ist eine Konsequenz aus dem grundsätzlichen Verständnis des
Interaktionstyps. Sie soll gegenseitigen Vorteil ermöglichen
und vermeiden, den anderen unnötig zu provozieren.

---

[13] Vgl. ebenda, S. 102ff.

Die dritte Klugheitsregel lautet: Erwidere sowohl Kooperation als auch Defektion.[14] Axelrod spricht hier auch vom Prinzip der Gegenseitigkeit. TIT FOR TAT praktiziert dieses Prinzip so erfolgreich, weil es im rechten Maße – wir könnten auch sagen: auf leidenschaftslose Weise – sich sowohl provozieren läßt, als auch nachsichtig ist. Jede Defektion des anderen wird bestraft, aber nur einmal. Danach ist die Rückkehr zur Kooperation wieder möglich. Programme, die gegenüber Defektionen nachsichtiger sind, laufen Gefahr, ausgenutzt zu werden; Programme die Defektionen strenger, also mit mehrmaliger Defektion bestrafen, laufen Gefahr nicht mehr zur Kooperation zurückzufinden und daher den Betrag der Auszahlungen zu verringern. Aber auch der Erfolg der leidenschaftslosen Reziprozität hängt von der Zusammensetzung der Spielerpopulation ab: So hätte TIT FOR TWO TAT, d. h. ein Programm, das erst zwei aufeinanderfolgende Defektionen des anderen mit einer eigenen bestraft, das erste Turnier gewonnen, wenn es eingereicht worden wäre. Am zweiten Turnier nahm es teil, aber die Population hatte sich so verändert, daß es sich nur im letzten Drittel der Teilnehmer wiederfand. Für diese Population war es also zu nachsichtig.

Schließlich empfiehlt Axelrod: Sei nicht zu raffiniert.[15] Diese Aufforderung richtet sich gegen Regeln, die mit starken und starren Theorien über das Verhalten des anderen die eigenen Auszahlungen zu maximieren versuchen. Solche Programme berücksichtigen zuwenig die Auswirkungen, die ihr eigenes Verhalten auf das Verhalten des anderen hat, und sie können, wenn ihre Theorie falsch ist, nicht mehr flexibel reagieren.

Die Evolution der Kooperation stellt sich Axelrod, kurz gesagt, so vor: Die Auswertung der Turniere ergibt, daß jene Strategien, nicht nur TIT FOR TAT, relativ erfolgreich sind, die auf Kooperationsbereitschaft setzen, ohne sich ausnutzen zu las-

---

[14] Vgl. ebenda, S. 106ff.
[15] Vgl. ebenda, S. 108ff.

sen. In einer realen Population könnten sie in historischen Lernprozessen zum Vorbild für das Verhalten der anderen werden und daher stabile Kooperationsverhältnisse schaffen. Dabei ist zu beachten, daß zwar ein einzelner TIT-FOR-TAT-Spieler in einer unfreundlichen Population nicht so gut abschneidet wie die anderen Spieler, also nicht als Vorbild wirksam wird, daß aber schon eine relative kleine Gruppe dies vermag, wenn möglichst viele Runden gespielt werden und diese Gruppe eine hinreichende Anzahl von Interaktionen untereinander vollzieht. Unter diesen Bedingungen, meint Axelrod, dürfen wir zuversichtlich sein, daß Kooperation in einer Welt von Egoisten ohne zentralen Herrschaftsstab entstehen kann.

Axelrods Ausführungen stützen also die These, daß Zweckrationalität *unter bestimmten Bedingungen* eigenständig, d. h. ohne übergeordnete Instanzen zu beanspruchen, zu relativ stabilen und robusten, also in verschiedenen Populationen sich bewährenden Handlungsregeln führen kann, die tatsächlich das Glück aller befördern. Welche Regeln dies sind und welches Durchsetzungsvermögen sie haben, hängt wesentlich von der Zusammensetzung der Population und von der Bedeutsamkeit langfristiger Interessen ab. In den von Axelrod untersuchten Populationen hat sich TIT FOR TAT als robust erwiesen, andere Untersuchungen mit anderen Resultaten sind denkbar.

Wir könnten also folgende Schlußfolgerung ziehen: Je mehr das zweckrationale Denken auch langfristige Interessen berücksichtigen muß, desto eher scheint es geeignet zu sein, spezielle moralische Regeln überflüssig werden zu lassen. Allerdings sollten wir dieses Resultat nicht überschätzen. Denn der spieltheoretische Nachweis dieser These beruht auf einer Voraussetzung, die bisher noch nicht zur Sprache kam, die aber in unserer Lebenswelt gewiß nicht immer erfüllt ist.

Insbesondere Axelrods Empfehlung, sowohl Kooperation als auch Defektion zu erwidern, verweist auf diese Bedingung. Axelrod erwähnt sie auch vage, scheint aber ihre Bedeutsamkeit nicht zu erkennen. Er schreibt:

»Es gibt kein Mittel, den anderen Spieler zu beseitigen oder die Interaktion zu verlassen. Folglich behält jeder Spieler die Fähigkeit, bei jedem Zug zu kooperieren oder zu defektieren. Es gibt keine Möglichkeit, die Auszahlungen des anderen Spielers zu ändern.«[16]

Hiermit wird die wichtige Bedingung ausgesprochen, daß alle Spieler die *gleiche Sanktionsmacht* besitzen. Im Falle realer Subjekte ist diese Bedingung alles andere als selbstverständlich.[17] Hier finden sich unterschiedliche natürliche Anlagen, unterschiedliche Grade an Wissen, Können und Disziplin, unterschiedliche Verfügungsgewalten über finanzielle und andere Mittel oder unterschiedliche Positionen in administrativen Hierarchien. Diese Fakten können Anlaß zu verschiedenen Schlußfolgerungen sein.

Eine viel zu starke Konsequenz würden wir ziehen, wollten wir deshalb spieltheoretische Modelle als völlig weltfremd abtun. Denn erstens könnten sie immerhin erklären, wie sich zwischen oder innerhalb von sozialen, kulturellen, ökonomischen oder politischen Gruppen gleichmächtiger Subjekte kooperative Beziehungen auf der Basis zweckrationaler Überlegungen herausbilden. Zweitens würden wir das reale Phänomen unterschätzen, daß unterschiedliche Vorteile verschiedener Subjekte einander in einer klugen Praxis von Gabe und Verzicht aufheben können. Es muß ja nicht immer so sein, daß einer alle Trümpfe in der Hand hält.

Diese Überlegungen legen nahe, aus der Ungleichheit realer Handlungssubjekte eine andere Konsequenz zu ziehen: Wenn Unterschiede in der Sanktionsmacht bestehen, entsteht zumindest bei den schwächeren Subjekten ein Bedürfnis nach Regeln, die ihr Streben nach Glück schützen sollen. Weil aber auch die sanktionsmächtigen Handlungssubjekte gute Gründe haben müssen, diese Regeln anzuerkennen, können sie also nicht auf der Zweckrationalität und der ihr eigentümlichen

---

[16] Ebenda, S. 10.
[17] Vgl. Frank Kannetzky: paradoxes denken. Theoretische und praktische Irritationen des Denkens. Paderborn 2000, S. 267ff.

Wertorientierung am eigenen Glück beruhen. Auch das iterierte Gefangenendilemma kann also nicht nachweisen, daß Klugheit, verstanden als Zweckrationalität, spezielle moralische Regeln ersetzen kann. Axelrods Optimismus, daß Kooperation unter Egoisten ohne zentralen Herrschaftsstab entstehen könnte, erhält deshalb eine Einschränkung: Er ist nur dort berechtigt, wo sich die Subjekte als annähernd gleichmächtige gegenübertreten.

Unser Ergebnis erbringt auch einen neuen Gesichtspunkt im Hinblick auf moralische Regeln. Solange nämlich Klugheitserwägungen der Begründung von Handlungsregeln dienen, enthält deren Begründung zugleich auf unproblematische Weise die entsprechende Handlungsmotivation: Denn wer ist nicht an seinem eigenen Glück interessiert? Wenn aber die Begründung der Handlungsregeln unabhängig von Klugheitserwägungen erfolgen soll, dann bedarf es eines vom Streben nach dem eigenen Glück unabhängigen, also eines genuin moralischen Motivs. Dies soll aber keineswegs heißen, daß die Moral dem eigenen Glück feindlich gegenüberstehen muß. Mit Limitierungen werden wir allerdings rechen müssen.

Mit diesem Kapitel schließen wird den systematischen Einstieg in die Ethik vorerst ab. Wir sollten jetzt über einiges Rüstzeug verfügen, um uns an eine erste Ethik heranzuwagen. Es wird die Ethik des Aristoteles sein.

Ausgewählte Typen ethischen Denkens

4. Sittlichkeit kommunitärer Einsicht. Die eudaimonistische Tugendethik des Aristoteles

Aristoteles stellt am Anfang seiner Ethik die Frage, wonach jede Kunst, jedes Handeln und jede Lehre streben. Wir können seinen Ansatz also zunächst eine *Strebensethik* nennen und entsprechend beginnen. Die ersten Sätze des Werkes *Nikomachische Ethik* lauten:

>»Jede Kunst und jede Lehre, desgleichen jede Handlung und jeder Entschluß, scheint ein Gut zu erstreben, weshalb man das Gute treffend als dasjenige bezeichnet hat, wonach alles strebt. Doch zeigt sich ein Unterschied der Ziele. Die einen sind Tätigkeiten, die anderen noch gewisse Werke oder Dinge außer ihnen. Wo bestimmte Ziele außer den Handlungen bestehen, da sind die Dinge ihrer Natur nach besser als die Tätigkeiten. Da der Handlungen, Künste und Wissenschaften viele sind, ergeben sich auch viele Ziele.«[1]

Das, was wir jeweils erstreben, nennen wir also *ein Gut*. Welcher Art ein solches Gut ist, ob moralisch, ästhetisch oder dergleichen mehr, ist zunächst noch offen. Es wird lediglich gesagt, daß die Ziele unseres Strebens für uns von Wert sind. Oder mit anderen Worten: Indem wir nach etwas streben, bringen wir zum Ausdruck, daß wir das Erstrebte in irgendeiner Hinsicht für wertvoll erachten. Wenn Aristoteles also sagt, daß jedes Streben auf *ein* Gut gerichtet ist, so dürfen wir das Wort »ein« zunächst nicht als Zahlwort, sondern müssen es als unbestimmten Artikel verstehen. Aristoteles weist uns nämlich explizit darauf hin, daß wir Verschiedenes erstreben: Manch-

---

[1] Aristoteles: Nikomachische Ethik. Nach der Übersetzung von Eugen Rolfes bearbeitet von Günther Bien. Aristoteles: Philosophische Schriften, Bd. 3, Hamburg 1995, S. 1 (1094a).

mal ist die Ausübung der Tätigkeit selbst das erstrebte Gut, manchmal ist es ihr Resultat, also das Werk. Außerdem üben wir verschiedene Tätigkeiten mit verschiedenen Zwecken aus. Weiterhin müssen wir bedenken, daß wir vieles nicht um seiner selbst willen ausführen. Aristoteles erläutert dies anhand des folgenden Beispiels: Die Sattlerkunst dient der Reitkunst, diese wiederum der Kriegskunst, und die Kriegskunst dient ihrerseits der Kunst der Staatsführung.

Aus dieser Betrachtung des menschlichen Strebens ergibt sich aber ein Problem. Aristoteles formuliert es so:

> »Wenn es nun ein Ziel des Handelns gibt, das wir seiner selbst wegen wollen, und das andere nur um seinetwillen, und wenn wir nicht alles wegen eines anderen uns zum Zwecke setzen – denn da ginge die Sache ins Unendliche fort, und das menschliche Begehren wäre leer und eitel –, so muß ein solches Ziel offenbar das Gute und das Beste sein.«[2]

Aristoteles meint also, daß unser gesamtes Streben auf ein Endziel hin ausgerichtet sein muß. Denn gäbe es keinen solchen Endzweck, dann wäre unser Streben und damit unser Leben als Ganzes sinnlos. Die Frage, wozu oder worum willen wir etwas tun, käme nie an ein Ende. Für Aristoteles aber muß unser Streben eine Sinneinheit ergeben, die ihren Wert in sich hat. Und dies ist nach seiner Einsicht nur denkbar, wenn wir ein *höchstes Gut* annehmen. Nur so hätte unser Leben ein letztes Ziel und damit einen Sinn. Aber worin besteht das höchste Gut?

Über den Namen des höchsten Gutes sind sich die meisten einig. Es wird *Glückseligkeit*, *Eudaimonia*, genannt. Aber Aristoteles muß auch konstatieren, daß es vielfältige, ja entgegengesetzte Meinungen darüber gibt, was die Glückseligkeit ausmacht. Sogar ein und derselbe Mensch urteilt darüber je nach Lebenslage unterschiedlich: Wenn er krank ist, sieht er die Glückseligkeit in der Gesundheit, wenn er arm ist, im Reichtum. Läßt sich die Glückseligkeit überhaupt auf ein einziges derartiges Gut reduzieren?

---

[2] Ebenda.

Aristoteles nähert sich einer Antwort, indem er die vielen Meinungen zunächst zu klassifizieren versucht. Zu diesem Zweck unterscheidet er drei Lebensformen: das Genußleben, das politische Leben und das Leben in philosophischer Kontemplation. Für das Genußleben zählen all jene Güter, die Lust gewähren. Im politischen Leben streben die Menschen nach Macht und Ehre. Und die philosophische Betrachtung zielt auf Erkenntnis. Für sich allein kann aber keines dieser Ziele die Glückseligkeit sein. Lustgefühle nämlich vergehen schnell und können sogar zum Überdruß führen. Auch politische Ehren sind unsicher und können den Neid der anderen und weitere Schwierigkeiten mit sich bringen. Der Lebensweise der philosophischen Betrachtung kommt zwar der Vorzug zu, daß ihr Gut nicht so flüchtig ist wie jene der anderen beiden Lebensformen. Die philosophische Betrachtung muß sogar als die höchste Lebensform gelten, an der Menschen Anteil erlangen können. Aber als vollendete Glückseligkeit würde sie nur gelten, wenn sie auch ein Leben lang währen könnte. Aber genau das ist für die Menschen unerreichbar. Deshalb schreibt Aristoteles:

> »Aber das Leben, in dem sich diese Bedingungen erfüllen, ist höher, als es dem Menschen als Menschen zukommt. Denn so kann er nicht leben, insofern er Mensch ist, sondern nur insofern er etwas Göttliches in sich hat.«[3]

Denn Philosophieren setzt eine gewisse Entlastung von anderen Tätigkeiten voraus, eine Entlastung, die nicht vom Philosophieren selbst geschaffen werden kann.

Lust, Ehre und Erkenntnis werden zwar wie die Glückseligkeit um ihrer selbst willen erstrebt, sind also intrinsische Güter, aber keines genügt sich selbst. Diesen Begriff des Sich-selbst-Genügens, die *Autarkie*, denkt Aristoteles auch und besonders im Hinblick auf die soziale Natur des Menschen. Die Glückseligkeit muß daher so verstanden werden, daß sie auch das gute Zusammenleben der Menschen in Familie, Freundschaft und Staat einschließt.

---

[3] Ebenda, S. 250 (1177b).

Die Diskussion der Lebensformen führt also nicht zur Bestimmung der Glückseligkeit. Die verschiedenen Lebensweisen bringen zum Ausdruck, welchen Gütern die Menschen aufgrund ihrer Anlagen und Vorlieben zuneigen. Aber die Glückseligkeit soll nicht nur als Strebensziel bestimmter Berufe oder sozialer Gruppen gedacht werden. Sie soll das erreichbare Ziel des Strebens der Menschen *als Menschen* sein. Aristoteles schreibt daher:

> »Für uns aber steht das spezifisch Menschliche in Frage.«[4]

Was also ist die spezifische Differenz des menschlichen Lebens im Vergleich mit anderen Lebewesen, im Vergleich mit Pflanze und Tier?

Bei allen Lebewesen finden wir Ernährung und Wachstum. Tiere wie Menschen sind darüber hinaus noch Sinnenwesen mit Wahrnehmungen und Empfindungen. Das Besondere am Menschen aber ist seine Vernunftbegabung. Wir hatten bereits im ersten Kapitel erwähnt, daß diese Wesensbestimmung des Menschen bei Aristoteles im engsten Zusammenhang mit jener anderen steht, nach welcher der Mensch ein gemeinschaftliches Wesen ist. Den Zusammenhang zwischen beiden Bestimmungen bildet die Sprache. Denn menschliches Denken ist sprachliches Denken und die menschliche Gemeinschaft wird auf der Grundlage von Begriffen, Wertungen und Ideen gestaltet, welche die Menschen aufgrund ihrer Sprache einander mitteilen und miteinander teilen können.

Ausgehend von dieser Wesensbestimmung begreift Aristoteles die Glückseligkeit als spezifisch menschliche Weise des Tätigseins. Es geht also um das Tätigsein, welches der Vernunftbegabung und der sozialen Natur des Menschen entspricht. Aber auch diese Bestimmung ist noch nicht hinreichend. Denn die Weise des Tätigseins kann mehr oder weniger vollkommen praktiziert werden. Wenn irgendeine Tätigkeit gut oder gar vollkommen ausgeführt wird, spricht Aristoteles von

---

[4] Ebenda, S. 11 (1097b).

Tüchtigkeit, von Tauglichkeit, vom Können – kurz gesagt: von Tugend. *Glückseligkeit* ist also für Aristoteles spezifisch menschliches und der Tugend dieser Spezifik gemäßes Tätigsein. Und weil es hierbei um den Sinn des menschlichen Lebens als Ganzes geht, können wir letztlich nur glückselig sein, wenn wir diese Weise des Tätigseins unser Leben lang praktizieren. Glückseligkeit ist also weder ein bestimmtes einzelnes Gut, noch eine bestimmte einzelne Tätigkeit. Glückseligkeit ist eine Weise des Tätigseins und der Lebensführung. Es ist eben jene Weise tätigen Lebens, die uns als Menschen – unabhängig davon, welchen Rollen wir sonst gerecht werden müssen – ein erfülltes und unserem Wesen gemäße Leben gewährt.

Diese Begriffsbestimmung der Glückseligkeit als wesensgemäße Tüchtigkeit des Menschen bietet eine Orientierung, die der weiteren Konkretisierung bedarf. Sie muß im Hinblick auf die menschlichen Lebensformen entfaltet werden. Zu diesem Zweck analysiert Aristoteles zunächst die Seele des Menschen.

Aus der menschlichen Wesensbestimmung als vernunftbegabtes Sinnenwesen ergibt sich die Einteilung der seelischen Funktionen des Menschen. Aristoteles unterscheidet zunächst zwei große Bereiche der Seele: den nichtvernünftigen und den vernunftbegabten. Der nichtvernünftige Bereich wird wiederum zweifach unterteilt. Der erste Teil ist dem Einfluß der Vernunft völlig entzogen. Er betrifft die Steuerung der vitalen Funktionen – z. B. der Verdauung oder der Atmung – durch das, wie wir heute sagen würden, vegetative Nervensystem. Im zweiten Teil des nichtvernünftigen Bereiches geht es um das Begehren und um das Streben. Diesen Seelenteil charakterisiert Aristoteles bereits durch eine gewisse Teilhabe an der Vernunft: Aristoteles bezeichnet ihn bezüglich der Vernunft als »hinhörend«. Dieses Gebiet des Willkürlichen wollen wir nun näher betrachten, denn es ist offensichtlich bedeutsam für die Tätigkeiten der Menschen.

Alles was begehrt oder erstrebt wird, hatten wir gesagt, nennt Aristoteles ein Gut. Die Willkür oder das Strebevermögen setzt also zunächst Motive und Zwecke unserer Tätigkeiten fest. Aber wie wollen wir richtig? Was heißt es, der spezifisch menschlichen Tüchtigkeit gemäß zu wollen? Worin besteht die Tugend des Wollens? Und wie erlangen wir diese Tugend?

Ausschlaggebend beim Wollen ist das *rechte Maß*.[5] Denn aufgrund unserer Leidenschaften oder aufgrund der Affekte, die uns in bestimmten Situationen übermannen können, neigen wir oft dazu, das richtige Maß im Wollen zu verfehlen: Wir wollen dann zuviel oder zuwenig. Wir sind sozusagen übermotiviert oder zu zurückhaltend. Die Tugend des Wollens besteht also darin, das rechte Maß zutreffen: die Mitte, wie Aristoteles sagt, zwischen dem Zuviel und dem Zuwenig. Diese Mitte ist freilich nur selten als das arithmetische Mittel zu errechnen. Denn es kann sowohl von den unterschiedlichen Fähigkeiten der einzelnen Menschen als auch beim selben Menschen von den unterschiedlichen Umständen der Situation abhängen, worin das rechte Maß besteht. Dieses finden zu können, macht die Kardinaltugend des Wollens aus: die *Mäßigung*, auch *Besonnenheit* genannt. Besonnenheit und die weiteren Tugenden des richtigen Wollens charakterisieren also einen Menschen und seine Handlungsweise.

Oft gibt es Begriffe nicht nur für das rechte Maß, sondern auch für das Zuviel und für das Zuwenig. Die Charakterisierung als *mutig* oder *tapfer* z. B. meint das rechte Maß, die Rede von *Feigheit* bezieht sich auf das Zuwenig, während *Tollkühnheit* das Übermaß benennt. Ähnlich verhält es sich bei der *Freigebigkeit*: Der *Geiz* steht für das Zuwenig, die *Verschwendung* für

---

[5] Allerdings nicht immer: Aristoteles kennt auch jene Beurteilung des Wollens, die wir die *deontologische* nennen würden. Diese bedarf aber für Aristoteles keiner Diskussion und keiner Begründung. Sie ist evident. Er schreibt: »Doch kennt nicht jede Handlung oder jeder Affekt eine Mitte, da sowohl manche Affekte, wie Schadenfreude, Schamlosigkeit und Neid, als auch manche Handlungen, wie Ehebruch, Diebstahl oder Mord, schon ihrem Namen nach die Schlechtigkeit in sich schließen. Denn alles dieses und ähnliches wird darum getadelt, weil es selbst schlecht ist, nicht sein Zuviel und Zuwenig.« Ebenda, S. 36 (1107a).

das Zuviel. Eine dieser Tugenden wollen wir näher betrachten. Aristoteles hat ihr ein ganzes Kapitel der *Nikomachischen Ethik* gewidmet. Es ist die Gerechtigkeit. Ihre Betrachtung wird sich am Ende unserer Überlegungen als aufschlußreich für die Gesamteinschätzung der Ethik des Aristoteles erweisen.

Der Begriff der Gerechtigkeit kann auf zwei Weisen gebraucht werden. Die erste Weise erfaßt Aristoteles mit der Rede von der *gesetzlichen Gerechtigkeit*. Als Ungerechtigkeit gilt hier eine jede Übertretung des geltenden Rechts, aber auch jedes Laster, jede Untugend. Zwar liegt es im Begriff der Gerechtigkeit, daß es um die Beurteilung der Beziehung zu anderen geht[6], aber eine jede Verfehlung der Tugend kann zum Beweggrund der Ungerechtigkeit gegen andere werden. Deshalb schreibt Aristoteles:

> »Die gesetzliche Gerechtigkeit ist demnach kein bloßer Teil der Tugend, sondern die ganze Tugend, und die ihr entgegengesetzte Ungerechtigkeit kein Teil der Schlechtigkeit, sondern wieder die ganze Schlechtigkeit.«[7]

Die andere, die speziellere Verwendungsweise des Begriffs der Gerechtigkeit wendet sich gegen eine bestimmte Leidenschaft, nämlich gegen die *Habsucht*. Der Ungerechtigkeit in diesem Sinne macht sich also schuldig, wer aus Habsucht auf Kosten anderer mehr haben will, als ihm zusteht. Aristoteles unterscheidet zwei Arten dieser Gerechtigkeit: die des Austeilens oder Zuteilens einerseits und die des Ausgleichens andererseits.

Wie kann die zuteilende Gerechtigkeit als eine Mitte bestimmt werden? Aristoteles sieht hier die Mitte in der Proportionalität: Gleiche sollen Gleiches, Ungleiche Ungleiches erhalten. So bekommt niemand zuviel oder zuwenig. Angenommen A und B seien Personen, C und D Anteile an Gütern. Als Situation der Zuteilung können wir uns unterschiedliches vorstellen: Etwa das Austeilen einer Kriegsbeute,

---

[6] Vgl. ebenda, S. 102f (1129bf).
[7] Ebenda, S. 103 (1130a).

die Vergabe staatlicher Ehrungen oder auch den Tausch von
Waren. Die Proportionalität besagt nun: So wie das Verhältnis
der Personen ist, so soll auch das Verhältnis ihrer Anteile sein.
Haben sie gleiche Verdienste im Krieg oder im Staatsdienst erworben oder haben sie denselben Aufwand für ihr Produkt betreiben müssen, so sollen sie Gleiches erhalten. Haben sie sich
unterschiedliche Verdienste erworben oder unterschiedlichen
Aufwand betreiben müssen, soll auch ihr Anteil ein unter-
schiedlicher sein. Formal läßt sich dies so darstellen: Wenn
A:B=C:D, dann A:C=B:D. Das erste Gleichheitszeichen besagt, daß die Proportion zwischen Verdienst oder Aufwand der
Personen der Proportion der Anteile entsprechen muß. Dieser
Schritt gilt also der Bestimmung des Gleichen oder Unglei-
chen. Das zweite Gleichheitszeichen besagt, daß A und B gerecht behandelt werden, wenn sie die ihrem Verdienst oder
Aufwand entsprechenden Anteile erhalten. Mit diesem Schritt
wird also die gerechte Zuteilung vollzogen. Die formale Darstellung ist auch mathematisch korrekt.

Für die zuteilende Anerkennung von Verdiensten wird uns
die proportionale Gerechtigkeit sehr plausibel erscheinen. Aber
bezüglich des Warentausches mögen wir vielleicht stutzen.
Denn will der Warenproduzent nicht einen Gewinn erzielen?
Aber nach Aristoteles erhält jeder gerechter Weise nur jene Anzahl einer anderen Ware oder entsprechend viel Geld, die oder
das ihm den Aufwand der Herstellung und des Transportes
einer bestimmten Anzahl der eigenen Ware ersetzen. So kann
zwar jeder weiter produzieren und seinen Lebensunterhalt bestreiten, aber keiner kann sich bereichern. Aristoteles reagiert
mit dieser Vorstellung von Tauschgerechtigkeit, dem »Entgelt
nach Verhältnis«[8], auf die sich entwickelnde Waren- und ins-

---

[8] Ebenda, S. 112 (1133a). Bezüglich des Warentausches spricht Aristoteles
allerdings nicht vom Aufwand, der zu entgelten ist, sondern vom Bedürfnis.
Dieses soll mit Hilfe des Geldes gemessen werden, wobei Aristoteles nicht
sagen kann, wie dies geschehen soll. Die Bestimmung des Aufwandes an Mate-
rial, Zeit und Arbeit wäre eine Möglichkeit, denn der Ersatz dieses Aufwandes
befriedigt ja ein Bedürfnis.

besondere Geldwirtschaft, welche das Gewinnstreben, also die Habsucht, befördern. Aber gerade in der Habsucht sieht Aristoteles ein Motiv, welches die Polisgemeinschaft gefährdet. Er schreibt daher:

> »Denn dadurch, daß nach Verhältnis vergolten wird, bleibt der Bürgerschaft ihr Zusammenhalt gewahrt.«[9]

Die zweite Weise der gerechten Verteilung ist die ausgleichende Gerechtigkeit. Sie muß angewandt werden, wenn bereits ein Unrecht geschehen ist. Die Gleichheit oder Ungleichheit der Personen darf hier keine Rolle spielen. Es geht nur um Wiedergutmachung oder um Strafe. Aristoteles schreibt:

> »Es trägt ja nichts aus, ob ein guter Mann einen schlechten beraubt oder ein schlechter einen guten, oder ob ein guter oder ein schlechter Mann Ehebruch begeht; vielmehr sieht das Gesetz nur auf den Unterschied des Schadens, und es behandelt die Personen als gleiche, wenn die eine Unrecht getan, die andere es erlitten, die eine Schaden zugefügt hat, die andere geschädigt worden ist. Daher versucht der Richter dieses Unrecht, welches in der Ungleichheit besteht, auszugleichen [...], durch die Strafe einen Ausgleich herbeizuführen, indem er dem Täter seinen Vorteil entzieht.«[10]

Aristoteles spricht hier von einem arithmetischen Ausgleich, was zumindest im Hinblick auf quantifizierbare Güter plausibel ist. Die zugrunde liegende Vorstellung ist diese: Angenommen die Personen A und B besitzen je 8 Pferde. Die Person B stiehlt der Person A 3 Pferde. B besitzt nun 11 Pferde, also 6 mehr als A. Um die ausgleichende Gerechtigkeit auszuüben, dürfen B nicht die 3 gestohlenen Pferde einfach genommen werden, denn dann besäße er immer noch 3 mehr als A. Auch können nicht alle 6 an A gehen, denn dann besäße A diese Anzahl mehr als B, während B sogar drei weniger hätte als vor dem Diebstahl. Also müssen die 6 Pferde, die B nach dem Diebstahl mehr hat, zu gleichen Teilen an A und B gehen, um

[9] Ebenda, S. 111 (1132b).
[10] Ebenda, S. 109 (1132a).

so die Mitte zwischen dem Zuviel und dem Zuwenig wieder herzustellen. Der zu leistende Ausgleich ergibt sich mathematisch als Mittel aus der Summe der *Beträge* des Zuviel und des Zuwenig nach dem Diebstahl gemessen an der Ausgangslage.

Im Zusammenhang mit der Gerechtigkeit redet Aristoteles über die *Billigkeit*. Er verdeutlicht damit, daß selbst die Gerechtigkeit nicht – die anderen Tugenden ohnehin nicht – durch eine starre Anwendung von Gesetzen oder Regeln ausgeübt werden kann. Der Gesetzgeber kann nicht jeden Anwendungsfall vorhersehen. Das aber kann bedeuten, daß eine buchstäbliche Anwendung des Gesetzes der Sache nicht gerecht wird. Hier muß die Billigkeit einspringen und nach dem Geist des Gesetzes entscheiden, auch wenn ihre Entscheidung nicht den Buchstaben des Gesetzes entspricht. Aristoteles schreibt daher:

> »Und das ist die Natur des Billigen: es ist eine Korrektur des Gesetzes, da wo dasselbe wegen seiner allgemeinen Fassung mangelhaft bleibt.«[11]

Die Billigkeit gehört also zur Gerechtigkeit und ist in manchen Einzelfällen sogar das bessere Recht. Soviel zur Tugend der Gerechtigkeit.

Aristoteles nennt nun alle Tugenden des Wollens *ethische* Tugenden. Wir hatten im ersten Kapitel gesagt, daß das Wort *Ethos* in der Antike im Sinne von *Gewohnheit* verwendet wird. Und dies ist auch der Kerngedanke, wenn Aristoteles von den ethischen Tugenden spricht. Zwar mögen wir als Individuen von Natur gewisse Anlagen zu dieser oder jener Weise des Wollens haben, aber wir sind auf jeden Fall bildungsfähig. Eine ethische Tugend besitzen, heißt für Aristoteles, daß eine bestimmte Handlungsweise zum *Habitus* eines Menschen geworden ist. Sie ist dann als eine erworbene Charaktereigenschaft dieses Menschen anzusehen. Statt von *ethischen Tugenden* können wir deshalb auch von *Charaktertugenden* spre-

---

[11] Ebenda, S. 127 (1137b).

chen. Zum Habitus wird aber eine Handlungsweise durch die Gewohnheit: Mutig wird, wer sich relevanten Situationen stellt und dann mutig handelt. Wir erwerben die ethischen Tugenden, indem wir sie praktizieren. Von jungen und unerfahrenen Menschen dürfen wir daher nicht erwarten, daß sie bereits ethische Tugenden besitzen. Sie müssen erst entsprechend erzogen werden und ihre eigenen Erfahrungen machen. Aristoteles schreibt:

> »[...] aus gleichen Tätigkeiten erwächst der gleiche Habitus. Daher müssen wir uns Mühe geben, unseren Tätigkeiten einen bestimmten Charakter zu verleihen; denn je nach diesem Charakter gestaltet sich der Habitus. Und darum ist nicht wenig daran gelegen, ob man gleich von Jugend auf sich so oder so gewöhnt; vielmehr kommt hierauf sehr viel, oder besser gesagt, alles an.«[12]

Worin das rechte Maß besteht, erfahren wir also zunächst durch die Erziehung. Aber, so könnten wir jetzt fragen, wer erzieht die Erzieher? Oder anders gesagt: Wie kann überhaupt jemand das rechte Maß bestimmen? Mit diesen Fragen kehren wir zum Ausgangspunkt zurück.

Bei unserer Betrachtung über die ethischen Tugenden waren wir von der Einteilung der Seele in verschiedene Vermögen ausgegangen. Vom Streben hatten wir gesagt, daß es auf die Vernunft hört. Die Bestimmung des rechten Maßes ist offensichtlich eine Aufgabe, welche die Vernunft beim Streben übernehmen muß. Was also sagt Aristoteles über den vernunftbegabten Bereich der menschlichen Seele?

Auch in diesem Bereich unterscheidet Aristoteles zwei Teile. Er schreibt:

> »Setzen wir also voraus, daß es zwei vernunftbegabte Teile gibt, einer, mit dem wir jenes Sein betrachten, dessen Prinzipien sich nicht anders verhalten können, und einen, mit dem wir betrachten, was sich anders verhalten kann.«[13]

Was nicht anders sein kann, ist notwendiger Weise so, wie es ist. Dieses können wir nur erkennen. Was nicht notwendig ist,

---

[12] Ebenda, S. 27 (1103b).
[13] Ebenda, S. 131 (1139a).

kann möglicher Weise auch anders sein. Hier können wir überlegen, wie es anders sein könnte oder wie wir es verändern können. Verändern können wir etwas durch unsere Tätigkeit. Wir müssen dann überlegen, was wir wie und womit verändern wollen.

Von jenem vernunftbegabten Seelenteil, dessen Objekt das Notwendige ist, können wir daher sagen, er erfüllt die Funktion der Wissenschaft bzw. der Metaphysik und zielt auf Erkenntnis. Nach heutigem Sprachgebrauch und im Rahmen der Philosophie könnten wir auch sagen, dieser Seelenteil bildet unsere Fähigkeit zur Theoretischen Philosophie, sozusagen die theoretische Vernunft.

Der andere vernunftbegabte Seelenteil, dessen Objekt das Mögliche ist, erfüllt die Funktion der *Überlegung*. Er zielt auf unsere Motive und Entscheidungen, auf unsere Mittel und ihre Eignung zu bestimmten Zwecken. Hier können wir von Praktischer Philosophie oder von praktischer Vernunft reden.

Die je beste Verfassung dieser beiden Seelenteile ist ihre Tugend, denn Tugend bedeutet ja die Tauglichkeit, die Tüchtigkeit, im jeweiligen Tätigsein. Aristoteles nennt die Tugenden des vernunftbegabten Seelenteils *dianoetische Tugenden, Verstandestugenden*.

Unsere Vernunft nennen wir dann tugendhaft, also tauglich oder tüchtig, wenn wir mit ihr die Wahrheit finden. Wahrheit für die theoretische Vernunft bedeutet einfach die wahre Erkenntnis des Notwendigen zu erlangen und nicht falsche Aussagen darüber zu treffen. Für die praktische Vernunft, die nicht wie die theoretische in der Kontemplation, der Betrachtung, verbleibt, sondern zum Handeln und Hervorbringen führen soll, stellt sich die Frage der Wahrheit komplexer dar. Für sie geht es darum, die Einsicht der Wahrheit, also in diesem Fall: die Einsicht des Möglichen, mit der Handlung oder dem Hervorbringen zu verbinden. Aristoteles schreibt:

> »Dreierlei ist in der Seele, wovon Handlung und Wahrheitserkenntnis abhängt: Sinn, Verstand, Begehren. Unter diesen dreien kann der Sinn kein Prinzip des Handelns sein, was daraus hervorgeht, daß

Tiere zwar sinnbegabt sind, aber an dem, was man Handlung nennt, keinen Anteil haben. Was nun beim Denken Bejahung und Verneinung, das ist beim Begehren Streben und Fliehen. Darum muß, da die sittliche Tugend ein Habitus der Willenswahl und die Willenswahl ein überlegtes Begehren ist, der Ausspruch der Vernunft wahr und das Begehren des Willens recht sein, wenn die getroffene Wahl der Sittlichkeit [wesensgemäße Tüchtigkeit/Glückseligkeit] entsprechen soll, und es muß eines und dasselbe von der Vernunft bejaht und von dem Willen erstrebt werden. Das ist nun die praktische Vernunft und [ihre] Wahrheit.«[14]

Mit dem Begriff der Willenswahl möchte Aristoteles zum Ausdruck bringen, daß unsere Tätigkeiten nicht nur zufällig den ethischen Tugenden entsprechen sollen, sondern daß wir freiwillig, und das heißt im vollen Bewußtsein dessen, was wir tun, tätig werden sollen und dabei zugleich auch das Tugendgemäße um seinetwillen erstreben sollen. Also bedürfen wir der Einsicht in das rechte Maß, damit wir sagen können, daß wir dieses kennen und um seinetwillen erstreben. Dies ist gemeint, wenn er sagt:»es muß eines und dasselbe von der Vernunft bejaht und von dem Willen erstrebt werden«.

Die dianoetischen Tugenden sind also jene Verfassungen der beiden vernunftbegabten Seelenteile, in denen diese die wahre Erkenntnis bzw. die wahre oder richtige Einsicht der Überlegung tatsächlich erlangen. Aristoteles nennt fünf Tugenden, durch welche die Seele die Wahrheit trifft: erstens die *techné*, was mit *Kunst* übersetzt wird, wobei dieser Begriff der Kunst nicht nur das Wissen und Können des Künstlers im heutige Sinne, sondern auch des Technikers und des Handwerkers einschließt; zweitens die *èpistéme*, übersetzt mit *Wissenschaft*; drittens die *sophia*, die *Weisheit*; viertens den *nous*, d. h. den *Verstand*, und schließlich die *phrónesis*, welche oft mit *Klugheit*, aber auch mit *sittliche Einsicht* übersetzt wird. Wenn wir *phrónesis* mit *Klugheit* übersetzen, dann müssen wir aber bedenken, daß sich dieser Klugheitsbegriff von dem Begriff der

---

[14] Ebenda, S. 131f. (1139a).

Klugheit, wie wir ihn im ersten und im dritten Kapitel verwendet haben, deutlich unterscheidet: Der *phrónesis* ist zwar der Aspekt der Zweckrationalität nicht ganz fremd, aber im Unterschied zu unserem Klugheitsbegriff ist die *phrónesis* nicht ausschließlich auf das eigene Glück des einzelnen ausgerichtet, sondern immer schon auf die autarke Glückseligkeit, also auf das dem Menschen wesensgemäße Glück der Gemeinschaft und in der Gemeinschaft. Um Verwechslungen zu vermeiden, werden wir daher immer, wenn der aristotelische Begriff der *phrónesis* gemeint ist, von *sittlicher Einsicht* sprechen.

Verstand und Wissenschaft sind Tugenden der theoretischen, der kontemplativen Vernunft.

Die Tugend der *Wissenschaft* wird zugeschrieben, wenn die Darstellung der Erkenntnisse wahr ist. Diese Darstellung ist diskursiver Art. Ermöglicht werden die diskursiven Wissenschaften durch den Logos, also durch unserer Vermögen, aufgrund unseres sprachlichen Denkens Zusammenhänge darstellen und Folgerungen ziehen zu können. Èpistéme besitzt also jemand, wenn er die wahre Ordnung darstellt, seine Erkenntnisse diskursiv ordnet.

Der *Verstand* dagegen ist die Tugend der intuitiven Erkenntnis. Die Intuition ist wichtig, um die letzten Prinzipen zu erfassen, eben jede, die nicht mehr durch Folgerungen begründet werden können, sondern die als Axiome der Folgerungen dienen. Verstand besitzt also derjenige, dessen intuitive Erkenntnis wahr ist.

Weisheit schließlich wird demjenigen zugeschrieben, der Wissenschaft und Verstand in vollkommener Weise besitzt.

Die dianoetischen Tugenden der praktischen Vernunft sind *techné* und *phrónesis*, also *Kunst* und *sittliche Einsicht*. Betrachten wir zunächst die Kunst.

Der Begriff *techné* steht für das Können in allen handwerklichen und schönen Künsten. Dieses *Können* bildet die Einheit aus subjektiven *Fertigkeiten* und sachgemäßem, durch Erfahrung und Zufall gewonnenem *Wissen*. Die Tugend der Kunst findet im Herstellen oder Hervorbringen, der *poiesis*, ihren Anwendungsbereich. Dieser Bereich wird dadurch definiert, daß hier die Werke der Tätigkeiten das erstrebte Gut darstellen – also zum Beispiel: das Haus, welches die Bauleute errichten, die Statue, welche der Bildhauer aus dem Stein schlägt, die Ware, welche die Kaufleute erhandeln, das Getreide, welches die Bauern anbauen usw. Die Kunst ist also die Tugend jener Überlegungen, die auf das rechte Wissen darüber zielen, welches bestimmte Werk mit welchem bestimmten Mittel wie am besten hervorgebracht oder hergestellt werden kann. Aristoteles formuliert dies so:

> »Gegenstand jeder Kunst ist das Entstehen, das regelgerechte Herstellen und die Überlegung, wie etwas, was sowohl sein als nicht sein kann, und dessen Prinzip im Hervorbringenden, nicht im Hervorgebrachten liegt, zustande kommen mag.«[15]

Im Unterschied zum Hervorbringen geht es beim Handeln, in der *praxis* also, darum, in der Ausführung der Tätigkeit selbst das Gut zu sehen. Es könnte daher auf den ersten Blick so scheinen, als wollte Aristoteles die Begriffe *Hervorbringen* und *Handeln* extensional gegeneinander abgrenzen, also sagen: Es gibt einerseits Tätigkeiten des Hervorbringens und andererseits Tätigkeiten des Handelns. Aristoteles selbst sagt:

> »Denn das Handeln ist sowenig ein Hervorbringen als das Hervorbringen ein Handeln.«[16]

Die Tugend des richtigen Handelns kann daher nicht die Kunst sein. Es muß aber eine Tugend jenes vernunftbegabten Seelenteils sein, der sich mit der Überlegung dessen befaßt, was sein kann oder nicht sein kann, denn solcher Art ist das Handeln. Es bleibt nur die sittliche Einsicht, die phrónesis, die Klugheit im aristotelischen Sinne, übrig. Aber was soll es bedeuten, daß die Tätigkeit selbst als ein Gut angesehen wird? Welche Tätigkeiten sollen dies sein?

---

[15] Ebenda, S. 134 (1140a).
[16] Ebenda.

Aristoteles geht zunächst davon aus, wann jemand üblicher Weise *klug*, also *sittlich einsichtig*, genannt wird. Er schreibt:

> »Was ferner die Klugheit sei, können wir daraus lernen, daß wir zusehen, welche Menschen wir klug nennen. Ein kluger Mann scheint sich also darin zu zeigen, daß er wohl zu überlegen weiß, was ihm gut und nützlich ist, nicht in einer einzelnen Hinsicht, z. B. in bezug auf Gesundheit und Kraft, sondern in bezug auf das, was das menschliche Leben gut und glücklich macht. Ein Zeichen dessen ist, daß wir auch von solchen sprechen, die in einem einzelnen Punkt klug sind, wofern sie nur im Hinblick auf einen guten Zweck und in Dingen, die unter keine Kunst fallen, wohl zu überlegen wissen.«[17]

Aristoteles schließt hier zunächst die einzelne Hinsicht, die Hinsicht auf einen bestimmten Zweck, z. B. auf Gesundheit oder Kraft, aus. Solches zu wissen fällt unter bestimmte Künste, z. B. unter die Kunst des Arztes oder die Kunst des Gymnastiktrainers. Die sittliche Einsicht soll aber besagen, was das menschliche Leben gut und glücklich macht. Und dies auch hinsichtlich solcher Angelegenheiten, die sich keiner der arbeitsteilig betriebenen Künste zuordnen lassen. Von der sittlichen Einsicht kann Aristoteles also sagen, daß sie

> »ein untrüglicher Habitus vernünftigen Handelns ist in Dingen, die für den Menschen Güter und Übel sind. Das Hervorbringen hat nämlich einen anderen Zweck als die Tätigkeit selbst, das Handeln dagegen nicht, da hier das gute Handeln selbst oder auch das gute Befinden den Zweck ausmacht.«[18]

Im Unterschied zur Kunst ist die sittliche Einsicht also nicht auf ein bestimmtes Werk orientiert, sondern auf die Glückseligkeit. Durch die sittliche Einsicht erkennen wir nicht, wie und womit eine Tätigkeit ausgeführt werden muß, damit sie ihr bestimmtes Werk hervorbringt, sondern wir erkennen, wie wir handeln müssen, damit wir ein sinnerfülltes Leben führen. Aber welche Tätigkeiten machen denn nun dieses Handeln

---

[17] Ebenda, S. 135 (1140a).
[18] Ebenda, S. 135 (1140b).

aus? Gibt es bestimmte Tätigkeiten, deren Ausführung uns direkt Glückseligkeit sichert? Wenn dies so wäre, hätten wir die Tätigkeiten, zu denen Kunst benötigt wird, gar nicht nötig, um glückselig zu sein. Aber dies würde schlecht zur Bestimmung der Glückseligkeit als wesensgemäße Tüchtigkeit des Menschen passen. Denn diese soll möglichst ein Leben lang währen und schließt daher die Verfügung über bestimmte Güter und das Leben in der Gemeinschaft mit ein. Die Rede vom Handeln ist daher wohl in erster Linie als *bestimmte Hinsicht* auf alle Tätigkeiten zu begreifen, mögen diese nun unter die arbeitsteilig betriebenen Künste fallen oder nicht. Diese Hinsicht ist aber nicht die Hinsicht der Kunst. Die Überlegung des Handelns, die sittliche Einsicht also, orientiert sich an anderen, an nicht technischen Gesichtspunkten. Einer dieser Gesichtpunkte sind die ethischen Tugenden, also die Mäßigung der Affekte: Wer eine bestimmte Tätigkeit zwar kunstgerecht, aber fanatisch betreibt, kann die Glückseligkeit verfehlen. Wem aber die Tugend der sittlichen Einsicht zurecht zugeschrieben wird, dem können auch die ethischen Tugenden zugeschrieben werden.[19] Ein zweiter Gesichtspunkt ist die Notwendigkeit des Lebens in der Gemeinschaft. Die bestimmten Tätigkeiten müssen daher so aufeinander abgestimmt werden, daß sie die Erhaltung der Polis sichern. Insofern kann Aristoteles sogar sagen:

> »Die Staatskunst und die Klugheit [sittliche Einsicht] sind nämlich im Grunde ein und derselbe Habitus, jedoch ist ihr Sein oder ihr Begriff nicht ein und derselbe. [...] Klugheit scheint vorzüglich jene zu sein, die sich auf eine, und zwar die eigene Person bezieht. Sie behält den gemeinsamen Namen Klugheit. Von ihren sonstigen Arten aber, die sich auf eine Vielheit von Personen beziehen, ist die eine die *Ökonomie* oder *Haushaltungskunst*, die andere die *Gesetzgebungskunst* und die dritte die *Staatskunst*, und diese ist wiederum teils *beratende*, teils *richterliche* Staatskunst.«[20]

---

[19] Vgl. ebenda, S. 149 (1145a).
[20] Ebenda, S. 139f (1141b).

Ein weiterer Orientierungspunkt der sittlichen Einsicht besteht darin, das eigene Leben so einzurichten, daß Muße bleibt für die philosophische Lebensform, welche als die höchste gilt, weil wir durch sie Anteil am Göttlichen haben, wie Aristoteles schreibt.

Die genannten Orientierungspunkte ergeben sich aus der Kenntnis der menschlichen Natur, aus dem Sein des Menschen als vernunftbegabtes und als gemeinschaftliches Wesen.

Für die sittliche Einsicht gibt es also gewisse Orientierungen, aber keine Methode. Es läßt sich kein rationales Verfahren angeben, dessen Anwendung dann *die* Erkenntnis liefert, wie wir als Menschen glückselig werden. Neben der ethischen Erziehung ist es die eigene Lebenserfahrung, welche die sittliche Einsicht erbringt. Weil phrónesis eben keine Verfahrensrationalität ist, erscheinen ihre Urteile und Empfehlungen wie die Intuitionen des Verstandes: Auch sie können nicht – oder nur selten – diskursiv bewiesen werden. So gesehen kann vom Verstand nicht nur als Tugend der theoretischen Vernunft, sondern auch als Tugend der praktischen Vernunft gesprochen werden. Aristoteles beschreibt den praktischen Verstand durch eine Metapher, wenn er sagt:

> »Deswegen muß man auf die ohne Beweis ausgesprochenen Behauptungen und Meinungen der Erfahrenen, Alten und Klugen nicht weniger achten als auf die Demonstrationen. Denn weil sie ein durch Erfahrung geschärftes Auge haben, so sehen sie richtig.«[21]

Mit unseren Überlegungen haben wir die Ethik des Aristoteles keineswegs vollständig rekonstruiert. Insbesondere die ausführlichen Diskussionen der Lust und der Freundschaft in der *Nikomachischen Ethik* blieben unberücksichtigt. Aber das Prinzipielle des Ansatzes, das Konzept, sollte doch deutlich geworden sein (vgl. Abbildung 9).

---

[21] Ebenda, S. 145 (1143 b).

Seele des Menschen			
↙		↘	
nicht vernunftbegabt [Sinnlichkeit]		vernunftbegabt	
↙	↘	↙	↘
vegetativ	Begehren, Streben	Überlegung (praktische Vernunft)	Erkenntnis (theoretische Vernunft)
↓	↓	↓	↓
vitale Prozesse (z. B. Atmung, Verdauung)	Motive, Affekte, Leidenschaften	was sein kann, aber nicht sein muß; was seinen Grund nicht in sich selbst hat	was nicht anders sein kann; was seinen Grund in sich selbst hat
	↓	↓	↓
	ethische Tugenden (Charakter-tugenden, Tugenden des Wollens)	dianoetische Tugenden (Verstandestugenden)	
	↓	↙	↘
	Besonnenheit; Gerechtigkeit; Tapferkeit; […]	Kunst; sittliche Einsicht [Klugheit]; (praktischer) Verstand	Wissenschaft; Weisheit; (theoretischer) Verstand
	↘	↙	↓
	Hervorbringen; Handeln		Naturerkenntnis; Metaphysik
	↘		↙
	Glückseligkeit: wesensgemäße Tüchtigkeit des Menschen; sinnerfülltes Leben in der Gemeinschaft		

Abbildung 9: Die Seelenteile und ihre Tugenden nach Aristoteles

Versuchen wir nun, eine Gesamteinschätzung der Ethik des Aristoteles zu geben. Wir können sie treffend charakterisieren, wenn wir sie als *eudaimonistische Tugendethik* bezeichnen, denn damit sind Ziel und Weg benannt: die Eudaimonia, die Glückseligkeit als Tätigsein entsprechend der wesensgemäßen Tüchtigkeit des Menschen und um deren willen, sowie die Tugenden, welche uns dieses Ziel erreichen lassen. Wenn wir aus der Sicht moderner Vorstellungen von Moralphilosophie auf die Ethik des Aristoteles schauen, so wird uns auffallen, daß sein Konzept nicht primär auf Handlungsregeln aus ist. Die deontologischen Fragen, also die Frage, was verboten ist, oder die Frage, was geboten ist, überantwortet er eher den Gesetzen im juridischen Sinne, oder will sie durch Volksentscheide beantwortet wissen. Im Rahmen seiner Ethik werden derartige Fragen daher fast nur im Zusammenhang mit der Tugend der Gerechtigkeit diskutiert. Ansonsten ist seine Ethik auf die Konstituierung oder Qualifizierung der Menschen *als Menschen* ausgerichtet: Wie müssen wir sein, damit wir als Menschen ein sinnerfülltes Leben führen können? Freilich, wenn wir unserer wesensgemäßen Tüchtigkeit entsprechen, wenn wir die notwendigen ethischen und dianoetischen Tugenden erwerben, dann sind wir auch im hohen Grade gemeinschaftsfähig. Wir handeln dann in der Familie, in Freundschaftsbeziehungen und im Staat auf die richtige Weise; wir besitzen dann die Kompetenz, die richtigen Gesetze zu erlassen und in verschiedenen Situationen angemessen zu urteilen und zu entscheiden.

Andere, insbesondere moderne ethische Ansätze begründen zunächst Regeln oder Kriterien für Regeln. Wird diesen Regeln dann entsprochen, heißt eine Handlung eine gute im moralischen Sinne. Wer oft oder immer gut handelt, ist dann ein guter Mensch. Aristoteles geht sozusagen den umgekehrten Weg: Er diskutiert zunächst die Frage, was ein guter Mensch ist. Und weil der gute Mensch das Prinzip, also die Ursache und der Ursprung, des guten Lebens ist, wird der gute Mensch auch gute Entscheidungen treffen, gut handeln und gute Gesetze erlassen. Nicht die Regeln werden begründet, sondern die menschlichen

Kompetenzen zum Finden der Regeln. Daß Aristoteles die Kompetenzen, die Tugenden, in den Mittelpunkt rückt, hat durchaus seinen Sinn: Denn er versteht die Kultur, also den Bereich des menschlichen Handelns und Hervorbringens, als den Bereich des Möglichen und Veränderlichen. Und in diesem Bereich kommt es auf das Einzelne, auf die bestimmten Umstände und konkreten Situationen an. Tugend als Kompetenz scheint daher wichtiger zu sein als Regelkenntnis. Selbst bei der Gerechtigkeit, für die Aristoteles mit der arithmetischen und mit der geometrische Methode Verfahrensregeln angibt, kommt die Kompetenz der Billigkeit ins Spiel, um auch dem Einzel- oder dem Ausnahmefall, gerecht zu werden.

Unsere Gesamteinschätzung der Ethik des Aristoteles sollte aber auch auf einige historische Besonderheiten seines Denkens eingehen. Denn wenn Aristoteles von *den Menschen* spricht, so meint er dies nicht so, wie wir es heute verstehen würden: *Die Menschen*, das sind für Aristoteles die *freien Bürger der Polis*, eines Stadtstaates also. Die Sklaven sind deren Eigentum. Diese handeln daher nicht frei und werden deshalb auch als »sprechende Werkzeuge« bezeichnet. Nun könnten wir freilich alles das, was Aristoteles von den Menschen sagt, in *systematischer* Absicht auf alle Menschen beziehen, sozusagen den Anwendungsbereich unseres Begriffs unterlegen. Aber wir müssen im Sinne der *historischen* Einschätzung sehen, daß von Aristoteles das, was wir allgemeine Menschenrechte nennen würden, so nicht gedacht wird. Hinzu kommt, daß wir heute vor moralischen Herausforderungen stehen, an die Aristoteles wohl nicht im Traum gedacht hätte. Nehmen wir als Beispiel die Frage der Gerechtigkeit bei Nierentransplantationen. Wir wissen natürlich nicht, was Aristoteles dazu gesagt hätte; er stand nicht vor diesem Problem. Aber wenn wir in seinen Schriften danach suchen würden, was er hätte sagen können, wird vielleicht deutlich, daß er nicht an allgemeine Menschenrechte gedacht hat. Was nämlich hätte er nach seinen Schriften sagen können? Drei Möglichkeiten liegen auf der Hand: Die erste könnte sein, daß die Sklaven, weil sie nicht als

Menschen, sondern als »sprechende Werkzeuge« gelten, für die freien Bürger spenden sollen. Eine zweite Möglichkeit böte die austeilende Gerechtigkeit: Der Bedürftige mit den größten Verdiensten um das Gemeinwesen erhält bei der Zuteilung Vorrang. Und schließlich die dritte: Im Sinne der ausgleichenden Gerechtigkeit sollte jeder mit zwei gesunden Nieren bereit sein, eine der beiden demjenigen zu spenden, der nur noch am Dialysegerät überleben kann. Bei keiner dieser Möglichkeiten würden wir sagen, daß allgemeine Menschenrechte gebührend berücksichtigt sind. Freilich, Aristoteles stand nicht vor diesem Problem, aber vielleicht zeigt dieses historisch völlig schiefe Beispiel zumindest, daß eine »Aktualisierung« seines Ansatzes in systematischer Absicht doch ihre Grenzen hätte.

Schließlich sollten wir auch sehen, von welcher Art Gemeinwesen der freien Bürger Aristoteles spricht. Die Polis ist ein Stadtstaat. Unmittelbare persönliche Beziehungen spielen dort eine große Rolle. Nicht umsonst geht Aristoteles so ausführlich auf die Freundschaft ein: Er widmet ihr zwei der zehn Bücher der *Nikomachischen Ethik*. Die Angelegenheiten des Gemeinwesens sind in der Polis größtenteils offenkundig. Eigentlich kann jeder das Ganze überschauen und beurteilen. Außerdem stiftet die permanente, zumindest latent stets vorhandene Bedrohung von außen schon einen gewissen Zusammenhalt und läßt Tugenden wie Mut oder Tapferkeit so wichtig erscheinen. In einem solchen Gemeinwesen kann jeder einsehen, welchen Beitrag er leisten sollte und daß jeder Beitrag zur Erhaltung der Polis gebraucht wird. Sogenannte Trittbrettfahrer haben es dort schwer: Sie dürfen kaum hoffen, unerkannt zu bleiben. Der Appell an die Tugenden jedes einzelnen liegt also nahe. Und das Schicksal eines jeden ist auf leicht einzusehende Weise sehr eng mit dem Schicksal der Gemeinschaft verknüpft. Denken wir aber an große Flächenstaaten und moderne Nationalstaaten oder gar an transnationale Staatengemeinschaften, dann stellt sich die Situation natürlich ganz anders dar. Die Beziehungen dort sind in vielfacher Weise vermittelt, und die Vermittlungen vom einzelnen kaum zu durch-

schauen. Vorgegebene Regel dienen hier eben auch der Entlastung: Denn die Zumutungen an die Kompetenz des einzelnen
wären wohl gewaltig, wollten wir ihm in den meisten Lebenssituationen das Finden der Regel überlassen. Aus dem Boden
moderner Gesellschaften erwächst eben doch eine andere Art
der Ethik als aus dem antiker Gemeinschaften.

Die Einsichten in die historischen Besonderheiten und damit
wohl auch in die Grenzen der Ethik des Aristoteles sollten uns
aber nicht hindern, seinen Ansatz gründlich zu bedenken. Insbesondere sein Grundgedanke, nämlich daß es in der Ethik um
den Sinn des Lebens, um das sinnerfüllte, weil dem Menschen
gemäße, Leben, geht, wird von uns heute vielleicht zu wenig
bedacht.

5. Motivierende Emotionalität.
Arthur Schopenhauers Mitleidsethik

Arthur Schopenhauer entwirft sein Konzept in direkter Auseinandersetzung mit Kant: Die Kritik zielt auf die Sollensethik. Diesen Aspekt seiner Moralphilosophie hatte Kant deutlich ausgesprochen, als er über die praktische Philosophie schrieb, daß »es uns nicht darum zu tun ist, Gründe anzunehmen, von dem, was *geschieht*, sondern Gesetze von dem, was *geschehen soll*, ob es gleich niemals geschieht«[1]. Schopenhauer, nicht zuletzt berühmt für seinen polemischen Stil, wendet dagegen ein:

> »Was berechtigt euch, dies vorweg anzunehmen und demnächst eine Ethik in legislatorisch-imperativer Form, als die allein mögliche, uns sofort aufzudringen? Ich sage, im Gegensatz zu Kant, daß der Ethiker, wie der Philosoph überhaupt, sich begnügen muß mit der Erklärung und Deutung des Gegebenen, um zu einem *Verständniß* desselben zu gelangen, und daß er hieran vollauf zu thun hat, viel mehr, als bis heute, nach abgelaufenen Jahrtausenden, gethan ist.«[2]

Schopenhauer will also kein Kriterium des Sollens, kein Prinzip, begründen. Dennoch räumt er ein, daß wir ein Prinzip angeben können, welches die moralische Weise des Handelns ausdrückt und in gewisser Weise auch vorschreibt. Über diesen Grundsatz sind sich alle, meint Schopenhauer, selbst alle Philosophen, einig, auch wenn er in verschiedene Gewänder gekleidet wird. Der Grundsatz lautet: *Verletze niemanden; vielmehr hilf allen, soweit du kannst.* Was die Ethik zu leisten hat, ist daher nicht das Aufstellen des Prinzips. Das Prinzip selbst kann nach Schopenhauer nicht die Grundlage der Moral sein: Denn das Prinzip sagt uns lediglich, *daß* wir moralisch handeln, wenn wir nach diesem Prinzip handeln. Die Grundlage der Moral soll uns aber sagen, *weshalb* wir moralisch handeln. Dieses Fundament muß daher erkannt werden als der

---

[1] I. Kant: Grundlegung zur Metaphysik der Sitten, BA 62.
[2] Arthur Schopenhauer: Preisschrift über die Grundlage der Moral. Zürcher Ausgabe. Werke in 10 Bänden. Zürich 1977, Bd. VI, S. 160 (§ 4).

letzte »Grund zu allem moralischen Wohlverhalten«[3], als der »wahre Antrieb zur Gerechtigkeit und Menschenliebe«[4].

Es ist offensichtlich, daß Schopenhauer unter dem Titel *Grundlage der Moral* die Frage nach der Motivation moralischen Handelns diskutiert. Dies ist zunächst eine psychologische Frage, deren Beantwortung Schopenhauer aber dann auch metaphysisch auslegt.

Die psychische Motivation wird von Schopenhauer als etwas vorgestellt, »was den in jedem Menschen [...] wirklich vorhandenen Aufruf zum Rechthun und Wohlthun hervorbringt«.[5] Wenn sich eine solche natürliche Grundlage der Moral in jedem Menschen finden soll, dann müssen wir erwarten, meint Schopenhauer, daß sie bestimmte Anforderungen erfüllt: Sie kann nur wenig Nachdenken voraussetzen und schon gar keine Abstraktion oder Kombination; unabhängig von der Verstandesbildung sollte sich diese Motivation unmittelbar der Anschauung aufdrängen und Widerstand bieten gegen die Antriebe zur Ungerechtigkeit und zur Härte gegenüber anderen.[6]

Schopenhauer ist sich im Klaren darüber, daß nicht jede Handlung, die dem Moralprinzip entspricht, von echtem moralischen Wert ist. Insofern kennt auch Schopenhauer, ähnlich wie Kant, eine Unterscheidung zwischen Moralität und Legalität. Die letztere erläutert er, wenn er schreibt:

> »In Wahrheit beruht die allgemeine, im menschlichen Verkehr ausgeübte und als felsenfeste Maxime behauptete Rechtlichkeit hauptsächlich auf zwei äußeren Nothwendigkeiten: erstlich auf der gesetzlichen Ordnung, mittelst welcher die öffentliche Gewalt die Rechte eines Jeden schützt, und zweitens auf der erkannten Nothwendigkeit des guten Namens, oder der bürgerlichen Ehre, zum Fortkommen in der Welt, mittelst welcher die Schritte eines Jeden unter der Aufsicht der öffentlichen Meinung stehn, welche, unerbittlich strenge, auch einen einzigen Fehltritt in diesem Stücke nie verzeiht,

---

[3] Ebenda, 147 (§ 1).
[4] Ebenda, S. 225 (§ 12).
[5] Ebenda.
[6] Vgl. ebenda, S. 225f (§ 12).

sondern ihn, als einen unauslöschlichen Makel, dem Schuldigen bis an den Tod nachträgt.«[7]

Daß die moralische Triebfeder in jedem Menschen anzutreffen ist, heißt also keineswegs, daß sie auch allgemein wirksam ist. Ganz im Gegenteil: Handlungen von echtem moralischen Wert gehören für Schopenhauer »zu den unerwarteten Dingen, den seltenen Ausnahmen«[8]. Und wer wegen der öffentlichen Gewalt oder wegen der öffentlichen Meinung dem Prinzip entspricht, der handelt eben doch nur aus Egoismus moralkonform. Wenn sein Egoismus aber nicht mit solchen Sanktionen zu rechnen hätte, dann wären seine Handlung kaum dem moralischen Grundsatz gemäß. Schopenhauer vertritt in dieser Hinsicht dasselbe Menschenbild wie Thomas Hobbes, auf den er sich explizit beruft. So schreibt Schopenhauer:

> »Da der Egoismus, wo ihm nicht entweder äußere Gewalt, welcher auch jede Furcht, sei sie vor irdischen oder überirdischen Mächten, beizuzählen ist, oder aber die ächte moralische Triebfeder entgegenwirkt, seine Zwecke unbedingt verfolgt; so würde, bei der zahllosen Menge egoistischer Individuen, das *bellum omnium contra omnes* [der Krieg aller gegen alle; Hobbes, Leviathan, I, 13] an der Tagesordnung seyn, zum Unheil Aller. Daher die reflektierende Vernunft sehr bald die Staatseinrichtung erfindet, welche, aus gegenseitiger Furcht vor gegenseitiger Gewalt entspringend, den nachteiligen Folgen des allgemeinen Egoismus so weit vorbeugt, als es auf dem *negativen* Wege geschehn kann. Wo hingegen jene zwei ihm entgegenstehenden Potenzen nicht zur Wirksamkeit gelangen, wird er sich sofort in seiner ganzen furchtbaren Größe zeigen, und das Phänomen wird kein schönes seyn.«[9]

Der Egoismus ist also eine erste Triebfeder, die der echten moralischen Motivation widerstreitet.

Aber nicht nur mit dem Egoismus ist zu rechnen. Wir haben noch weit Schlimmeres zu erwarten: Nicht nur Egoismus statt

---

[7] Ebenda, S. 227 (§ 13).
[8] Ebenda, S. 231 (§ 13).
[9] Ebenda, S. 238 (§ 14).

Gerechtigkeit, sondern Übelwollen und Gehässigkeit statt Menschenliebe. Das Übelwollen zeigt sich zunächst als Neid und Schadenfreude und wird als Bosheit und Grausamkeit zur Tat.[10]

Handlungen aus Egoismus und aus Bosheit schaden dem anderen und fügen ihm Schmerzen zu. Dennoch besteht hier ein Unterschied: Schaden und Schmerz des anderen sind bei egoistisch motivierten Handlungen nur Folgen oder Mittel des Strebens nach dem eigenen Wohl. Bei der Bosheit aber sind Leid und Wehe des anderen der eigentliche Zweck. Während egoistische Handlungen moralisch indifferent oder gar moralkonform sein können, sind boshafte Handlungen immer der Moral entgegengesetzt. Als Maxime des Egoismus kann daher gelten: *Hilf niemandem, vielmehr verletze alle, wenn es dir nützt.* Die Maxime der Bosheit dagegen kennt keine einschränkende Bedingung im Hinblick auf das Leid des anderen. Sie lautet daher: *Verletze alle, so sehr du kannst.*[11]

Egoismus und Bosheit sind also die Wurzeln aller Laster. Schopenhauer schreibt:

> »Die erste Wurzel [der Egoismus] ist mehr thierisch, die zweite [die Bosheit] mehr teuflisch. Das Vorwalten der einen, oder der anderen, oder aber der weiterhin erst nachzuweisenden moralischen Triebfeder, giebt die Hauptlinie in der ethischen Klassifikation der Charaktere. Ganz ohne etwas von allen dreien ist kein Mensch.«[12]

Die, wie Schopenhauer sich ausrückt, »antimoralischen«, im Sinne von »nichtmoralischen«, Motivationen wird kaum jemand bestreiten wollen. Zu eindeutig und vielfach werden sie durch die Erfahrung bezeugt. Aber wie ist es um die echte moralische Triebfeder bestellt? Ganz abgesehen davon, »daß wir über die wahren Motive unsers eigenen Thuns bisweilen eben so sehr im Irrthum sind, wie über die des fremden«[13], läßt sich moralkonformes Verhalten auch durch den Egoismus erklären.

---

[10] Vgl. ebenda, S. 239f (§ 14).
[11] Vgl. ebenda, S. 240 (§ 14).
[12] Ebenda.
[13] Ebenda, S. 242 (§ 14).

Schopenhauer muß aber, im Unterschied zu Kant, darauf bestehen, daß es Handlungen von echtem moralischen Wert tatsächlich gibt. Die zu bestimmende Triebfeder ist nämlich nichts,
was sein soll, sondern der wirkliche Grund moralischen Handelns. Schopenhauers Ethik erweist sich damit an entscheidender Stelle als abhängig von der Beantwortung einer empirischen
Frage. Läßt sich aber die Frage nach der tatsächlichen Handlungsmotivation überhaupt empirisch beantworten? Schopenhauer räumt das Problem aufrichtig ein, indem er schreibt:

>»Jetzt wäre zunächst die empirische Frage zu erledigen, ob Handlun-
>gen freiwilliger Gerechtigkeit und uneigennütziger Menschenliebe,
>die als dann bis zum Edelmuth und Großmuth gehen mag, in der Er-
>fahrung vorkommen. Leider läßt diese Frage sich doch nicht ganz
>rein empirisch entscheiden; weil in der Erfahrung allemal nur die
>*That* gegeben ist, die *Antriebe* aber nicht zu Tage liegen: daher stets
>die Möglichkeit übrig bleibt, daß auf eine gerechte, oder gute Hand-
>lung ein egoistisches Motiv Einfluß gehabt hätte.«[14]

Schopenhauer kann nichts anderes tun, als uns durch Beispiele
zu überreden versuchen, echte moralische Handlungen, unei-
gennützige und freiwillige, in der Wirklichkeit zuzugestehen.
Seinen Anspruch, daß seine Ethik zeigen könne, »wie die Menschen wirklich handeln«, und nicht »wie sie handeln sollen«,
und daß gerade dies der wahre Begriff der Ethik sei,[15] diesen
Anspruch müßte er doch nun eigentlich aufgeben –? Aber
Schopenhauer schreibt:

>»Sollte aber dennoch [d. h.: trotz der Beispiele] Jemand darauf be-
>stehn, mir das Vorkommen aller solcher [moralischen] Handlungen
>abzuleugnen; dann würde, ihm zufolge, die Moral eine Wissenschaft
>ohne reales Objekt seyn, gleich der Astrologie und Alchimie, und es
>wäre verlorene Zeit, über ihre Grundlage noch ferner zu disputiren.
>Mit ihm wäre ich daher zu Ende und rede zu Denen, welche die Rea-
>lität der Sache einräumen.«[16]

---

[14] Ebenda, S. 242 (§ 15).
[15] Vgl. ebenda, S. 234f (§ 13).
[16] Ebenda, S. 243 (§ 15):

Dies ist wahrlich ein schönes Beispiel für *die Kunst, Recht zu behalten*.[17] Nicht etwa nach Schopenhauer, der die Begründung des Sollens als Aufgabe der Ethik bestreitet und »doch nicht ganz rein empirisch« ein tatsächliches moralisches Motiv nachweisen kann, sondern jenem zufolge, der sich durch Schopenhauers Beispiele nicht beschwatzen läßt, wäre nun die Ethik eine Pseudowissenschaft wie Alchimie und Astrologie! Aber wer will sich schon eine solche Auffassung zuschreiben lassen? Also möchte wohl jeder lieber zu denen gehören, mit denen Schopenhauer auch »ferner zu disputiren« gedenkt. Andererseits vergeben wir uns vielleicht nicht viel, wenn wir einräumen, daß es echte moralische Handlungen tatsächlich gibt. Schließlich muß auch eine Sollensethik solche doch zumindest für möglich halten, denn sonst würde sie gegen das Prinzip, daß Sollen Können voraussetzt, verstoßen.

Schopenhauer formuliert nun sein »Kriterium« einer echten moralischen Handlung. Freilich hatten wir gesehen, daß es *kein empirisches Kriterium* ist, sondern nur eine *begriffliche Bestimmung*. Sie lautet:

> »Die Abwesenheit aller egoistischen Motivation ist also *das Kriterium einer Handlung von moralischem Werth*. Zwar ließe sich einwenden, daß auch die Handlungen reiner Bosheit und Grausamkeit nicht *eigennützig* sind: jedoch liegt am Tage, daß diese hier nicht gemeint seyn können, da sie das Gegentheil der in Rede stehenden Handlungen sind. Wer indessen auf die Strenge der Definition hält, mag jene Handlungen durch das ihnen wesentliche Merkmal, daß sie fremdes Leiden bezwecken, ausdrücklich ausscheiden.«[18]

Seinem »Kriterium« fügt Schopenhauer noch einige weitere Merkmale für Handlungen von moralischem Wert hinzu. Bei diesen Kennzeichen handelt es sich um empirische Behauptungen. So behauptet Schopenhauer, daß Handlungen der Mora-

---

[17] Vgl. A. Schopenhauer: Die Kunst, Recht zu behalten. In achtunddreißig Kunstgriffen dargestellt. Herausgegeben von Franco Volpi. Frankfurt/M. 1995.
[18] A. Schopenhauer: Preisschrift über die Grundlage der Moral. A. a. O., S. 244 (§ 15).

lität »eine gewisse Zufriedenheit mit uns selbst zurücklassen«[19], unmoralische Handlungen aber das Gegenteil bewirken. Außerdem sichere uns moralisches Handeln den Beifall und die Achtung unbeteiligter Zeugen.

Was nun ist die moralische Triebfeder? Schopenhauer will uns nicht nur eine zur Annahme vorschlagen, sondern er will sie »als die allein mögliche wirklich beweisen«[20]. Für seinen Beweis stellt er zunächst zusammen, was seiner Meinung nach als gesichert gelten kann:

Erstens wird jede Handlung durch ein zureichendes Motiv hervorgebracht und kann nicht unterbleiben, wenn ein solches Motiv vorliegt. Dies ergibt sich für Schopenhauer aus seiner Abhandlung über den Satz vom zureichenden Grunde.

Zweitens muß jedes Motiv eine Beziehung auf Wohl und Wehe haben. Auch dies ist wieder eine begriffliche Setzung. Denn Schopenhauer definiert Wohl und Wehe als »einem Willen gemäß, oder entgegen«[21]. Dies müßte eigentlich bedeuten, daß das, was wir wollen, immer ein Wohl, das, was wir nicht wollen, immer ein Wehe ist. Wir werden später sehen, ob Schopenhauer diese Definition mit seinem Gesamtkonzept vereinbaren kann.

Drittens behauptet er, daß »jede Handlung sich auf ein für Wohl und Wehe empfängliches Wesen, als ihren letzten Zweck«[22] bezieht. Diese Voraussetzung ist sicher unproblematisch: Denn wenn nicht ein anderer dieses Wesen ist, dann ist es doch zumindest der Handelnde selbst.

Viertens hat Schopenhauer bereits erläutert, daß eine Handlung dann als eine egoistische gilt, wenn deren letzte Zweck das Wohl des Handelnden selbst ist.

Fünftens hält Schopenhauer fest, daß alles, was er über Handlungen sagt, analog auch für Unterlassungen gilt.

---

[19] Ebenda.
[20] Ebenda, S. 245 (§ 16).
[21] Ebenda.
[22] Ebenda.

Sechsten wird vorausgesetzt, daß das zureichende egoistische Motiv einer Handlung und ihr echter moralischer Wert einander ausschließen.

Schopenhauer nennt noch eine weitere Prämisse seines Beweises, auf die wir aber erst an der relevanten Stelle der Beweisführung eingehen wollen. Betrachten wir also die Führung des Beweises.

Wenn jede Handlung ihren letzten Zweck in Wohl und Wehe eines dafür empfänglichen Wesens hat, dann ist dieses Wesen entweder der Handelnde selbst oder ein von der Handlung betroffenes. Ist es der Handelnde selbst, kann die Handlung keinen moralischen Wert haben, weil sie egoistische motiviert ist, diese Motivation und der moralische Wert aber einander ausschließen. Also kann nur die Handlung moralischen Wert haben, deren letzter Zweck das Wohl des anderen ist. Wodurch ist die moralische Motivation möglich? Schopenhauer schreibt:

>»Offenbar nur dadurch, daß jener Andere *der letzte Zweck* meines Willens wird, ganz so wie sonst ich selbst es bin: also dadurch daß ich ganz unmittelbar *sein* Wohl will und *sein* Wehe nicht will, so unmittelbar, wie sonst nur *das meinige*. Dies aber setzt nothwendig voraus, daß ich bei *seinem* Wehe als solchem geradezu mit leide, *sein* Wehe fühle, wie sonst nur meines, und deshalb sein Wohl unmittelbar will, wie sonst nur meines. Dies erfordert aber, daß ich auf irgend eine Weise *mit ihm identificirt sei*, d. h. daß jener gänzliche *Unterschied* zwischen mir und jedem Anderen, auf welchem gerade mein Egoismus beruht, wenigstens in einem gewissen Grade aufgehoben sei. Da ich nun aber nicht *in der Haut* des Andern stecke, so kann allein vermittelst der *Erkenntniß*, die ich von ihm habe, d. h. der Vorstellung von ihm in meinem Kopf, ich mich so weit identificiren, daß meine That jenen Unterschied als aufgehoben ankündigt. Der hier analysirte Vorgang aber ist kein erträumter, oder aus der Luft gegriffener, sondern ein ganz wirklicher, ja, keineswegs seltener: es ist das alltägliche Phänomen des *Mitleids*, d. h. der ganz unmittelbaren, von allen anderweitigen Rücksichten unabhängigen *Theilnahme* zunächst am *Leiden* eines Andern und dadurch an der Verhinderung oder Aufhebung dieses Leidens, als worin zuletzt alle Befriedigung und alles Wohlseyn und Glück besteht. Dieses Mitleid

ganz allein ist die wirkliche Basis aller *freien* Gerechtigkeit und aller *ächten* Menschenliebe.«[23]

Die echte moralische Triebfeder ist also das *Mitleid*. Nach Schopenhauers Begriff des Mitleids ist es aber ausgeschlossen, daß wir Mitleid mit uns selbst empfinden: Denn dann wären wir am eigenen Wohl interessiert, was aber die Definition des Egoismus ist. Wir können also uns selbst gegenüber gar nicht moralisch handeln. Schopenhauers Mitleidsethik muß daher jene Normen, die Kant und andere vor ihm *Pflichten gegen sich selbst* nannten, bestreiten. Genau dies ist jene Voraussetzung der Beweisführung Schopenhauers, die wir oben noch nicht erwähnt hatten. Gegen den Begriff der Pflichten gegenüber sich selbst bringt Schopenhauer im wesentlich zwei Argumente vor[24]: Erstens könnten diese Pflichten keine Pflichten der Gerechtigkeit sein, weil dem, der etwas will, dadurch kein Unrecht geschehen kann, dass dieses Wollen sich erfüllt. Zweitens könnten es keine Pflichten der Menschenliebe sein, denn was wir aus Liebe zu uns selbst tun, das fällt unter den Egoismus. Daher könnten solche vermeintlichen Pflichten letztlich nur Klugheitsregeln oder Diätvorschriften sein.[25]

Die Mitleidsethik – nicht nur in der Fassung, die Schopenhauer ihr gibt – kennt also keine Pflichten gegen sich selbst. Ob wir darin einen Nachteil sehen wollen, hängt davon ab, ob wir selbst die Begründung solcher Pflichten für möglich oder gar für notwendig halten.

Aber kommen wir zurück zu Schopenhauer. In seiner Beweisführung blieben die Handlungen aus Bosheit zunächst unberücksichtigt. In seiner Zusammenfassung bezieht er sie wieder ein. Er schreibt:

---

[23] Ebenda, S. 247f (§ 16).

[24] Vgl. Ebenda, S. 166ff (§ 5).

[25] Kant ist dagegen der Auffassung, daß unser Wollen auch im Hinblick auf uns selbst nicht immer von sich aus das Vernünftige präferiert. Daher sei es sinnvoll, auch die auf uns selbst gerichteten Maximen mittels des kategorischen Imperativs zu überprüfen. Also kann es, nach Kant, Pflichten gegen sich selbst geben.

»Es giebt überhaupt nur *drei Grund-Triebfedern* der menschlichen Handlungen; und allein durch Erregung derselben wirken alle irgend möglichen Motive. Sie sind:

Egoismus; der das eigene Wohl will (ist gränzenlos).

Bosheit; die das fremde Wehe will (geht bis zur äußersten Grausamkeit).

Mitleid, welches das fremde Wohl will (geht bis zum Edelmuth und zur Großmuth).

Jede menschliche Handlung muß auf eine dieser Triebfedern zurückzuführen seyn; wiewohl auch zwei derselben vereint wirken können.«[26]

Aus dieser Zusammenfassung führt Schopenhauer seinen Beweis noch einmal: Moralische Handlungen müssen durch das Mitleid bewirkt werden, weil die Bosheit der Moral entgegengesetzt sei, der Egoismus aber zum Teil moralisch indifferente Handlungen hervorbringe.[27]

Bevor wir weiter auf den psychologischen Begriff des Mitleids, auf die Ableitung von Gerechtigkeit und Menschenliebe und schließlich auf die metaphysische Deutung des Mitleids eingehen, wollen wir noch einmal einen kritischen Blick auf die bisher gegeben Bestimmungen werfen (vgl. Abbildung 10).

Ein erstes Problem scheint sich hinsichtlich der Bosheit zu ergeben. Boshafte Handlungen werden durch das Wehe des anderen motiviert. Schopenhauer bestimmt aber die Bedeutung der Begriffe Wohl und Wehe dadurch, daß er sagt, etwas sei dem Willen gemäß oder ihm entgegen. Der Wille, um den es geht, ist immer der eigene Wille, denn nur dessen Motivation kann die Handlung bewirken. Im Falle der Bosheit wäre daher ein Wehe dem Willen gemäß. Hieraus ergibt sich eine Spannung zu einer Grundüberzeugung einer jeden Handlungstheorie, die schon Aristoteles, aber auch bereits Denker vor ihm, so

---

[26] A. Schopenhauer: Preisschrift über die Grundlage der Moral. A. a. O., S. 249 (§ 16).

[27] Vgl. ebenda.

Subjekt des Handelns	Der Charakter und seine Empfänglichkeit für Wohl und Wehe		
Motiv/Zweck	eigenes Wohl	fremdes Wohl	fremdes Wehe
Motivation	Egoismus	Mitleid	Bosheit
Maxime	Hilf niemandem; vielmehr verletze alle, wenn es dir nützt.	Verletze niemanden; vielmehr hilf allen, soweit du kannst.	Verletze alle, so sehr du kannst.
moralischer Wert der Handlung	z. T. moralisch indifferent, z. T. unmoralisch; Legalität oft möglich	Moralität (echter moralischer Wert)	unmoralisch; Legalität kaum möglich

Abbildung 10: Schopenhauers Theorie der Handlungsmotivation

ausgedrückt haben: Alles was wir erstreben ist ein Gut.[28] Wenn aber das Wehe des anderen ein Gut wäre, müßte das dann nicht bedeuten, daß für den Boshaften das Wehe des anderen ein Gut für ihn selbst, nämlich sein eigenes Wohl ist? Damit aber wäre die Bosheit auf den Egoismus zurückgeführt. Sie wäre also keine eigene Grundtriebfeder, wie Schopenhauer behauptet. Auch daß der Boshafte sonst nicht auf seinen Nutzen sieht, seine Handlung insofern uneigennützig ist, spricht nicht gegen diese Interpretation: Die Lust am Leid anderer entschädigt ihn eben für allen sonstigen Schaden. Sind wir aber erst bei diesem Punkt angelangt, dann wird auch der Verdacht gegen das Mit-

---

[28] Selbst Schopenhauer schreibt: »Alles, was den Bestrebungen irgend eines individuellen Willens gemäß ist, heißt, in Beziehung auf diesen, gut [...].« Ebenda, S. 306 (§ 22).

leid laut: Könnte es nicht sein, daß auch das Interesse am Wohl des anderen nur deshalb besteht, weil es der Handelnde als ein Gut für sich ansieht? Will er also das Wohl des anderen, weil er daraus selbst Lust zieht? Dann wäre auch das Mitleid auf den Egoismus zurückgeführt und damit Schopenhauers Kriterium einer echten moralischen Handlung widerlegt, denn von einer Abwesenheit des Egoismus könnte dann niemals zurecht die Rede sein.

Um dieser Argumentation zu entgehen, müßte Schopenhauer behaupten, daß das Gut, welches wir entweder boshafter oder mitleidiger Weise bezwecken – entweder das fremde Wehe oder das fremde Wohl – kein Gut für den Handelnden selbst ist. Aber was soll es dann heißen, wenn Schopenhauer z. B. schreibt, daß »mir das Wohl und Wehe des Andern unmittelbar am Herzen« liegt?[29] Es ist sicher klar, was Schopenhauer sagen will: Fremdes Wohl und fremdes Wehe sind für den Mitleidigen bzw. für den Boshaften intrinsische Güter; sie werden um ihrer selbst willen und nicht als Mittel für anderes bezweckt. Aber ebenso klar ist, daß ein Gut, Wert oder Zweck des Handelns immer ein Gut, Wert oder Zweck des Handelnden ist. Auch intrinsische Werte sind keine Werte an sich, sondern Werte für uns oder für mich. Weil das so ist, weil wir es nicht anders denken können, werden Argumentationen, wie die gerade gegen Schopenhauer gewendete, immer möglich sein. Vor diesem Problem steht nicht nur Schopenhauer, nicht nur die Mitleidsethik, sondern jede Wertethik, die einen intrinsischen Wert des Handelns behaupten möchte, dessen Wertsein letztlich nicht darin wurzeln soll, daß er ein Wert für den Handelnden selbst ist.

Nun zu einem zweiten Problem der bisherigen Argumentation Schopenhauers. Er sagt, daß die Bosheit dem Mitleid entgegengesetzt ist. Welcher Art ist diese Entgegensetzung? Zunächst einmal läßt sich sagen: Wenn jemand aus Mitleid handelt, dann handelt er nicht aus Bosheit; und wenn jemand

---

[29] Ebenda, S. 248 (§ 16).

aus Bosheit handelt, dann handelt er nicht aus Mitleid. Läßt sich aber auch folgendes sagen: Wenn jemand nicht aus Mitleid handelt, dann handelt er aus Bosheit? Nein, ebensowenig wie: Wenn jemand nicht aus Bosheit handelt, dann handelt er aus Mitleid. Beides läßt sich nicht sagen, weil der Betreffende auch aus Egoismus handeln könnte. Maximen der Bosheit und Maximen des Mitleids sind daher logisch konträr zueinander. Solcher Art ist hier die Entgegensetzung. Sie ist unproblematisch. Betrachten wir nun aber das Verhältnis von Egoismus und Mitleid. Schopenhauer sagt:

> »Die Abwesenheit aller egoistischen Motivation ist also das Kriterium einer Handlung von moralischem Werth.«[30]

Das ist offensichtlich falsch: Denn wenn jemand nicht aus Egoismus handelt, dann muß er darum nicht zwangsläufig aus Mitleid handeln, er könnte auch aus Bosheit handeln. Das Kriterium kann also nur die Abwesenheit aller egoistischen *und* aller boshaften Motivation sein. Nach Schopenhauer bleibt dann nur das Mitleid übrig. Auch im Hinblick auf Egoismus und Mitleid können wir also nur sagen: Wer mitleidig handelt, handelt nicht egoistisch, wer egoistisch handelt, handelt nicht mitleidig. Auch Maximen des Mitleids und Maximen des Egoismus sind logisch konträr zueinander. Nun sagt Schopenhauer aber über alle drei Triebfedern:

> »Jede menschliche Handlung muß auf eine dieser Triebfedern zurückzuführen seyn; wiewohl auch zwei derselben vereint wirken können.«[31]

Nach unserer Analyse bleibt nur noch ein Paar übrig, welches vereint wirken könnte: Egoismus und Bosheit. Für die beiden anderen möglichen Paarungen hatten wir festgestellt, daß sie konträr zueinander sind, also nicht vereint wirken können. Aber was soll es heißen, daß Egoismus und Bosheit vereint in

---

[30] Ebenda, S. 244 (§ 15).
[31] Ebenda, S. 249 (§ 16).

ein und derselben Handlung wirken können? Es müßte doch
heißen, daß das eigene Wohl genauso bezweckt wird wie das
fremde Wehe. Wenn wir aber sagen, daß beide gleichrangig
bezweckt werden, dann können wir nicht mehr an jenem Unterschied festhalten, den Schopenhauer selbst zwischen boshaften und egoistischen Handlungen gezogen hat: Bei
boshaften sei das Wehe des anderen der Zweck; bei egoistischen sei es nicht der Zweck, werde aber um des eigenen
Wohls willen in Kauf genommen. Denn dies ist keine
Gleichrangigkeit von eigenem Wohl und fremdem Wehe. Eine
solche Gleichrangigkeit kann nur angenommen werden, wenn
das eigene Wohl das fremde Wehe ist, wenn jemand im fremden Wehe das eigen Wohl sieht. Wenn aber daß die Konsequenz der Aussage Schopenhauers ist, daß zwei Triebfedern
vereint wirken können, dann würde er gerade damit jener Argumentation der ersten Problemdiskussion entgegenkommen:
Zumindest manchmal wäre es möglich, daß Bosheit auf Egoismus reduziert werden kann. Das Mindeste, was wir also
sagen können, ist dies: Das Verhältnis zwischen den Maximen
der Bosheit und den Maximen des Egoismus wird von Schopenhauer nicht klar bestimmt. Wahrscheinlich spürt er selbst,
daß Bosheit auf Egoismus reduziert werden kann, gesteht es
sich aber im Denken nicht ein.

Wir kommen zu einem dritten Problem, welches wieder in
dieselbe Richtung weist. Schopenhauer kennt also drei Grundmotive: fremdes Wohl und fremdes Wehe, eigenes Wohl. Was
ist mit dem eigenen Wehe? Könnte eine Handlung das eigene
Wehe bezwecken wollen? Solche Handlungen, insbesondere
im sexuellen Bereich, haben ihren Namen nach einem Zeitge-
nossen Schopenhauers erhalten: Nach Leopold Ritter von Sa-
cher-Masoch (1836-1895; Schopenhauer: 1788-1860) werden
sie masochistische Handlungen genannt. Schopenhauer führt
die masochistische Motivation gar nicht erst an. Entweder
schien ihm derartiges völlig abwegig und absurd, oder er war
der Meinung, daß das eigene Wehe um der eigenen Lust willen
bezweckt wird, daß also die Sache letztlich auf den Egoismus

hinauslaufe. Wieder also gelangen wir zur Reduktion auf den Egoismus.

Diese Reduktion ist der Kerngedanke, die Tendenz, unserer gesamten Problemdiskussion. Warum eigentlich? Nun, mit Kant könnten wir sagen: Alle Motive Schopenhauers – der Egoismus, die Bosheit und das Mitleid – und dazu auch noch das masochistische Motiv – sind materiale Bestimmungsgründe der Willkür. Aber alle materialen Bestimmungsgründe der Willkür fallen unter das Prinzip der Selbstliebe. Hat Kant vielleicht doch recht damit, daß unter den materialen Bestimmungsgründen kein genuin moralisches Motiv gefunden werden kann?

Soviel zu einer ersten kritischen Reflexion. Sehen wir nun, wie Schopenhauer seinen Ansatz ausbaut. Wir werden bald auf neue Probleme stoßen.

Schopenhauer geht es zunächst um die Ableitung der Rechts- und Tugendpflichten, wobei er allerdings diese traditionellen Namen vermeiden möchte. Er spricht von *Gerechtigkeit* und *Menschenliebe*. Den Begriff der Pflicht möchte Schopenhauer ohnehin auf den Fall beschränken, daß sich jemand selbst verpflichtet hat und daher eine Schuldigkeit begleichen muß. Über die fragliche Ableitung schreibt Schopenhauer:

> »Bei näherer Betrachtung des oben als ethisches Urphänomen nachgewiesenen Vorgangs des Mitleids ist auf den ersten Blick ersichtlich, daß es zwei deutlich getrennte Grade giebt, in welchen das Leiden eines Andern unmittelbar mein Motiv werden, d. h. mich zum Thun oder Lassen bestimmen kann: nämlich zuerst nur in dem Grade, daß es, egoistischen oder boshaften Motiven entgegenwirkend, mich abhält, dem Andern ein Leiden zu verursachen, also herbeizuführen, was noch nicht ist, selbst Ursache fremder Schmerzen zu werden; sodann aber in dem höhern Grade, wo das Mitleid, positiv wirkend, mich zu thätiger Hülfe antreibt [...]: es ist die natürliche, unverkennbare und scharfe Gränze zwischen dem Negativen und Positiven, zwischen Nichtverletzen und Helfen.«[32]

---

[32] Ebenda, S. 252 (§ 17).

Die Gerechtigkeit fordert also: Schade niemanden; die Menschenliebe: Hilf jedem, soweit du kannst. Beides zusammen ergibt die Maxime des Mitleids, das moralische Prinzip.

Aber sind wir wirklich immer gerecht, wenn wir Mitleid empfinden? Empfinden wir für alle Betroffenen gleiches Mitleid? Empfinden wir das Mitleid so, daß auch eine Verteilung nach Verdienst zustande kommen kann? Empfinden wir mit Betroffenen, die gerade nicht anwesend sind, dasselbe Mitleid wie mit Betroffenen, die anwesend sind? Verhindert nicht gerade das Mitleid manchmal das Nachdenken darüber, was denn nun wirklich gerecht wäre? Empfinden wir nicht mit Freunden oder Verwandten eher Mitleid als mit Fremden? Und neigen wir nicht aus mitleidiger Menschenliebe manchmal sogar zu Verstößen gegen die Gerechtigkeit? Schade niemandem, sagt Schopenhauer. Aber das kann doch sehr unterschiedliches bedeuten. Das Prinzip besagt eben nicht, worin die Gerechtigkeit im besonderen Fall bestehen soll. Und ein interner Zusammenhang zwischen dem Mitleid und der konkreten Bestimmung der Gerechtigkeit ist nicht zu sehen.

Schopenhauer muß sich dieser kritischen Fragen und Einwände durchaus bewußt gewesen sein. Er schreibt nämlich:

> »Denn obwohl *Grundsätze* und abstrakte Erkenntniß überhaupt keineswegs die Urquelle, oder erste Grundlage der Moralität sind; so sind sie doch zu einem moralischen Lebenswandel unentbehrlich, als das Behältniß, das Réservoir, in welchem die aus der Quelle aller Moralität, als welche nicht in jedem Augenblicke fließt, entsprungene Gesinnung aufbewahrt wird, um, wenn der Fall der Anwendung kommt, durch Ableitungskanäle, dahin zu fließen. [...] Ohne fest gefaßte *Grundsätze* würden wir den antimoralischen Triebfedern, wenn sie durch äußere Eindrücke zu Affekten erregt sind, unwiderstehlich Preis gegeben seyn. Das Festhalten und Befolgen der Grundsätze [...] ist *Selbstbeherrschung.* Hier liegt auch die Ursache, warum die Weiber, als welche, wegen der Schwäche ihrer Vernunft, allgemeine *Grundsätze* zu verstehn, festzuhalten und zur Richtschnur zu nehmen, weit weniger als die Männer fähig sind, in der Tugend der Gerechtigkeit [...] diesen in der Regel nachstehn; daher Ungerechtigkeit und Falschheit ihre häufigsten Laster sind und Lügen ihr eigentliches

Element: hingegen übertreffen sie die Männer in der Tugend der *Menschenliebe*: denn zu dieser ist der Anlaß meistens *anschaulich* und redet daher unmittelbar zum Mitleid, für welches die Weiber entschieden leichter empfänglich sind. Aber nur das Anschauliche, Gegenwärtige, unmittelbar Reale hat wahre Existenz für sie: das nur mittelst der Begriffe erkennbare Entfernte, Abwesende, Vergangene, Zukünftige ist ihnen nicht wohl faßlich. Also ist auch hier Kompensation: Gerechtigkeit ist mehr die männliche, Menschenliebe mehr die weibliche Tugend.«[33]

In diesen Ausführungen Schopenhauers können wir einige Ungereimtheiten erkennen. Wir brauchen gar nicht weiter darauf einzugehen, daß wir heute, nachdem auch die Frauen faire Bildungschancen erhalten und wahrgenommen haben, Schopenhauers Beobachtung der vermeintlichen Vernunftschwäche der Frauen nicht bestätigen können, und schon gar nicht seine frauenfeindlichen Bosheiten, die er noch hinzufügt, akzeptieren würden. In systematischer Hinsicht ist doch bemerkenswert, daß er von seiner ursprünglichen Forderung, die moralische Motivation solle keine Verstandesbildung voraussetzen, sondern aus der unmittelbaren Anschauung erfolgen, angesichts der Gerechtigkeit abrücken muß. Schlimmer noch: Seine Ausführungen über die Frauen zeigen doch, daß er zugibt, daß das Mitleid als unmittelbare Motivation zur Ungerechtigkeit führen kann. Wenn aber das Mitleid die alleinige Grundlage der Moral sein soll, dann kann es doch nicht nur die alleinige Quelle der Menschenliebe sein, während es zur Gerechtigkeit noch der Grundsätze bedürfte, aber das Mitleid hier gar nicht unmittelbar vonnöten sein soll.[34]

In diesen Schwierigkeiten zeigt sich, daß eine genuin moralische Motivation einen internen Zusammenhang mit dem moralischen Prinzip aufweisen muß. Das Mitleid steht aber nicht in einem solchen Zusammenhang zum Moralprinzip, was ins-

---

[33] Ebenda, S. 254f (§ 17).

[34] Zum letzten Punkt vgl. ebenda, S. 255 (§ 17), wo davon die Rede ist, daß das Mitleid in Sachen Gerechtigkeit nur indirekt wirke – was immer das heißen mag.

besondere in der Frage der Gerechtigkeit offensichtlich wird. Schopenhauers Ableitung der Kardinaltugenden Gerechtigkeit und Menschenliebe aus dem Mitleid ist also besonders hinsichtlich der Gerechtigkeit wenig überzeugend.

Betrachten wir nun abschließend die metaphysische Deutung des Mitleids. Schopenhauer kommt mehrmals darauf zu sprechen, daß der Vorgang des Mitleids mysteriös sei. An einer Stelle heißt es z. B.:

> »*Dieser Vorgang* ist, ich wiederhole es, *mysteriös*: Denn es ist etwas, wovon die Vernunft keine unmittelbare Rechenschaft geben kann, und dessen Gründe auf dem Wege der Erfahrung nicht auszumitteln sind.«[35]

Das Mysteriöse liegt eben darin, daß fremdes Wohl den Handelnden ebenso motiviert, wie es das eigene Wohl tut. Kann die Metaphysik das Mysterium auflösen? Kann sie uns sagen, wie dies möglich ist, oder was es bedeutet? Schopenhauer schreibt:

> »Auch hier stellt sich die Forderung einer *Metaphysik* ein, d. h. einer letzten Erklärung der Urphänomene als solcher und, wenn in ihrer Gesamtheit genommen, der Welt. Diese Forderung erhebt auch hier die Frage, warum das Vorhandene und Verstandene sich so und nicht anders verhalte, und wie aus dem Wesen an sich der Dinge der dargelegte Charakter der Erscheinung hervorgehe.«[36]

Dies also ist Schopenhauers Begriff der Metaphysik und die Aufgabe, die sich daraus ergibt. Was ist die Lösung?

Schopenhauer erläutert zunächst, den Charakter dessen, der sich durch Mitleid motivieren läßt, im Unterschied zum boshaften und zum egoistischen Charakter. Er schreibt:

> »Gehen wir aber auf das Wesentliche eines solchen Charakters zurück; so finden wir es unleugbar darin, *daß er weniger als die Uebrigen einen Unterschied zwischen sich und Andern macht.* Dieser *Unterschied* ist in den Augen des boshaften Charakters so groß, daß

---

[35] Ebenda, S. 269 (§ 18).
[36] Ebenda, S. 301f (§ 21).

ihm fremdes Leiden unmittelbar Genuß ist, den er deshalb ohne wei-
tern eigenen Vortheil, ja, selbst diesem entgegen, sucht. Der selbe
Unterschied ist in den Augen des Egoisten noch groß genug, damit
er, um einen kleinen Vortheil für sich zu erlangen, einen großen Schaden Anderer als Mittel gebrauche. Diesen Beiden ist also zwischen
dem *Ich*, welches sich auf ihre eigene Person beschränkt, und dem
Nicht-Ich, welches die übrige Welt begreift, eine weite Kluft, ein
mächtiger *Unterschied*. [...] Dem guten Menschen hingegen ist dieser *Unterschied* keineswegs so groß, ja, in den Handlungen des Edel-
muths erscheint er als aufgehoben [...].«[37]

Schopenhauers metaphysische Interpretation besagt nun, daß
der Unterschied zwischen Ich und Nicht-Ich empirisch gerechtfertigt ist, daß aber die metaphysische Wahrheit die Identität des empirisch Unterschiedenen wäre. Im Mitleid sei daher
die metaphysische Wahrheit bereits praktisch gegeben, wenn
auch noch nicht metaphysisch begriffen. Kann Schopenhauer
diese These rechtfertigen?

Für seine Begründung beruft sich Schopenhauer auf Kant.
Denn die empirische Vielheit und Verschiedenheit beruhe
auf Raum und Zeit. Raum und Zeit können aber nach Kant
nicht den Dingen an sich als Eigenschaften zugeschrieben
werden, sondern sind unsere Anschauungsformen, Formen,
in denen uns die Dinge erscheinen: nebeneinander und nach-
einander. Dies ist Kants Lehre von der Idealität von Raum
und Zeit. Schopenhauer will sie sich zunutze machen, wenn
er schreibt:

»Nach ihr also sind Raum und Zeit die Formen unsers eigenen An-
schauungsvermögens, gehören diesem, nicht den dadurch erkannten
Dingen an, können also nimmermehr eine Bestimmung der Dinge
an sich selbst seyn; sondern kommen nur der Erscheinung derselben zu, wie solche in unserm, an physiologische Bedingungen ge-
bundenen Bewußtseyn der Außenwelt allein möglich ist. Ist aber
dem Ding an sich, d. h. dem wahren Wesen der Welt, Zeit und
Raum fremd; so ist es nothwendig auch die Vielheit: folglich kann

---

[37] Ebenda, S. 306 (§ 22).

dasselbe in den zahllosen Erscheinungen dieser Sinnenwelt doch nur Eines seyn, und nur das Eine und identische Wesen sich in diesen allen manifestieren.«[38]

Dieser Beweis ist schlicht und ergreifend falsch. Zwar sagt Kant, daß wir die Anschauungsformen Raum und Zeit nicht den Dingen und auch nicht den Dingen an sich zuschreiben können; ebensowenig können wir die Verstandeskategorien, wie z. B. die Vielheit auf Dinge an sich anwenden. Aber daraus folgt keineswegs, daß wir von den Dingen an sich behaupten können, sie seien außer Raum und Zeit, oder daß wir auf sie andere Verstandeskategorien, wie z. B. die Einheit, anwenden können oder gar müssen: Die Dinge an sich liegen gänzlich außerhalb unserer Erkenntnis, weshalb wir über sie gar nichts sagen können. Schopenhauers Beweis des Einen in allen und allem, des identischen Wesens aller Manifestationen, ist daher gescheitert, zumindest insofern, als er sich auf die Transzendentalphilosophie Kants beruft. Schopenhauer führt noch viele weitere Belege für seine Metaphysik an, z. B. aus dem Hinduismus, aus dem Buddhismus und aus der Philosophie der Eleatik, um nur einige zu nennen: Aber er ist eben der Auffassung, daß der Beweis erst mit Kants Lehre von der Idealität von Zeit und Raum gelungen sei, was aber nicht stimmt und auch von Kant bestimmt nicht beabsichtigt war.

Immerhin könnten wir uns noch fragen, ob an der These von einer wesentlichen Identität im Kontext der Moral sonst etwas dran sei, ob sie sozusagen einen rationalen Kern habe. Eine ähnliche These wird uns nämlich in der Tat noch begegnen. Und zwar gerade bei Kant, wenn dieser von der moralischen Achtung der Menschen spricht: Diese Achtung gilt der Persönlichkeit eines jeden. Moralische Achtung bedeutet für Kant die Anerkennung eines jeden Menschen als vernünftiges Wesen, unabhängig von aller Individualität. Als moralisch ge-

---

[38] Ebenda, S. 308 (§ 22).

achtete Personen sind wir alle gleich, besitzen wir alle die-selbe Würde. Aber während das identische Wesen bei Scho-penhauer mysteriös bleibt, braucht dies von den vernünftigen Wesen nicht gesagt zu werden. Dieser Begriff bedeutet nicht das Wesen der ganzen Welt, sondern unsere Fähigkeit, auch im Praktischen Vernunft walten zu lassen. Es ist diese Fähig-keit, die wir achten, wenn wir einander als vernünftige Wesen anerkennen.

6. Kalkulierende Vernunft. Der Utilitarismus

Der Utilitarismus entstammt der angelsächsischen Philosophie. Erste Gedanken in diese Richtung finden wir bereits bei Thomas Hobbes und vor allem in den späten Schriften von David Hume. Als die eigentlichen Begründer des Utilitarismus gelten aber Jeremy Bentham (1748-1832) und John Stuart Mill (1806-1873).

In der heutigen moralphilosophischen Diskussion wird der Utilitarismus oft als Individualethik behandelt. Wenn wir aber auf die Titel der Schriften des Gründervaters Bentham schauen, scheint die ursprüngliche Absicht eher eine andere gewesen zu sein. Die grundlegenden Werke Benthams heißen nämlich: *A Fragment on Government* und *An Introduction to the Principles of Morals and Legislation*. Von Regierung und Gesetzgebung ist also die Rede. In der Sprache der Tradition gesagt, wurde der Utilitarismus ursprünglich wohl vorrangig als Element der Staatsklugheit konzipiert. Er hat auch in diese Richtung gewirkt: Utilitaristisches Gedankengut war mitverantwortlich für soziale und politische Reformen und erlangte unter den Titeln *Wohlfahrtsökonomie* oder *Wohlfahrtsethik* Einfluß auf die Wirtschaftswissenschaft. Dennoch ist es berechtigt, den Utilitarismus als Moralphilosophie zu diskutieren, denn er stellt normative Kriterien zur Beurteilung von Handlungen bzw. von Handlungsregeln auf. Auf diesen Aspekt werden wir uns konzentrieren. Es wird sich zeigen, daß von *der* utilitaristischen Position kaum die Rede sein kann, weil sich Varianten ausgebildet haben, die konzeptuell stark differieren.

Die klassische Position des Utilitarismus kann hinsichtlich des ethischen Kriteriums durch vier Merkmale charakterisiert werden:

– *Konsequenzialismus*: Der Utilitarismus beurteilt Handlungen bzw. Handlungsregeln im Hinblick auf ihre Konsequenzen, ihre Folgen, und nicht, wie etwa Kants Deontologie, im

Hinblick auf formale Eigenschaften, oder, wie etwa Schopenhauers Mitleidsethik, im Hinblick auf die Motivation.

- *Kosten-Nutzen-Kalkül*: Die Folgen werden danach bewertet, welchen Nutzen, lateinisch: utilitas, sie erbringen, wobei der nötige Aufwand in Rechnung zu stellen ist. Diesem Merkmal verdankt der Utilitarismus seinen Namen.

- *Hedonismus/Werttheorie*: Im Rahmen einer Werttheorie muß der Utilitarismus sagen, was als Nutzen gilt. Der klassische Utilitarismus legt sich darauf fest, daß als Nutzen alles gilt, was die Lust der Betroffenen maximiert bzw. ihre Unlust minimiert. Er vertritt also eine hedonistische Werttheorie. Statt von *Lust* wird auch manchmal von *Glück* gesprochen.

- *Allgemeinheit*: Der Utilitarismus ist keine Ethik des aufgeklärten Eigeninteresses. Sein Kriterium ist also nicht der individuelle Nutzen für das jeweilige einzelne Handlungssubjekt, sondern der noch näher zu bestimmende allgemeine Nutzen für alle Betroffenen. Näher zu bestimmen ist, was die Rede vom allgemeinen Nutzen meint, aber auch, wer alle Betroffenen sind.

Diese vier Merkmale oder Teilkriterien der Rechtfertigung von Handlungen bzw. Handlungsregeln faßt Bentham zum Prinzip des Utilitarismus zusammen. Er schreibt:

> »Unter dem *Prinzip der Nützlichkeit* ist jenes Prinzip zu verstehen, das schlechthin jede Handlung in dem Maß billigt oder mißbilligt, wie ihr die Tendenz innezuwohnen scheint, das Glück der Gruppe, deren Interesse in Frage steht, zu vermehren oder zu vermindern, oder – das gleiche mit anderen Worten gesagt – dieses Glück zu befördern oder zu verhindern. Ich sagte: schlechthin jede Handlung, also nicht nur jede Handlung einer Privatperson, sondern auch jede Maßnahme der Regierung.«[1]

---

[1] Jeremy Bentham: Eine Einführung in die Prinzipien der Moral und der Gesetzgebung. Übersetzt von Annemarie Pieper. In: Otfried Höffe (Hg.): Einführung in die utilitaristische Ethik. Tübingen 1992, S. 56.

Ähnlich bestimmt Mill die »Norm der Moral«:

> »Diese kann also definiert werden als die Gesamtheit der Handlungsregeln und Handlungsvorschriften, durch deren Befolgung ein Leben der angegebenen Art [glückliches Leben] für die gesamte Menschheit im größtmöglichen Umfange erreichbar ist; und nicht nur für sie, sondern, soweit es die Umstände erlauben, für die gesamte fühlende Natur.«[2]

Die vier Merkmale und die beiden Prinzipien wollen wir nun näher betrachten und kritisch diskutieren. Daß wir sie kritisch diskutieren, soll aber nicht heißen, daß wir einen anderen ethischen Standpunkt einnehmen, um eine externe Kritik vorzutragen. Es geht vielmehr darum, die Implikationen der Teilkriterien und Prinzipien aufzuzeigen, um zu sehen, vor welchen Problemen der Utilitarismus immanent steht und wie er darauf reagiert. So werden wir auch zu den Varianten des Utilitarismus gelangen, die zumeist in Reaktion auf derartige Kritiken entstanden sind.

1. Betrachten wir zunächst den Konsequenzialismus. Der Sinn der Beurteilung von Handlungen und Handlungsregeln ist es, herauszufinden, welches Handeln moralisch richtig ist. Diesem Sinn wird zweifellos am besten entsprochen, wenn wir die moralische Richtigkeit feststellen, bevor wir handeln. Der Konsequenzialismus fordert aber eine Beurteilung aufgrund der Folgen. Die Folgen können wir vor dem Handeln nur prognostizieren. In unseren Prognosen sind wir fehlbar. Bentham spricht in seinem Prinzip von einer »Tendenz«, die den Handlungen innezuwohnen »scheint«. Daraus folgt, daß die konzequenzialistische Beurteilung vor dem Handeln zu einem anderen Resultat gelangen kann als nach der Ausführung von Handlungen oder der allgemeinen Anwendung von Handlungsregeln: Was angesichts der prognostizierten Folgen als moralisch richtig gilt, kann angesichts der tatsächlichen Folgen als moralisch verwerflich gelten, oder umgekehrt. In einem solchen

---

[2] John Stuart Mill: Der Utilitarismus. Übersetzt von Dieter Birnbacher. Stuttgart 1985, S. 21.

Fall müßten wir unsere Beurteilung revidieren. Dieselbe Handlung würde dann zu verschiedenen Zeiten einander widerstreitende moralische Beurteilungen erfahren. Und dies wäre nicht deshalb der Fall, weil sich das moralische Prinzip geändert hätte oder weil wir dieses zu irgendeinem Zeitpunkt falsch angewendet hätten. Die veränderte Beurteilung wird allein durch unsere falsche Prognose künftiger Ereignisse bedingt.

Die Qualität unserer Prognosen ist zweifellos von unserem empirischen Wissen, natur- und sozialwissenschaftlicher Art, abhängig. Und deshalb ist auch die moralische Beurteilung nach utilitaristischen Kriterien von diesem Wissen abhängig: Je besser das empirische Wissen einer Person, um so größer ihre Chance im Sinne des Utilitarismus moralisch richtig zu urteilen und zu handeln. So gesehen, können wir das Problem noch etwas zuspitzen: Kann der Utilitarismus überhaupt davon reden, daß er vor dem Handeln eine moralische Beurteilung vornimmt? Müßte er nicht eingestehen, daß vor dem Handeln die moralische Beurteilung selbst nur eine Prognose ist, während die gültige moralische Beurteilung erst im Nachhinein möglich ist?

Diese Art des Empirismus in moralischen Fragen ist verwirrend: Die meisten von uns hegen wohl nicht die Intuition, daß moralische Verbindlichkeiten auf Prognosen beruhen oder gar selbst nur Prognosen sind. Hinzu kommt noch, daß selbst Experten auf den verschiedenen Gebieten des Wissens sich oft nicht auf eine Prognose einigen können. Wie sollen wir entscheiden, wenn die Experten mit jeweils guten Gründen zu verschiedenen Prognosen hinsichtlich möglicher Handlungsfolgen gelangen? Wir könnten utilitaristisch nur entscheiden, wenn wir selbst ein nach wissenschaftlichen Kriterien besseres Wissen hätten als die Experten.

Nennen wir dieses gesamte Problem das *Dilemma des Konsequenzialismus*. Dieses Dilemma scheint im Hintergrund zu stehen, wenn in heutigen Debatten über die Anwendung bestimmter Technologien – Biotechnologie, Gentechnologie, Kerntechnologie – immer wieder davon gesprochen wird, daß für endgültige Entscheidungen erst Fortschritte der Forschung und Entwicklung abgewartet werden müßten. Gegenüber moralischen Beurteilungen, die nicht konsequenzialistisch verfahren, ist dies ein völlig sinnloses Argument. Und das Dilemma des Konsequenzialismus wird durch Abwarten auch nicht gelöst: Unsere Prognosen mögen verbessert werden, aber unfehlbar werden sie nie.

Kommen wir zu einem zweiten Problem des Konsequenzialismus. Es ist ein Problem, welches die Utilitaristen selbst bemerkten und das sie in zwei Lager gespalten hat: in *Handlungsutilitaristen* und *Regelutilitaristen.*

Bisher hatten wir immer davon gesprochen, daß es um die Folgen von Handlungen oder von Handlungsregeln geht. Aber es kann ein großer und überaus relevanter Unterschied sein, ob wir nur nach den Folgen einer einzelnen Handlung oder nach den Folgen einer allgemeinen Handlungsweise urteilen. Betrachten wir ein typisches Beispiel, das der Utilitarist John J. C. Smart anführt:

> »Ich habe einem Freund, der auf einer verlassenen Insel stirbt, versprochen, dafür zu sorgen, daß sein Vermögen (über das ich verfüge) einem Renn-Club zukommt. Nachdem ich von jener Insel gerettet bin, entscheide ich jedoch, daß es besser wäre, das Geld einem Krankenhaus zu geben, das damit Besseres anfangen kann.«[3]

Für die Problemdiskussion wird von utilitaristischer Seite unterstellt, die fragliche *Handlungsregel* betreffe das Halten von Versprechen schlechthin; die fragliche *Handlung* dagegen sei das Halten dieses Versprechens unter den gegebenen Umständen.

Freilich könnten wir schon diese Unterstellung in Zweifel ziehen. Denn die Handlungsregel könnte auch konkreter sein: Sie könnte das Halten von geheimen Versprechen betreffen oder das Halten von Versprechen in der Todesstunde dessen, dem das Versprechen gegeben wird, oder das Halten von Ver-

---

[3] John J. C. Smart: Extremer und eingeschränkter Utilitarismus. Übersetzt von Jörg Jantzen. In: O. Höffe (Hg.): Einführung in die utilitaristische Ethik. A. a. O., S. 176.

sprechen bestimmten Inhalts, oder sie könnte alle drei Konkretisierungen einbeziehen. Es ist also die Frage, wie konkret darf eine Handlungsregel sein, damit wir noch sinnvoll von einer Regel sprechen können und nicht ehrlicher Weise von einer Handlung sprechen müssen. Natürlich darf eine Regel keine individualisierenden Merkmale einer Handlung, etwa das Datum und die Uhrzeit ihrer Ausführung, enthalten. Aber ansonsten ist der Spielraum eher groß und kaum durch ein scharfes Kriterium zu begrenzen. In der utilitaristischen Diskussion werden aber, wie auch in Smarts Beispiel, eindeutige Fälle der Unterscheidung von Handlungsregel und Handlung gewählt. Dies ist wahrscheinlich auch deshalb der Fall, weil die Utilitaristen wohl annehmen, daß deontologische Ansätze, wie etwa der Kants, nur sehr abstrakte Handlungsregeln prüfen würden, – eine Annahme die nicht richtig sein muß. Die gewählten Beispiele sollen also auch dazu dienen, um insbesondere von handlungsutilitaristischer Seite die Abgrenzung zu deontologischen Konzepten zu verdeutlichen.

Kehren wir zum Beispiel zurück. Von der Regel, Versprechen nach Belieben zu brechen, dürfen wir erwarten, daß sie großen Schaden anrichten würde, wenn alle sie sich zu eigen machten. Diese Überlegung wird *hypothetische Verallgemeinerung* genannt: Wir stellen uns vor, was geschähe, *falls* jeder dieser Regel folgen würde. Nach dieser, der regelutilitaristischen Position, dürfen wir also das geheime, auf der einsamen Insel gegebene Versprechen nicht brechen, weil der *fiktive* Schaden, den wir uns mittels der hypothetischen Verallgemeinerung vorstellen, größer wäre als der *prognostizierte* Nutzen eines einzigen Krankenhauses. Es wird also ein fiktiver Schaden gegen einen prognostizierten Nutzen abgewogen. Es ist wichtig zu sehen, daß die hypothetische Verallgemeinerung *nicht* zu einer solchen Prognose führt, die aufgrund von Tatsachen gebildet wird: Sie fragt nicht, ob tatsächlich zu erwarten ist, daß alle oder viele der fraglichen Regel folgen werden und welche Konsequenzen das zeitigen könnte. Die hypothetische Verallgemeinerung fragt: Welche Konsequenzen wären zu erwarten, *wenn* alle oder viele der fraglichen Regel folgen würden? Die hypothetische Verallgemeinerung gibt ihre Prognose also auf der Grundlage einer Fiktion. Insofern könnten wir auch von *fiktiver Verallgemeinerung* sprechen.

Betrachten wir nun die Position des Handlungsutilitaristen im Hinblick auf das Beispiel. Der Handlungsutilitarist verzichtet auf die hypothetische Verallgemeinerung und damit auf jede Fiktion. Er fragt: Welche Folgen sind von meiner jeweiligen Handlung tatsächlich zu erwarten? In unserem Fall hätte er sich also, grob aufgelistet, folgendes zu überlegen:

— Wovon ist der größere Nutzen zu erwarten: von einem Krankenhaus oder von einem Renn-Club?
— Ist zu erwarten, daß das Brechen des geheimen Versprechens Auswirkung darauf hat, ob andere ihre Versprechen einhalten? Diese Frage schließt eine andere ein: Ist zu erwarten, daß der Bruch des Versprechens geheim bleibt?
— Welche Auswirkungen hat der Bruch des Versprechens auf mich? Bei dieser Frage könnten noch zwei Fälle unterschieden werden: Welche Auswirkungen auf mich hat der Versprechensbruch, (a) wenn er geheim bleibt, (b) wenn er nicht geheim bleibt?

Der Handlungsutilitarist versucht also, den jeweiligen Nutzen oder Schaden der beiden Handlungsoptionen zu prognostizieren, indem er ausgehend von den Tatsachen überlegt, was mit welcher Wahrscheinlichkeit tatsächlich geschehen wird. Er denkt sozusagen »*kausal*«, *nicht fiktiv*. Wenn der Handlungsutilitarist nun zu dem Ergebnis kommt, daß ein Krankenhaus wahrscheinlich nützlicher ist als ein Renn-Club, daß der Bruch des Versprechens wahrscheinlich geheim bleibt und daß er, obwohl er Versprechen meistens hält, damit leben kann, dieses Versprechen zu brechen, dann ist er, nach seinem Kriterium, *verpflichtet* das Versprechen in diesem Fall zu brechen.

Handlungs- und Regelutilitarismus können also zu gegensätzlichen Bewertungen kommen, wodurch die Schwierigkeit belegt wird, von dem Utilitarismus als einer einheitlichen Moralphilosophie zu sprechen. Allerdings muß der Handlungsutilitarist Regeln nicht schlechthin ablehnen. Er kann Regeln als *Faustregeln* verstehen, die für die *meisten* Fälle zur moralisch richtigen Bewertung führen, z. B. daß Versprechen zu halten sind. Aber er wird Regeln nicht als schlechthin verbindlich ansehen, was das Beispiel zeigen sollte.

Der Handlungsutilitarist scheint der konsequentere Konsequenzialist zu sein, weil seine Prognose von Tatsachen und nicht von einer Fiktion ausgeht. Aber vielleicht ergibt sich gerade deshalb für ihn ein ganz besonderes Problem: Es kann nämlich der Fall sein, daß die Prognose der Handlungsfolgen einen sehr großen Aufwand, nicht zuletzt an Zeit, erfordert. In einem solchen Fall wäre es auch nach dem Kriterium des Handlungsutilitaristen besser, sich der fiktiven Verallgemeinerung zu bedienen und nach der entsprechenden Regel zu handeln. Handlungsutilitaristisch gerechtfertigt ist dies, also sich einfach an die Regel zu halten, freilich nur dann, wenn der *Aufwand zur Prognose* der Folgen einer Handlung größer ist, als der Nutzen, den der Regelbruch im Falle derselben Handlung erbringen würde. Aber dieser Vergleich ist natürlich erst möglich, nachdem die Handlungsfolgen prognostiziert sind. Wenn der Handlungsutilitarist die Prognose durchgeführt hat und ihr Aufwand dann größer scheint als der zu erwartende Nutzen des Regelverstoßes, dann hat er nach seinem eigenen Kriterium und unabhängig davon, ob er dann der Regel folgt oder nicht, unmoralisch gehandelt: Er hat nämlich allein durch die *Durchführung der Prognose* das Resultat verschlechtert. Führt er die Prognose aber nicht durch, dann wird er nie erfahren, ob er nach seinem eigenen Kriterium moralisch gehandelt hat oder nicht. Oder sollte der Handlungsutilitarist das Ergebnis seiner Prognose der Handlungsfolgen prognostizieren? Hier, so scheint es, führt der Handlungsutilitarismus in die Aporie: Denn offensichtlich lassen sich Fälle denken, in denen die Anwendung seines Kriteriums bereits einen Verstoß gegen dieses Kriterium bedeuten würde, was aber wiederum nicht vor dessen Anwendung gewußt werden kann.

Bei der Diskussion des Insel-Beispiels hatten wir grob aufgelistet, was sich der Handlungsutilitarist überlegen muß. In der Tat war es nur eine grobe Darstellung, denn die Überlegungen könnten viel weiter gehen und bergen außerdem einige Probleme des Vergleichs in sich. Der Aspekt, daß die Überlegungen weitergehend sein könnten, gehört noch zur Diskussion des Konsequenzialismus. Deshalb wenden wir uns diesem Gesichtspunkt zuerst zu. Er betrifft keineswegs nur den Handlungsutilitaristen, sondern jede Prognose von Folgen, gleichgültig, ob diese von Tatsachen oder von Fiktionen ausgeht.

Eine Überlegung beim Insel-Beispiel galt den Auswirkungen des gebrochenen Versprechens auf denjenigen, welcher das Versprechen bricht. Nehmen wir an, er möchte sein Tun einerseits geheim halten, um nicht als jemand zu gelten, der Versprechen bricht, was er ja in der Regel auch nicht tut, andererseits möchte er gerne mit jemand über die Sache sprechen, um seine Rechtfertigung bestätigt zu bekommen, damit letzte Selbstzweifel zerstreut werden. Er befindet sich also in einer psychologisch schwierigen Lage. Dies führt dazu, daß er sich gegenüber seiner Frau seltsam verhält. Diese weiß nicht recht, was mit ihm los ist, und macht sich daher Sorgen. Diese Sorgen belasten sie so sehr, daß sie als Pilotin einen Flugzeugabsturz verschuldet. Im Flugzeug befanden sich unter anderen Spitzenmanager großer Konzerne. Die Nachricht von deren Tod löst einen Börsenkrach aus; es kommt weltweit zu Massenentlassungen. Gewiß, dies ist ein eher unwahrscheinliches Katastrophenszenario. Aber es verweist auf ein Problem: Wie weit muß die Prognose der Folgen gehen? Gibt es ein Kriterium dafür, bei welchem Punkt die Prognose möglicher Folgen abgebrochen werden kann? Ein objektives Kriterium scheint nicht in Sicht. Natürlich können wir eine solche Grenze ziehen. Dies wäre aber eine mehr oder weniger willkürliche Entscheidung. Dennoch könnte von ihr unsere moralische Bewertung abhängen, wenn wir Konsequenzialisten sind. Kann aber als moralische Entscheidung gelten, was von unserer Willkür abhängt? Dieses Problem können wir das *Paradoxon des Konse-*

quenzialismus nennen, denn es ist paradox, wenn die moralische Entscheidung, welche ja gerade unsere Willkür limitieren soll, von unserer Willkür abhängig ist.

Betrachten wir nun das andere Problem, welches den Vergleich der Folgen betrifft. Mit dieser Diskussion beziehen wir weitere Merkmale der utilitaristischen Moralbegründung in unsere Betrachtung ein: das Aufwand-Nutzen-Kalkül und die Werttheorie. Bleiben wir beim Insel-Beispiel. Dort müssen u. a. die möglicher Weise negativen psychischen Folgen eines gebrochenen Versprechens gegen die wahrscheinlich positiven Folgen für die Gesundheit vieler Menschen abgewogen werden. Das Resultat dieses Vergleichs ist wiederum abzuwägen gegen die Freude, die viele Menschen an einem Renn-Club haben könnten. Wie wägen wir das ab? Gibt es eine Maßeinheit des Nutzens? Und wenn der Nutzen durch die Maximierung von Lust bzw. die Minimierung von Unlust definiert wird: Gibt es eine Maßeinheit der Lust? Gibt es eine entsprechende Meßtheorie? Gibt es entsprechende Meßinstrumente? Sind Nutzen oder Lust Größen, die sich unabhängig von individuellen Einschätzungen bestimmen lassen? Könnte es nicht Menschen geben, die ihre Freude an Rennen höher bewerten als eine Verbesserung der medizinischen Versorgung? Und andererseits Menschen, die genau umgekehrt gewichten?

Im Grunde wiederholt sich hier jenes Problem, welches uns bereits bei Schopenhauer begegnet war: Dort zeigte es sich in der Reduktion aller drei Grundmotive auf den Egoismus. Es ist das Problem, daß Werte immer Werte für uns sind. Dieser subjektive Aspekt des Wertbegriffs zeigt sich beim Utilitarismus in der Schwierigkeit, die Nutzensbewertungen oder Lusterwartungen verschiedener Individuen miteinander zu vergleichen und zu verrechnen: Dafür fehlt das objektive Einheitsmaß. In der Wohlfahrtsethik oder Wohlfahrtsökonomie mag dieses Problem nicht so stark auffallen, weil dort ökonomische Kennziffern eingesetzt werden können und das Geld als objektives Einheitsmaß fungiert. Aber diese scheinbare Objektivität täuscht nur über das Problem hinweg: Stellen wir uns vor, zwei Personen sollen eine Handlung nach einer Lust- oder Nutzensskala von 1 bis 10 bewerten. Die erste Person ordnet den Wert 7, die zweite den Wert 6 zu. Können wir nun sagen, daß die erste Person die fragliche Handlung höher bewertet als die zweite Person; daß die Handlung für die erste Person mehr Lust als für die zweite Person bedeutet; daß sich die erste Person mehr Glück von der Handlung verspricht als die zweite? Nein, denn die vergleichbaren Zahlenwerte können für die beiden Personen einen unterschiedlichen subjektiven Sinn haben: Die erste Person vergibt selten Werte unter 7, die zweite Person selten Werte über 6. Die subjektive Gewichtung, und um diese geht es, wenn von Lust und Glück die Rede ist, unterscheidet sich: Für die erste Person ist die Handlung nicht so wichtig, obwohl sie 7 Wertungspunkte vergibt; für die zweite Person ist die Handlung sehr wichtig, obwohl sie nur 6 Wertungspunkte zuteilt. Um dieses Problem zu vermeiden, müßten die Utilitaristen behaupten, daß die subjektiven Nutzensbewertungen oder Lusterwartungen der Menschen gleich seien – eine empirische These, die wohl nicht verifiziert werden könnte. Deshalb räumen viele Utilitaristen die meßtheoretischen und meßpraktischen Probleme ihres Ansatzes ein, berufen sich aber auf die Plausibilität derartiger Vergleiche und Abwägungen im Alltag.

Aber nicht nur die Subjektivität des Nutzens bzw. der Lust bereitet Probleme. Der quantifizierende Vergleich impliziert, daß völlig unterschiedliche Arten des Nutzens oder der Lust gegeneinander verrechnet werden: das sinnliche Vergnügen am Verzehr von Speiseeis oder am Fahren mit dem Karussell ebenso wie die intellektuellen Freuden der Dostojewski-Lektüre oder auch die Freude am Zusammensein mit bestimmten Menschen. Das Problem besteht darin, wie die qualitativen Unterschiede angemessen in einem quantifizierenden Kalkül berücksichtigt werden können.

Auf diese Frage zu antworten, sah sich bereits John Stuart Mill genötigt. Der drastische Vorwurf lautet: Der Utilitarismus ist eine *Schweinephilosophie*, weil letztlich alles in Quanten der primitivsten Lust umgerechnet wird. Mill möchte dagegen auch die Qualität der Freuden berücksichtigen. Er schreibt:

> »Fragt man mich nun, was ich meine, wenn ich von der unterschied-
> lichen Qualität von Freuden spreche, und was eine Freude – bloß als
> Freude, unabhängig von ihrem größeren Betrag – wertvoller als eine
> andere macht, so gibt es nur eine mögliche Antwort: von zwei Freu-
> den ist diejenige wünschenswerter, die von allen oder nahezu allen,
> die beide erfahren haben – ungeachtet des Gefühls, eine von beiden
> aus moralischen Gründen vorziehen zu müssen –, entschieden bevor-
> zugt wird. Wird die eine von zwei Freuden von denen, die beide ken-
> nen und beurteilen können, so weit über die andere gestellt, daß sie
> sie auch dann noch vorziehen, wenn sie wissen, daß sie größere Un-
> zufriedenheit verursacht, und sie gegen noch so viele andere Freuden,
> die sie erfahren könnten, nicht eintauschen möchten, sind wir be-
> rechtigt, jener Freude eine höhere Qualität zuzuschreiben, die die
> Quantität so weit übertrifft, daß diese im Vergleich nur gering ins Ge-
> wicht fällt.«[4]

Aufgrund dieser Ansicht gelangt Mill zu folgender Schlußfolgerung:

> »Es ist besser, ein unzufriedener Mensch zu sein als ein zufriedenes
> Schwein; besser ein unzufriedener Sokrates als ein zufriedener Narr.
> Und wenn der Narr oder das Schwein anderer Ansicht sind, dann des-
> halb, weil sie nur die eine Seite der Angelegenheit kennen [nur die
> niederen Freuden]. Die andere Partei hingegen kennt beide Seiten
> [auch die höheren Freuden].«[5]

Mills Versuch einer Entgegnung bleibt aber in mehreren Punkten problematisch: Warum sollte eine Freude höher zu bewerten
sein, obwohl sie zu größerer Unzufriedenheit führt? Die Ge-
samtbilanz der höheren Freude müßte doch positiv ausfallen gegenüber den niederen Freuden, wenn die höheren trotz mancher
Unzufriedenheit vorgezogen werden. Was bedeutet es, daß die
Quantität »nur gering ins Gewicht fällt«? Wenn die Quantität
gar nicht ins Gewicht fällt, dann wären höhere und niedere

---

[4] J. St. Mill: Der Utilitarismus. A. a. O., S. 15f.
[5] Ebenda, S. 18.

Freuden in eine Rangordnung gebracht: Egal wie hoch die Quantität einer bestimmten niederen Freude auch sein mag, sie könnte dann nie eine höhere Freude aufwiegen. Aber dies würde in eine *Wertethik* führen, die dem Geiste des Utilitarismus nicht mehr entsprechen würde. Denn der Utilitarismus will gerade solche absoluten Wertunterschiede vermeiden und alles in sein Kosten-Nutzen-Kalkül einbeziehen. Also kann Mill nur meinen, daß für höhere Freuden ein Faktor eingeführt werden muß, der sichert, daß schon ein kleines Quantum höherer Freude ein großes Quantum niederer Freude aufwiegt, z. B. ein Buch von Dostojewski lesen entspricht auf 10 (oder 100?) verschiedenen Karussells fahren. Aber wie groß soll dieser Faktor sein? Der Faktor selbst ist doch wieder eine subjektive Bewertung: Für den Literaturliebhaber könnte dieser Faktor sehr groß sein; für den Narren, von dem Mill spricht, könnte der Faktor kleiner als eins, wenn nicht gar von negativer Größe sein.

Mill möchte eine gewisse Unabhängigkeit von individuellen Bewertungen erreichen, indem er davon spricht, daß die Bewertung der Mehrheit jener gelten soll, die beide Arten der Freuden kennen. Aber wenn es um das Glück der Menschen geht, warum sollte dann das Wort eines mit dem Karussell fahrenden Dostojewski-Liebhabers mehr gelten als das Wort eines Dostojewski nicht lesenden Karussell-Liebhabers? Wenn es mehr gilt, dann handelt es sich keineswegs um eine bloße Berechnung des Nutzens oder der Lust, sondern dieser Berechnung liegen dann bereits Wertentscheidungen zugrunde, die das Ergebnis beeinflussen.

Diese Probleme mit der Qualität der Freuden scheinen sich aus dem hedonistischen Ansatz zu ergeben, d. h. aus der Festlegung, daß der Nutzen als Lustmaximierung respektive Unlustminimierung zu denken sei. Der *Präferenzutilitarismus* möchte speziell alle Schwierigkeiten vermeiden, die sich aus dem Lustbegriff ergeben, indem er die Art der Präferenzen zunächst außer Betracht läßt. Er fragt nur danach, ob und inwiefern Handlungen zur Erfüllung der Präferenzen – worin diese auch immer bestehen mögen – der Betroffenen beitragen.

Jemand kann daher eine starke Präferenz für eine Handlung haben, ohne daß die Vorfreude ihm mehr Lust empfinden läßt als der Gedanke an eine alternative Handlung. Auch vom Ergebnis der präferierten Handlung muß er keinen größeren Lustgewinn erwarten als vom Ergebnis der Handlungsalternative. Lust wird dabei als ein bestimmter mentaler Zustand aufgefaßt. Es wird also vom Präferenzutilitarismus nicht vorausgesetzt, daß alle Handlungen im Herbeiführen dieses Zustandes ihr letztes Ziel sehen. Diese größere Freiheit in der Anerkennung möglicher Handlungsziele löst aber die angesprochenen Probleme nicht. Auch die Stärke oder die Intensität von Präferenzen unterliegen den meßtheoretischen und meßpraktischen Schwierigkeiten. Die Probleme der Subjektivität, der Vergleichbarkeit, der Quantifizierung und der Berücksichtigung von qualitativen Unterschieden werden auch durch den Präferenzutilitarismus nicht beseitigt.

Wir kommen nun zum vierten Teilkriterium, dem allgemeinen Nutzen für alle Betroffenen. Ein Problem liegt hier sozusagen auf der Hand. Es ergibt sich als Folge des Konsequenzialismus: So, wie dort das Problem auftauchte, wann die Prognose der Folgen berechtigterweise abgebrochen werden darf, so stellt sich hier die Frage, wer als betroffen gelten muß. Denn auch die Beantwortung dieser hängt davon ab, welche und in welchem Umfang Folgen einbezogen werden. Aber selbst wenn wir von diesem Problem absehen, ist die Interpretation des vierten Teilkriteriums nicht leicht.

Bekannt ist Benthams Formel »das größte Glück der größten Zahl«. Aber wie ist das zu verstehen? Nehmen wir an, wir hätten zwei Handlungsoptionen. Die eine könnte einen Gesamtnutzen von 1000 »Nutzenseinheiten«, was immer das sein mag, erbringen, die andere einen von 900. Das größte Glück sind also die 1000. Nun können wir uns aber unterschiedliche Verteilungen im Hinblick auf die Betroffenen vorstellen. Angenommen es sind 100 Betroffene. Die Handlung mit dem Gesamtnutzen 900 führt dazu, daß jeder 9 Einheiten erhält; die Handlung mit dem Gesamtnutzen 1000 führt dazu, daß 10 Betroffene je 91 Einheiten erhalten, während sich die übrigen 90 Einheiten gleichmäßig auf die verbleibenden 90 Betroffenen verteilen, also jeder von ihnen 1 Einheit erhält. Welche Handlung ist die moralische? Die Handlung A mit der Folge, 10 mit je 91 plus 90 mit je 1 Einheit, oder die Handlung B mit der Folge, 100 mit je 9 Einheiten? Hier sind sehr verschiedene Überlegungen möglich.

Eine erste Überlegung folgt strikt der *Maximierung des Gesamtnutzens*. In unserem Beispiel könnte sie so lauten: Die Handlung A erbringt den größeren Gesamtnutzen; die Zahl der Betroffenen ist bei beiden Handlungen gleich. Weil die Zahl der Betroffenen gleich ist, braucht jener Teil der Formel, der sich auf die Anzahl der Betroffenen bezieht, nicht berücksichtigt zu werden. Es ist also Handlung A mit dem Gesamtnutzen von 1000 moralisch geboten.

Eine zweite Überlegung könnte die Formel anders deuten. Diese Überlegung könnte sich an der *Mehrheit der Betroffenen* orientieren. Bei Handlung A erhält die Mehrheit, nämlich 90 Betroffene, 90 Einheiten, während bei Handlung B die Mehrheit der Betroffenen, zufällig sind es sogar alle, 900 Einheiten erhalten. Also ist Handlung B geboten.

Aber welche Interpretation ist nun die richtige? So, wie die Prinzipien des klassischen Utilitarismus formuliert sind, ist eine zweifelsfreie Entscheidung nicht möglich.

Das vierte Teilkriterium birgt noch weitere Probleme: Soll die Maximierung des Gesamtnutzens im absoluten Sinne verstanden werden oder im Sinne des Durchschnittsnutzens?

Betrachten wir zunächst ein Problem des Gesamtnutzens. Dieser kann unter Umständen dadurch erhöht werden, daß die Anzahl der Betroffenen vergrößert wird. Hieraus können sich Gebote für die Bevölkerungspolitik und für die individuelle Lebensplanung ergeben. Es gäbe dann eine Pflicht, insgesamt so viele Kinder zur Welt zu bringen, wie nötig sind, um den *Grenzwert der Maximierung des Gesamtnutzens* zu erreichen: Diese Pflicht wäre also erst dann erfüllt, wenn jedes weitere Kind den Gesamtnutzen verkleinert. Ziehen wir wieder ein

Zahlenbeispiel heran. Es stehen zwei bevölkerungspolitische Maßnahmen zur moralischen Beurteilung. Die erste, Maßnahme A, würde sowohl Bevölkerung wie auch Gesamtnutzen verdoppeln; die zweite, Maßnahme B, würde die Bevölkerung vervierfachen, den Gesamtnutzen verdreifachen. Also ist Maßnahme B geboten. Wenn wir in beiden Fällen eine gleichmäßige Verteilung des Gesamtnutzen unterstellen, ist in Ergebnis von Maßnahme B zwar jeder einzelne schlechter gestellt als in Ergebnis von Maßnahme A, was aber nichts an der moralischen Bewertung ändert, wenn der Grenzwert der Maximierung des Gesamtnutzens das Kriterium darstellt.

Der *Durchschnittsnutzen* dagegen kann erhöht werden, indem die Anzahl der Betroffenen verkleinert wird. Es wäre also geboten, bestimmte Betroffene zu eliminieren, wenn dies der Erhöhung des Durchschnittsnutzen dient. Es wird jene treffen, deren Beitrag zum Gesamtnutzen gering ist, oder jene, die gar nur Kosten verursachen.

Alle diese Beispiele zeigen, daß das utilitaristische Kriterium sehr unterschiedlich verstanden und spezifiziert werden kann: Letztlich haben wir es mit ganz verschieden Kalkülen zu tun. Aber für welches sollen wir uns entscheiden? Es kann kein utilitaristisches Kriterium geben, welches diese höherstufige Entscheidung rechtfertigen könnte, denn das Problem der verschiedenen Interpretationen würde sich auf der Metaebene nur wiederholen. Viele Utilitaristen versuchen daher, in ihren Kalkülen jene Konsequenzen zu vermeiden, die unseren moralischen Intuitionen besonders eklatant widerstreiten. Aber damit werden unsere Intuitionen zu Kriterien und die Kalküle nur an diese angepaßt. Der Utilitarismus wird somit darauf reduziert, Modelle bereitzustellen, die die mehr oder weniger kluge Umsetzung moralischer Intuitionen betreffen, aber keine moralische Rechtfertigung liefern. Einige Philosophen haben den Utilitarismus daher eine *Pseudoethik* genannt.[6]

---

[6] Vgl. z. B. Georgi Schischkoff (Hg.): Philosophisches Wörterbuch. Stuttgart [22]1991, S. 749.

Alle unsere Beispiele zeigen auch, daß das utilitaristische Kriterium kein Gerechtigkeitsprinzip, kein Prinzip der Verteilungsgerechtigkeit, impliziert. Bei der Orientierung am Durchschnittsnutzen oder am Grenzwert der Maximierung des Gesamtnutzens spielt die Verteilung ohnehin keine Rolle. Aber auch die Orientierung am Nutzen für die Mehrheit der Betroffenen begründet nicht eine bestimmte Art der Verteilung als die gerechte: In unserem Beispiel hatten wir die Frage, wer zur Mehrheit gehört, unter der Hand mit der Gleichheit des Nutzens für die Individuen beantwortet. Aber das muß nicht so sein.

Das fehlende Gerechtigkeitsprinzip ist aber wohl nur die Folge eines anderen Charakteristikums des Utilitarismus. Dessen Prinzip und Verfahren erkennt nämlich keine absoluten Werte an: Alles kann verrechnet werden. Ein Begriff der Würde des Menschen muß vom utilitaristischen Standpunkt aus als Relikt metaphysischen Denkens gelten, eines Denkens, welches einige Utilitaristen gerne als Säkularisierung des Christentums klassifizieren. Dies müßte dann freilich auch von der *Allgemeinen Erklärung der Menschenrechte* durch die *Vereinten Nationen* gelten. In der Präambel der *Erklärung* ist von der jedem Menschen »innewohnenden Würde«[7] die Rede. Für viele Philosophen steht dieser Begriff der Würde im Zusammenhang mit der Autonomie des Menschen. Auch die Autonomie ist für Utilitaristen nur ein Posten im Kalkül. So schreibt der australische Philosoph Peter Singer, der durch sein Eintreten für Rechte der Tiere und für bestimmte Formen der Euthanasie bei Menschen bekannt wurde:

> »Nicht alle stimmen mit der Auffassung überein, daß die Respektierung der Autonomie ein grundlegendes moralisches Prinzip oder überhaupt ein gültiges Moralprinzip ist. Utilitaristen respektieren Autonomie nicht um ihrer selbst willen, obwohl sie dem Wunsch einer

---

[7] Allgemeine Erklärung der Menschenrechte. In: Menschenrechte – ihr internationaler Schutz. Texte hg. von B. Simma u. U. Fastenrath. München [3]1992, S. 5.

Person, weiterzuleben, großes Gewicht beimessen mögen, entweder nach Art des Präferenz-Utilitarismus oder als Beweis dafür, daß das Leben der Person insgesamt ein glückliches war. Sind wir aber Präferenz-Utilitaristen, so müssen wir einräumen, daß der Wunsch nach dem Weiterleben von anderen Wünschen aufgewogen werden kann, und wenn wir klassische Utilitaristen sind, müssen wir anerkennen, daß sich die Menschen mit ihren Glückserwartungen ganz und gar im Irrtum befinden können.«[8]

Artikel 3 der Menschenrechtserklärung sieht dagegen das Lebensrecht als ein unveräußerliches Recht und nicht nur als einen Wunsch, der aufgewogen werden kann, an:

> »Jeder Mensch hat das Recht auf Leben, Freiheit und Sicherheit der Person.«[9]

Das Menschenrecht auf Leben wird von einigen Utilitaristen als Lehre von der »Heiligkeit des Lebens« bezeichnet, obwohl sie zugeben, daß dieses Menschenrecht weder religiös begründet sein muß, noch einen »absoluten Pazifismus« impliziert.[10] Aber warum wird dann das Wort »Heiligkeit« verwendet? Soll es vielleicht suggerieren, daß nicht gegen ein Menschenrecht, sondern gegen eine metaphysische oder religiöse These argumentiert wird, gegen eine These, die vielleicht nur von Fanatikern vertreten wird?

Die gesamte Diskussion der Teilkriterien und Prinzipien des Utilitarismus hat schwerwiegende immanente Probleme dieses Konzepts aufgezeigt. Fassen wir die Ergebnisse in einer Übersicht zusammen (vgl. Abbildung 11). Sie gibt die wohl wichtigsten Probleme wieder. Es sind Probleme auf verschiedenen Ebene. Die Frage der Messung von individuellen Wertzuschreibungen ist z. B. ein erkenntnistheoretisches Problem, für das sich wohl überhaupt keine Lösung finden läßt. Die Prognoseabhängigkeit der Entscheidungen und der nötige Ab-

---

[8] Peter Singer: Praktische Ethik. Neuausgabe. Übersetzt von O. Bischoff, Jean-Claude Wolf u. Dietrich Klose. Stuttgart 1994, S. 135.

[9] Allgemeine Erklärung der Menschenrechte. A. a. O., S. 6.

[10] Vgl. Peter Singer: Praktische Ethik. A. a. O., S. 116.

Teilkriterium	Probleme
Konsequenzialismus	• Prognoseabhängigkeit (unterschiedliche Bewertungen vor und nach der Handlung; Richtigkeit der moralischen Entscheidung abhängig vom empirischen Wissen); • Handlungs- und Regelutilitarismus (zwei Kriterien mit verschiedenen Bewertungen; handlungsutilitaristische Aporie; regelutilitaristische Prognose aufgrund einer Fiktion); • (willkürlicher) Abbruch der Folgenabschätzung;
Kosten-Nutzen-Kalkül; Hedonismus/Werttheorie	• Wertzuschreibungen (Präferenzen, Lustgefühle, Erwartungen, Glücksvorstellungen) als objektiv meßbar unterstellt; • qualitative Unterschiede mehr oder weniger eingeebnet; • keine absoluten Werte (Menschenrechte)
Allgemeinheit	• Anerkennung von Betroffenen abhängig von der Reichweite der Prognose der Folgen; • verschiedene Interpretationen des allgemeinen Nutzen mit verschiedenen Bewertungen (Grenzwert der Maximierung des Gesamtnutzens; Durchschnittsnutzen); • keine Verteilungsgerechtigkeit

Abbildung 11: Die Teilkriterien des Utilitarismus und ihre Probleme

bruch der Prognose der Folgen sind z. B. Probleme eines jeden konsequenzialistischen Ansatzes. Die variierenden Interpretationsmöglichkeiten des moralischen Prinzip – also Handlungs- oder Regelutilitarismus, absoluter Nutzensbetrag oder Durchschnittsnutzen – sind spezifische Probleme des Utilitarismus. Andere Probleme, wie das der Verteilungsgerechtigkeit, kann der Utilitarismus nicht lösen, ohne auf nichtutilitaristische Kriterien zurückzugreifen.

Bedenken wir alle diese Schwierigkeiten, so ist es wohl nicht unberechtigt, wenn wir sagen: »Utilitarismus« ist ein Sammelname für verschiedene Versuche, mit z. T. gegensätzlichen Resultaten, aufgrund von Kosten-Nutzen-Kalkülen Handlungsentscheidungen zu rechtfertigen. Der moralische Aspekt besteht offensichtlich allein darin, daß es nicht um den Nutzen für einen einzelnen, sondern für eine Gruppe gehen soll. Aber was ist dieser »moralische« Aspekt wert, wenn Glück und Freiheit des einzelnen verrechnet werden können?

Bisher haben wir die Begründungsleistung des utilitaristischen Ansatzes untersucht. Aber wie begründet der Utilitarismus sein Prinzip? Und was kann uns motivieren, nach diesem Prinzip zu handeln? Wir werden sehen, daß beide Fragen in einem engen Zusammenhang stehen.

John Stuart Mill widmet der Frage, welcherart Beweis sich für das Nützlichkeitsprinzip führen läßt, ein Kapitel seiner Schrift »Der Utilitarismus«. Mill argumentiert dafür, den Nutzen mit dem Glück gleichzusetzen. Das Glück umfasse letztlich alles, wonach die Menschen streben.[11] Dies voraussetzend, lautet seine Antwort:

> »Dafür, daß das allgemeine Glück wünschenswert ist, läßt sich kein anderer Grund angeben, als daß jeder sein eigenes Glück erstrebt, insoweit er es für erreichbar hält. Da dieses jedoch eine Tatsache ist, haben wir damit nicht nur den ganzen Beweis, den der Fall zuläßt, sondern alles, was überhaupt als Beweisgrund dafür verlangt werden kann, daß Glück ein Gut ist: nämlich daß das Glück jedes einzelnen für diesen ein Gut ist und daher das allgemeine Glück ein Gut für die Gesamtheit der Menschen ist.«[12]

---

[11] Vgl. J. St. Mill: Der Utilitarismus. A. a. O., S. 61ff.
[12] Ebenda, S. 61.

Statt »ein Gut«, wie es in diesem Zitat noch heißt, dürfen wir sagen »das Gut«, weil Mill, wie gesagt, voraussetzt, daß das Glück alle möglichen Ziele umfassen kann. Mills Begründung lautet also: Es ist eine Tatsache, daß für jeden einzelnen sein Glück *das* Gut darstellt, also das, wonach er letztlich strebt. *Daher*, so Mill, strebe die Gesamtheit der Menschheit nach dem allgemeinen Glück. Diese Begründung ist verblüffend: Wenn jeder sein eigenes Glück will, auf welche Weise kann dann die Gesamtheit der Menschen das allgemeine Glück wollen? Wohl nur dann, wenn das allgemeine Glück das Glück eines jeden wäre. Dies wiederum könnte zweierlei bedeuten: Wenn jeder sein eigenes Glück erstrebt, wird zugleich das allgemeine Glück realisiert. Abgesehen davon, daß wenig für eine solche Annahme spricht, kann Mill dies auch nicht gemeint haben, denn dann wäre eine utilitaristische Ethik völlig überflüssig: Es bedürfte keiner Orientierung am Gemeinwohl. Die zweite Möglichkeit wäre diese: Wer nach dem allgemeinen Glück strebt, wird letztlich auch sein eigenes Glück realisieren, hätte zumindest die besten Chancen, es zu erreichen. Dies würde aber einerseits voraussetzen, daß das utilitaristische Prinzip Gerechtigkeit impliziert, was es nicht tut. Andererseits wäre der Utilitarismus damit zurückgeführt auf eine Ethik des wohlverstandenen Eigeninteresses: Es ginge letztlich um das eigene Glück, das allgemeine Glück wäre nur das notwendige Mittel dazu. Diese These wäre freilich schwer zu beweisen. Außerdem betont Mill, und mit ihm alle Utilitaristen, daß es dem Utilitarismus nicht um das eigene Glück geht, sondern um das allgemeine Glück.

Was kann es also heißen, daß »das allgemeine Glück ein Gut für die Gesamtheit der Menschen ist«? Es kann doch nur heißen: Alle Menschen streben nach Glück, aber jeder nach seinem. Das allen gemeine Ziel muß also kein gemeinsames Ziel sein; daß allgemeine Glück muß kein gemeinsames Glück sein. Mills Begründung ist daher gescheitert.

Einen anderen Versuch unternimmt Peter Singer. Er geht davon aus, daß wir eine Rechtfertigung für Handlungen nicht als moralische Rechtfertigung anerkennen würden, wenn sie sich entweder nur auf das Eigeninteresse des Handelnden oder nur auf die Interessen einer durch diese Handlung privilegierten Gruppe berufen würde. In jeder Ethik gebe es daher einen sogenannten »universalen Aspekt«. Singer schreibt dann:

> »Der universale Aspekt der Ethik, meine ich, liefert uns eine überzeugende, wiewohl nicht letztgültige Begründung dafür, eine utilitaristische Position im weiteren Sinne einzunehmen.«[13]

Ist dies eine überzeugende Begründung? Sicher nicht. Erstens liefert der sogenannte »universale Aspekt« mindestens genauso gute, wenn nicht bessere Gründe, den Standpunkt anderer Moralphilosophien einzunehmen, z. B. der Kants. Außerdem wäre gerade der »universale Aspekt«, also die Unabhängigkeit des moralischen Urteils vom Eigeninteresse, das, was der Begründung bedarf. Warum wird eine Rechtfertigung ohne den »universalen Aspekt« nicht als moralische anerkannt? Diese Frage müßte Singer beantworten und wäre trotzdem noch lange nicht am Ziel: der Begründung des Utilitarismus.

Es steht offensichtlich schlecht um die Begründung des Utilitarismus. Wenn es aber keine überzeugende Begründung gibt, was könnte uns dann motivieren, unsere Handlungen am Allgemeinwohl zu orientieren, auch wenn wir selbst dabei gegebenenfalls Einbusen hinzunehmen haben? Eine spezifische Motivation zum utilitaristischen Handeln findet sich nicht. Peter Singer plädiert dafür, im moralischen Handeln schlechthin den Sinn des Lebens zu sehen, weil wir damit einen Sinn des Lebens hätten, dem wir wohl nicht entwachsen werden: Wir müßten also nicht fürchten, daß unser Leben sinnlos werde.[14] Um aber eine solche Überlegung anzustellen, müssen wir freilich keine Utilitaristen sein.

Trotz seiner philosophischen Unzulänglichkeiten ist der Utilitarismus heute vielleicht jene Strömung der Ethik, die sich im

---

[13] P. Singer: Praktische Ethik. A. a. O., S. 29.
[14] Ebenda, S. 423.

politischen und im alltäglichen Denken als einflußreichste erweist, wenn nicht gar das pure Eigeninteresse regiert. Der Einfluß des Utilitarismus ist wohl darauf zurückzuführen, daß wir
in der Tat oft Güterabwägungen treffen und uns daran gewöh-
nen, daß alles, aber auch wirklich alles, seinen Preis hat und
dementsprechend verrechnet werden kann.

7. Transzendentallogische Vernunft. Immanuel Kants Konzept der Freiheit als Autonomie

Immanuel Kant gilt als der Philosoph der Freiheit. Als solchen würdigt ihn Georg Wilhelm Friedrich Hegel, indem er schreibt:

> »Es ist ein großer Fortschritt, daß die Freiheit die letzte Angel ist, auf der der Mensch sich dreht, diese letzte Spitze, die sich durch nichts imponieren läßt: so daß der Mensch nichts, keine Autorität gelten läßt, insofern es gegen seine Freiheit geht. Dies hat der Kantischen Philosophie [...] die große Ausbreitung, Zuneigung gewonnen, daß der Mensch ein schlechthin Festes, Unwankendes in sich selbst findet, einen festen Mittelpunkt: so daß ihn nichts verpflichtet, worin diese Freiheit nicht respektiert wird.«[1]

Aber auch Kants Argumentation nimmt zunächst nicht von der Freiheit, sondern von der Glückseligkeit ihren Ausgang. Kant erkennt an, daß die Menschen nach Glückseligkeit streben. Er schreibt:

> »Es ist gleichwohl *ein* Zweck, den man bei allen vernünftigen Wesen (so fern Imperative auf sie, nämlich als abhängige Wesen, passen) als wirklich voraussetzen kann, und also eine Absicht, die sie nicht etwa bloß haben *können*, sondern von der man sicher voraussetzen kann, daß sie solche insgesamt nach einer Naturnotwendigkeit *haben*, und das ist die Absicht auf *Glückseligkeit*.«[2]

Wenn es für die Menschen naturnotwendig ist, nach Glückseligkeit zu streben, dann kann die Moral diesem Streben nicht schlechthin feindlich gegenüber stehen. In diesem Punkt würde Kant Aristoteles zustimmen, und ebenfalls darin, daß wir danach streben, daß die Glückseligkeit ein Leben lang währen möge. Der Unterschied zeigt sich in der Bestimmung der Glückseligkeit und im Nachdenken über den begrifflichen Status einer solchen Bestimmung.

---

[1] Georg Wilhelm Friedrich Hegel: Vorlesungen über die Geschichte der Philosophie. Leipzig 1982, Bd. 3, S. 388f [Abschnitt: Kant, 2. Kritik der praktischen Vernunft, a)].

[2] Immanuel Kant: Grundlegung zur Metaphysik der Sitten, BA 42.

Während Aristoteles mit der Rede vom Tätigsein, welches der wesensgemäßen Tüchtigkeit des Menschen entsprechen soll, den Anspruch auf eine inhaltliche und verbindliche Bestimmung der Glückseligkeit erhebt, weist Kant einen solchen Anspruch zurück. In der *Metaphysik der Sitten* schreibt er:

> »Denn so scheinbar es immer auch lauten mag: daß Vernunft noch vor der Erfahrung einsehen könne, durch welche Mittel man zum dauerhaften Genuß wahrer Freuden des Lebens gelangen könne, so ist doch alles, was man darüber a priori lehrt, entweder tautologisch, oder ganz grundlos angenommen. Nur die Erfahrung kann lehren, was uns Freude bringt. Die natürlichen Triebe zur Nahrung, zum Geschlecht, zur Ruhe, zur Bewegung, und (bei der Entwickelung unserer Naturanlagen) die Triebe zur Ehre, zur Erweiterung unserer Erkenntnis u. d. gl., können allein und einem jeden nur auf seine besondere Art zu erkennen geben, worin er jene Freude zu *setzen*, ebendieselbe kann ihm auch die Mittel lehren, wodurch er sie zu *suchen* habe. Alles scheinbare Vernünfteln a priori ist hier im Grunde nichts, als durch Induktion zur Allgemeinheit erhobene Erfahrung, welche Allgemeinheit (secundum principia generalia non universalia) noch dazu so kümmerlich ist, daß man einem jeden unendlich viel Ausnahmen erlauben muß, um jene Wahl seiner Lebensweise seiner besondern Neigung und seiner Empfänglichkeit für die Vergnügen anzupassen, und am Ende doch nur durch seinen, oder anderer ihren Schaden klug zu werden.«[3]

Was Kant hier über die verschiedenen »Triebe« sagt, erinnert stark an die Einteilung der Lebensformen durch Aristoteles: Die »natürlichen Triebe« entsprechen im wesentlichen dem Genußleben, und in den entwickelten, den kultivierten Trieben, die sich auf die Ehre und auf die Erweiterung unserer Erkenntnis richten, können wir die politische und die kontemplativ philosophische Lebensform wiedererkennen. Aber Kant betont nun die »besondere Art« eines jeden, diese Lebensformen mit Inhalt zu erfüllen. Er akzentuiert also die mögliche Individualität unserer Lebensweisen und unserer inhaltlichen Vorstellungen von der Glückseligkeit. Und selbst wenn Gemeinsamkeiten in dem ge-

---

[3] I. Kant: Metaphysik der Sitten. Rechtslehre, AB 8f.

funden werden, worin die Menschen ihre Glückseligkeit setzen und wodurch sie diese suchen, so wären dies doch Bestimmungen, die keinen Anspruch darauf erheben können, notwendigerweise für alle Menschen zu gelten: Sie mögen für diese oder jene Gruppe generell zutreffen, aber keineswegs universell für alle Individuen.

Kant führt noch weitere Argumente dafür an, daß der Begriff der Glückseligkeit nicht universell und damit nicht verbindlich bestimmt werden kann. Was nämlich jemand zu seiner Glückseligkeit zählt, kann sich in Abhängigkeit von seiner Lebenssituation und seinem Lebensalter ändern. Auch unterschiedliche soziale Stellungen und unterschiedliche Bildung können unterschiedliche Erwartungen bedingen. Außerdem sind die möglichen Bestimmungen selbst ambivalent: So kann, um nur ein Beispiel Kants zu nennen, eine gute Gesundheit, die wir doch eigentlich alle zur Glückseligkeit zählen möchten, zu Ausschweifungen verführen, die letztlich unserer Glückseligkeit schaden.

An dieser Stelle seiner Überlegungen könnte Kant immer noch den Weg des Aristoteles gehen und versuchen, eine *inhaltlich bestimmte Weise des Tätigseins* als Glückseligkeit zu konzipieren. Aber hier kommt nun ein weiterer wichtiger Punkt ins Spiel: Während für Aristoteles, nicht zuletzt aufgrund der historischen Besonderheiten der Polis, die Bestimmung des Menschen als gemeinschaftliches Wesen fraglos gültig ist, spricht Kant von der »ungeselligen Geselligkeit«. Diesen Begriff hatten wir bereits im ersten Kapitel erwähnt. Zwar sieht auch Kant, daß die Menschen hinsichtlich ihrer individuellen und kulturellen Entwicklung auf die Gemeinschaft mit anderen angewiesen sind. Aber zugleich konstatiert er einen Hang zur Ungeselligkeit, weil ein jeder darauf aus ist, »alles bloß nach seinem Sinne richten zu wollen.«[4] Dieser Hang zur Ungeselligkeit wird von Kant – ganz im Unterschied

---

[4] I. Kant: Idee zu einer allgemeinen Geschichte in weltbürgerlicher Absicht, A 392.

zu Aristoteles, der in der Polis sicher ähnliches beobachten konnte, – aber nicht nur als Mangel an Tugend bei diesem oder jenem Menschen verstanden, sondern als eine anthropologische Bestimmung. Ungesellige Geselligkeit gilt Kant als ein Wesenszug des Menschen schlechthin, als existentielle Grundsituation, wie wir es im ersten Kapitel nannten.

Diese anthropologische Bestimmung ist von entscheidender Bedeutsamkeit für den Begriff der Glückseligkeit. Es ist nämlich nun nicht mehr selbstverständlich, was Aristoteles noch unterstellte: daß das Streben des einzelnen nach Glückseligkeit letztlich mit dem Streben nach dem Besten für die Gemeinschaft zusammenfallen muß. Wenn Kant daher von der Glückseligkeit spricht, so ist zunächst immer die *eigene* Glückseligkeit, sozusagen das private Glück gemeint. Und deshalb kommt es nach Kant beim Glücksstreben unvermeidlich zu Konfliktsituationen, was er anschaulich schildert:

> »Denn der Wille aller hat alsdenn nicht ein und dasselbe Objekt, sondern ein jeder hat das seinige (sein eigenes Wohlbefinden) [...]. Es kommt auf diese Art eine Harmonie heraus, die derjenigen ähnlich ist, welche ein gewisses Spottgedicht auf die Seeleneintracht zweier sich zu Grunde richtenden Eheleute schildert: *O wundervolle Harmonie, was er will, will auch sie* etc., oder was von der Anheischigmachung König Franz des Ersten gegen Kaiser Karl den Fünften erzählt wird: was mein Bruder Karl haben will (Mailand), das will ich auch haben.«[5]

Diese Überlegungen führen Kant zu der Einsicht, das Kriterium moralischen Handelns nicht an eine inhaltliche, eine materiale, Bestimmung der Glückseligkeit knüpfen zu können. Er schreibt daher:

> »Alle materialen praktischen Prinzipien sind, als solche, insgesamt von einer und derselben Art, und gehören unter das allgemeine Prinzip der Selbstliebe, oder eigenen Glückseligkeit.«[6]

---

[5] I. Kant: Kritik der praktischen Vernunft, A 50.
[6] Ebenda, A 40.

Unsere je eigenen materialen praktischen oder besser gesagt: pragmatischen Grundsätze nennt Kant *Maximen*. Allen Maximen liegt also das Prinzip der eigenen Glückseligkeit zugrunde. Klugheit wird daher nicht, wie von Aristoteles die Phronesis, als Tugend der wahren Einsicht in die Sittlichkeit unseres Handeln gedacht, sondern als Überlegung im Dienste der Selbstliebe.

Wenn wir aber nicht nach inhaltlichen Gesichtspunkten über die Sittlichkeit unserer Handlungen entscheiden können, wenn unsere moralische Entscheidung unabhängig von Klugheitsüberlegungen sein soll, woran sollen wir uns dann orientieren? Kant gibt die folgende Antwort:

> »Wenn ein vernünftiges Wesen sich seine Maximen als praktische allgemeine Gesetze denken soll, so kann es sich dieselben nur als solche Prinzipien denken, die, nicht der Materie, sondern bloß der Form nach, den Bestimmungsgrund des Willens enthalten.«[7]

Diese Antwort bedarf gewiß der Erläuterung. Zu klären sind insbesondere drei Punkte: Erstens die Frage, was mit den praktischen allgemeinen Gesetzen gemeint ist, zweitens um welche Form der Prinzipien es geht und drittens was es heißt, daß die Form von Prinzipien zum Bestimmungsgrunde des Willens wird.

Seine Rede von praktischen allgemeinen Gesetzen erläutert Kant zunächst durch eine Analogie zur Rede von allgemeinen Naturgesetzen: Allgemeine Naturgesetze stellen die Ordnung und das Zusammenspiel der Naturkräfte dar. In den Naturgesetzen sieht Kant also die Grundlage für das Wohlgeordnete, wie er sagt: für die Einstimmigkeit in der Natur. Im Kontrast dazu würden die Maximen als Handlungsregeln nach dem Prinzip der Selbstliebe gerade keine Einstimmigkeit ermöglichen, sondern in vielen Konfliktfällen zum Widerstreit führen. Kant schreibt daher:

---

[7] Ebenda, A 48.

»Denn da sonst ein allgemeines Naturgesetz alles einstimmig macht, so würde hier, wenn man der Maxime die Allgemeinheit eines Gesetzes geben wollte, gerade das äußerste Widerspiel der Einstimmung, der ärgste Widerstreit und die gänzliche Vernichtung der Maxime selbst und ihrer Absicht erfolgen. [...] Empirische Bestimmungsgründe taugen zu keiner allgemeinen äußeren Gesetzgebung, aber auch eben so wenig zur innern; denn jeder legt sein Subjekt, ein anderer aber ein anderes Subjekt der Neigung zum Grunde, und in jedem Subjekt selber ist bald die, bald eine andere im Vorzuge des Einflusses. Ein Gesetz ausfindig zu machen, das sie insgesamt unter dieser Bedingung, nämlich mit allseitiger Einstimmung, regiere, ist schlechterdings unmöglich.«[8]

Mit der Rede von praktischen allgemeinen Gesetzen zielt Kant also nicht direkt auf Gebote oder Verbote, sondern will zunächst nur sagen, daß die Maximen aller Subjekte unter der Bedingung »allseitiger Einstimmung« stehen sollen, also der Widerstreit zwischen ihnen ausgeschlossen sein soll. Sich seine Maxime als ein praktisches allgemeines Gesetz zu denken, besagt also, sie unter der Bedingung allseitiger Einstimmung zu denken. Daß z. B. Maximen, die auf das gleiche zielen, welches aber jeder für sich haben will – erinnern wir uns an die Beispiele: »Mailand«; »was er will, will auch sie« – diese Bedingung nicht erfüllen, ist evident. Solche Maximen müßten also verboten sein. Maximen aber, die nicht in einen Widerstreit der Subjekte führen, können dagegen als freigestellt gelten, d. h. es wäre sowohl erlaubt, ihnen zu folgen, als auch ihnen nicht zu folgen. Und dies genügt, um sie als allgemeine praktische Gesetze im hier gemeinten Sinne aufzufassen. Es ist für das Verständnis der Moralphilosophie Kants sehr wichtig, einzusehen, das die Rede von praktischen allgemeinen Gesetzen nicht gleichzusetzen ist mit der Rede von Geboten oder von Verboten, wenngleich auch Gebote oder Verbote solche Gesetze sein können.

Daß nun die Maximen aller Subjekte unter der Bedingung »allseitiger Einstimmung« stehen sollen, kann daher als ober-

---

[8] Ebenda, A 50f.

ster Grundsatz der praktischen Vernunft gelten. Denn diese Bedingung sichert die synthetische Einheit aller Maximen, ihre Wohlgeordnetheit unter Ausschluß des Widerstreits. Innerhalb dieser synthetischen Einheit werden einige Maximen freigestellt, einige geboten, andere verboten sein. Sich seine Maxime als allgemeines praktisches Gesetz zu denken, heißt daher, zu prüfen, ob für diese Maxime ein universeller Geltungsanspruch erhoben werden kann. Und dies wiederum bedeutet nicht, daß alle nach dieser Maxime handeln müssen, sondern das alle nach dieser Maxime handeln können, ohne in Widerstreit zu geraten. Erst wenn dies für bestimmte Maximen nicht möglich ist, ergeben sich Gebote bzw. Verbote. Der oberste Grundsatz der synthetischen Einheit der praktischen Vernunft könnte daher lauten: *Eine jede Handlungsregel, Maxime, mit universellem Geltungsanspruch steht unter der notwendigen Bedingung der synthetischen Einheit des Mannigfaltigen aller Ausführungen bzw. Unterlassungen der durch die jeweilige Regel bestimmten Handlungsweise in einer möglichen Sozietät aller Handlungssubjekte.*

Damit ist eigentlich bereits der zweite problematische Punkt, nämlich die Frage, welche Form die praktischen Prinzipien haben sollen beantwortet: Es ist die Form der Allgemeinheit, der universellen Gültigkeit. Dementsprechend formuliert Kant sein berühmtes Kriterium der Prüfung von Maximen, den kategorischen Imperativ. Er schreibt:

> »Der kategorische Imperativ ist also nur ein einziger, und zwar dieser: *handle nur nach derjenigen Maxime, durch die du zugleich wollen kannst, daß sie ein allgemeines Gesetz werde.*«[9]

Was mit der Formulierung, daß eine Maxime als »ein allgemeines Gesetz« gewollt werden *könne*, gemeint ist, haben wir bereits geklärt. Allerdings könnte die Formulierung »durch die du zugleich wollen kannst« zu einem Mißverständnis führen. Das Wort »du« könnte so verstanden, als ob es darum ginge,

---

[9] I. Kant: Grundlegung zur Metaphysik der Sitten, BA 52.

was ein einzelner möchte. Um dieses Mißverständnis zu vermeiden, wollen wir den kategorischen Imperativ mit der *Goldenen Regel* vergleichen. Diese lautet: *Was du nicht willst, das man dir tu', das füg' auch keinem andern zu!*[10] Die Goldene Regel kann als Klugheitsregel im Sinne Kants verstanden werden. Sie besagt dann, daß es klug ist, auf jene Handlungen zu verzichten, bei denen mit solchen Reaktionen anderer gerechnet werden muß, die der Handelnde nicht in Kauf nehmen möchte. So verstanden, liegt der Goldenen Regel letztlich doch das Prinzip der Selbstliebe zugrunde: Der Handelnde würde sich lediglich überlegen, ob überhaupt Sanktionen zu erwarten sind und, wenn mit Sanktionen gerechnet werden muß, ob er entweder mit ihnen leben möchte oder sie abwehren kann. Aber gerade solche Überlegungen will Kant für die moralische Prüfung von Maximen ausschließen. Die Formulierung »durch die du zugleich wollen kannst« müssen wir daher, wenn wir den Sinn des kategorischen Imperativs verstehen wollen, uns immer ersetzbar denken durch die Formulierung »durch die ein jeder, also auch die von unseren Handlungen Betroffenen, zugleich wollen können«. Der kategorische Imperativ wäre also auch richtig und vielleicht sogar präziser formuliert, wenn wir sagen: Handle nur nach solchen Maximen, von denen ein *jeder* wollen *kann*, daß sie ein allgemeines Gesetz werden. Diese Formulierung bringt uns zu einer anderen Formel, des kategorischen Imperativs, die Kant selbst anführt.

Wenn wir unsere Maximen nämlich darauf prüfen, ob ein jeder wollen kann, daß sie ein allgemeines Gesetz werden, erkennen wir damit zugleich an, daß ein jeder einen Anspruch darauf hat, nicht zum bloßen Objekt oder Mittel unseres eigenen Wollens zu werden. Kant formuliert dies so:

---

[10] Diese negative Formulierung der Goldenen Regel geht möglicherweise auf die positiven Formulierungen im *Neuen Testament* zurück. In *Matthäus, 7, 12* heißt es: »Alles nun, was ihr wollt, daß euch die Leute tun sollen, das tut ihnen auch!« Ebenso in *Lukas, 6, 31*: »Und wie ihr wollt, daß euch die Leute tun sollen, also tut ihnen auch.«

2 »Handle so, daß du die Menschheit, sowohl in deiner Person, als in der Person einen jeden andern, jederzeit zugleich als Zweck, niemals bloß als Mittel brauchest.«[11]

Was mit der »Menschheit in der Person« gemeint ist, wird sich noch aufklären, wenn wir über die Achtung reden. Hier aber soll die Wendung »niemals *bloß* als Mittel« hervorgehoben werden: Denn freilich gebrauchen wir einander oft als Mittel. Arbeitsteilung wäre ansonsten gar nicht möglich. Und sie ist nicht das einzige mögliche Beispiel. Aber dabei muß immer das Wollen des anderen, seine Einverständnis mit dem, was geschieht, respektiert werden. Dies meint Kant, wenn er sagt, daß jede Person als »Zweck an sich selbst«[12] zu respektieren ist.

Zu klären ist nun noch der dritte Punkt der Anwort Kants, nämlich was es heißt, daß die Form der moralisch-praktischen Prinzipien, also die Form der Allgemeinheit, zum Bestimmungsgrund des Willens werde. Hier kommen wir endlich auf die Freiheit zu sprechen. Denn der kategorische Imperativ, sagt Kant, vermittelt uns die Einsicht in unsere Freiheit. Inwiefern?

1. Zum einen zeigt uns der kategorische Imperativ, daß es uns möglich ist, über Maximen unabhängig von materialen Bestimmungsgründen der Willkür zu entscheiden. Kant veranschaulicht diese Unabhängigkeit durch ein drastisches Beispiel:

> »Setzet, daß jemand von seiner wollüstigen Neigung vorgibt, sie sei, wenn ihm der beliebte Gegenstand und die Gelegenheit dazu vorkämen, für ihn ganz unwiderstehlich: ob, wenn ein Galgen vor dem Hause, da er diese Gelegenheit trifft, aufgerichtet wäre, um ihn sogleich nach genossener Wollust daran zu knüpfen, er alsdenn nicht seine Neigung bezwingen würde. Man darf nicht lange raten, was er antworten würde. Fragt ihn aber, ob, wenn sein Fürst ihm, unter Androhung derselben unverzögerten Todesstrafe, zumutete, ein falsches Zeugnis wider einen ehrlichen Mann, den er gerne unter scheinbaren Vorwänden verderben möchte, abzulegen, ob er da, so

---

[11] I. Kant: Grundlegung zur Metaphysik der Sitten, BA 66f.
[12] Ebenda, BA 66.

groß auch seine Liebe zum Leben sein mag, sie wohl zu überwinden für **möglich** halte. Ob er es tun **würde,** oder nicht, wird er vielleicht sich nicht getrauen zu versichern; daß es ihm aber **möglich** sei, muß er ohne Bedenken einräumen. Er urteilt also, daß er etwas **kann, weil er sich bewußt ist,** daß er es **soll,** und erkennt in sich die Freiheit, die ihm sonst ohne das moralische Gesetz unbekannt geblieben wäre.«[13]

Wenn unsere Willkür, Klugheitsüberlegungen eingeschlossen, die Entscheidung trifft, dann lassen wir uns letztlich durch die eine oder andere Neigung bestimmen. In diesem Sinne wird unsere Furcht vor dem Galgen größer sein, als unsere Wollust. Dieses Sich-bestimmen-Lassen durch Neigungen nennt Kant Heteronomie, Fremdbestimmung. Fremdbestimmung heißt hier, daß wir in unseren Entscheidungen von den nicht selbst gesetzten Bedingungen der Sinnlichkeit, der äußeren wie der eigenen, abhängig bleiben. Der kategorische Imperativ aber zeigt uns, daß es uns immer möglich ist, uns auch unabhängig von der Fremdbestimmung zu entscheiden.

Zum anderen werden wir durch den kategorischen Imperativ nicht nur unserer praktischen Unabhängigkeit von den Neigungen gewahr, sondern bemerken zugleich, daß solches Handeln, nämlich das moralische, kein beliebiges Handeln ist: Denn indem wir nach Maximen handeln, die der Form der Allgemeinheit entsprechen, geben wir uns selbst ein Gesetz. Und wir geben uns dieses Gesetz allein durch die Vernunft, mit welcher wir prüfen, ob die Maximen der Form der Allgemeinheit entsprechen. Es ist also dann, wenn wir entsprechend handeln, allein diese Form der Allgemeinheit, die unseren Willen zur Entscheidung und zum Handeln bestimmt hat. Terminologisch spricht Kant vom »Willen«, und nicht von der »Willkür«, wenn wir uns selbst durch die Vernunft zum Handeln gemäß der Form der Allgemeinheit bestimmen.

Beide zusammen, die mögliche Unabhängigkeit von den Neigungen und die Selbstgesetzgebung durch die Vernunft, bilden den Begriff der Freiheit als Autonomie. Dieser Freiheit gilt

---

[13] I. Kant: Kritik der praktischen Vernunft, A 54.

die Lobrede Hegels, mit der wir unsere Darstellung begonnen
hatten.

Hier muß nun noch einmal an das zweite Kapitel erinnert
werden, in dem wir über Determinismus, Freiheit und Handlung gesprochen hatten: Auch der kategorische Imperative bietet keinen theoretischen oder wissenschaftlichen Beweis der
Freiheit. Aber er vermittelt die Einsicht, daß wir uns als frei im
Sinne der Autonomie denken, wenn wir moralisch urteilen und
entsprechend handeln. Dieser Aspekt ist wichtig, wenn die
Frage gestellt wird, inwiefern der kategorische Imperativ selbst
begründet sei. Er kann nicht auf die theoretisch erkannte Wirklichkeit der Freiheit gegründet werden. Vielmehr erweist sich
der kategorische Imperativ als alternativlos, wenn wir Kants
Kritik der Klugheit, des Handelns aus Neigungen und sein Verständnis der Glückseligkeit als Selbstliebe akzeptieren und
doch moralisch urteilen wollen. Diese Alternativlosigkeit des
kategorischen Imperativs bringt Kant zum Ausruck, wenn er
schreibt:

> »Ob nun gleich [...] die Vernunft in *spekulativer Absicht* den Weg der
> Naturnotwendigkeit viel gebähnter und brauchbarer findet, als den
> der Freiheit: so ist doch in *praktischer Absicht* der Fußsteig der Frei-
> heit der **einzige**, auf welchem es **möglich** ist, von seiner **Vernunft**
> **bei unserem Tun und Lassen Gebrauch zu machen**; daher wird es
> der subtilsten Philosophie ebenso unmöglich, wie der gemeinsten
> Menschenvernunft, die Freiheit wegzuvernünfteln.«[14]

Wenn es also möglich ist, durch den praktischen Gebrauch der
Vernunft den Widerstreit der Subjekte und ihrer Maximen zu
vermeiden, warum sollten wir dann nicht von unserer Vernunft
Gebrauch machen und unsere Maximen auf die Form der Allgemeinheit hin prüfen? Die Beweislast liegt nun zunächst einmal bei den Kritikern der Moral.

Aber auch wenn wir an der Gültigkeit des kategorischen Imperativs keinen Zweifel mehr hegen würden, wenn wir also zugeben, das allein er begründet, welche Handlungsweisen

---

[14] Ebenda, BA 114f.

entweder freigestellt, geboten oder verboten sind, können wir immer noch fragen, was uns eigentlich zum moralischen Handeln motiviert. Es geht also jetzt nicht um die Gültigkeit von Handlungsregeln, sondern um die Motivation zum entsprechenden Handeln. Alle Motive des pragmatischen Handelns, welche sich aus unseren Neigungen und Klugheitsüberlegungen ergeben, kommen nicht in Betracht, denn die moralische Entscheidung soll und muß nach Kant unabhängig von ihnen getroffen werden. Es bleibt also nur die Möglichkeit, daß sich aus dem Bewußtsein des kategorischen Imperativs, des Sittengesetzes, wie er von Kant auch genannt wird, selbst die Motivation ergibt. Kant schreibt:

»Das Wesentliche aller Bestimmung des Willens durchs sittliche Gesetz ist: daß er als freier Wille, mithin nicht bloß ohne Mitwirkung sinnlicher Antriebe, sondern selbst mit Abweisung derselben, und mit Abbruch aller Neigungen, so fern sie jenem Gesetze zuwider sein könnten, bloß durchs Gesetz bestimmt werde. So weit ist also die Wirkung des moralischen Gesetzes als Triebfeder nur negativ, und als solche kann diese Triebfeder a priori erkannt werden. Denn alle Neigung und jeder sinnliche Antrieb ist auf Gefühl gegründet, und die negative Wirkung aufs Gefühl (durch den Abbruch, der den Neigungen geschieht) ist selbst Gefühl.«[15]

Weil das Sittengesetz unsere Maximen limitiert, unserem pragmatischen Wollen also Grenzen setzt, wird manchen unserer Neigungen Abbruch getan. Dies können wir wissen, noch bevor wir es erfahren. Wir können daher apriori sagen, daß das Sittengesetz immer dann zunächst unangenehme Gefühle hervorruft, wenn bestimmte unserer Maximen die Prüfung durch den kategorischen Imperativ nicht bestehen. So schreibt Kant:

»Folglich können wir a priori einsehen, daß das moralische Gesetz als Bestimmungsgrund des Willens dadurch, daß es allen unseren Neigungen Eintrag tut, ein Gefühl bewirken müsse, welches Schmerz genannt werden kann, und hier haben wir nun den ersten, vielleicht

---

[15] Ebenda, A 128f.

auch einzigen Fall, da wir aus Begriffen a priori das Verhältnis eines Erkenntnisses (hier ist es einer reinen praktischen Vernunft) zum Gefühl der Lust oder Unlust bestimmen konnten.«[16]

Diese Behauptung erläutert Kant durch die folgende Überlegung. Das Gesetz ist durch die Form der Allgemeinheit charakterisiert und daher unabhängig vom System der Neigungen eines Individuums. Die Selbstverhältnisse eines Individuums, die sich aufgrund des Systems der Neigungen bilden, sind die des »Wohlwollens gegen sich selbst (philautia)« – auch »Eigenliebe« genannt – oder die des »Wohlgefallens an sich selbst (arrogantia)« – auch »Eigendünkel« genannt.[17] Das Bewußtsein des moralischen Gesetzes stellt, aufgrund seiner Unabhängigkeit vom System der eigenen Glückseligkeit, diese Selbstverhältnisse in Frage. Dies muß im Hinblick auf die Eigenliebe zu einem anderen Resultat führen als im Hinblick auf den Eigendünkel.

Denn die Eigenliebe ist für das Leben der Menschen ein notwendiges Selbstverhältnis, sogar eine indirekte moralische Pflicht.[18] Kant schreibt daher:

> »Die reine praktische Vernunft tut der Eigenliebe bloß *Abbruch*, indem sie solche, als **natürlich**, und noch vor dem moralischen Gesetze, in uns rege, nur auf die Bedingung der Einstimmung mit diesem Gesetze einschränkt; da sie alsdann *vernünftige Selbstliebe* genannt wird.«[19]

Vernünftige Selbstliebe ist also jenes Streben nach Glückseligkeit, welches bereits moralisch geprüft, limitiert und damit legitimiert ist.

---

[16] Ebenda, A 129.

[17] Vgl. ebenda, A 130.

[18] »Seine eigene Glückseligkeit sichern, ist Pflicht (wenigstens indirekt), denn der Mangel der Zufriedenheit mit seinem Zustande, in einem Gedränge von vielen Sorgen und mitten unter unbefriedigten Bedürfnissen, könnte leicht eine große *Versuchung zu Übertretung der Pflichten* werden.« I. Kant: Grundlegung zur Metaphysik der Sitten, AB 11f.

[19] I. Kant: Kritik der praktischen Vernunft, A 129.

Der Eigendünkel dagegen erfährt nicht nur eine Beschränkung, sondern die »Ansprüche der Selbstschätzung, die vor der Übereinstimmung mit dem sittlichen Gesetze vorhergehen«[20], werden gänzlich zurückgewiesen. Wichtig ist dabei, auf welcher Ebene dieses Niederschlagen, wie es Kant auch nennt, erfolgt. Der Eigendünkel könnte nämlich auch in dem Sinne kritisiert werden, daß gesagt wird, ein Mensch, der sich dem arroganten Wohlgefallen an seinen Eigenschaften, seinen Fähigkeiten oder seiner Herkunft hingibt, sei eitel und voller Selbstlob, sollte aber die Beurteilung seiner individuellen Vorzüge in Bescheidenheit lieber den anderen überlassen. Um diesen Aspekt geht es hier aber *nicht*. Zurückgewiesen wird vielmehr eine weitergehende, sich zumeist aus dem Eigendünkel ergebende Konsequenz: der Glaube nämlich, der *Wert* einer Person als solche hänge von ihren individuellen Eigenschaften und Fähigkeiten ab und sei daher steigerbar. Aufgrund dieses Glaubens hält sich der Arrogante dann für den besseren Menschen im moralischen Sinne oder gar für über der moralischen Bewertung stehend. Eine derartige Selbstschätzung bedeutet nicht nur eine solche Charakterschwäche, die sich, wie die Eitelkeit, als unklug im Umgang mit Menschen herausstellen, aber doch auf mehr oder weniger Nachsicht hoffen könnte, sondern stellt bereits eine moralische Verfehlung dar, weil »eben die Gewißheit einer Gesinnung, die mit diesem [dem sittlichen] Gesetze übereinstimmt, die erste Bedingung alles Werts der Person ist [...] und alle Anmaßung vor derselben falsch und gesetzwidrig ist.«[21] Niedergeschlagen wird also der Eigendünkel, sofern er sich anmaßt, »sich gesetzgebend und zum unbedingten praktischen Prinzip« zu machen.[22]

---

[20] Ebenda, A 129f.

[21] Ebenda, A 130.

[22] Ebenda, A 131. Dieser Punkt wird auch in andern ethischen Konzepten hervorgehoben: Nach J. Habermas z. B. »verträgt die Achtung einer Person *als* Person keine Abstufung; eine Person achten wir als solche, nicht wegen dieser oder jener Vorzüge.« J. Habermas: Erläuterungen zur Diskursethik. In der gleichnamigen Aufsatzsammlung. Frankfurt/M. 1991, S. 149.

Insofern die Selbstliebe einem jeden Mensch eignet und ein jeder zumindest einen »Hang«[23] zum Eigendünkel besitzt, demütigt – wie Kant dies ausdrückt – das Bewußtsein des moralischen Gesetzes mit Notwendigkeit einen jeden Menschen, indem es seine Neigungen einschränkt und seine Selbstüberhebung abbricht. Aber – und das ist der entscheidende Punkt – uns ist zugleich bewußt, daß diese emotionalen Wirkungen durch das Sittengesetz, welches wir uns *selbst* gegeben haben, hervorgerufen werden. Kant schreibt daher:

> »Die negative Wirkung aufs Gefühl (der Unannehmlichkeit) ist, so wie aller Einfluß auf dasselbe, und wie jedes Gefühl überhaupt, *pathologisch*. Als Wirkung aber vom Bewußtsein des moralischen Gesetzes, [...] heißt dieses Gefühl eines vernünftigen von Neigungen affizierten Subjekts zwar Demütigung (intellektuelle Verachtung), aber in Beziehung auf den positiven Grund derselben, das Gesetz, zugleich Achtung für dasselbe [...] Darum kann dieses Gefühl nun auch ein Gefühl der Achtung fürs moralische Gesetz, aus beiden Gründen zusammen aber ein *moralisches Gefühl* genannt werden.«[24]

Mit der Einschränkung bzw. dem Abbruch der Selbstverhältnisse und des Strebens, welche die Menschen durch das Sittengesetz erfahren, erfahren sie eine prinzipielle Schranke: Es geht nicht um eine relative Grenze des Machbaren, welche durch Klugheitsüberlegungen, Bildung oder technisches Geschick verändert werden kann, sondern es geht um die prinzipielle Beschränkung des Machbaren, die ihren Grund in der Selbstgesetzgebung hat. Die Menschen erfahren sich damit als Wesen, die ihrem Streben selbst eine Schranke setzen können. Insofern vermittelt das moralische Gesetz die Erfahrung einer selbst gesetzten Endlichkeit. Weil sich das Subjekt bewußt wird, sich diese Schranke selbst auferlegt zu haben, wird es sich dadurch seiner selbst als Vernunftwesen, d. h. als autonome Person bewußt.[25]

---

[23] Vgl. I. Kant: Kritik der praktischen Vernunft, A 131f.

[24] Ebenda, A 133.

[25] Dieter Henrich übersieht die Differenz dieser beiden Endlichkeitserfahrungen, wenn er bezüglich der Achtung schreibt: »Die Wertschätzung gilt also

Zugleich vermittelt die Achtung noch eine andere Endlichkeitserfahrung. Weil die Achtung vor dem Gesetz die Kehrseite der Demütigung unbeschränkter Selbstliebe und sich selbst überhebenden Dünkels darstellt, kann die Achtung nur unter der Voraussetzung von Selbstliebe und Eigendünkel empfunden werden. Kant schreibt daher:

> »Hiebei ist nun zu bemerken: daß, so wie die Achtung eine Wirkung aufs Gefühl, mithin auf die Sinnlichkeit eines vernünftigen Wesens ist, es diese Sinnlichkeit, mithin auch die **Endlichkeit** solcher Wesen, denen das moralische Gesetz Achtung auferlegt, voraussetze, und daß einem höchsten, oder auch einem von aller Sinnlichkeit freien Wesen, welchem diese also auch kein Hindernis der praktischen Vernunft sein kann, Achtung fürs *Gesetz* nicht beigelegt werden könne.«[26]

Nur weil wir sinnliche und vernünftige Wesen zugleich sind, die mit Notwendigkeit pragmatisch nach Glückseligkeit streben, können wir Achtung vor dem Sittengesetz empfinden; nur deshalb haben wir dieses als einen *Imperativ*, der ein *Sollen* begründet, auch nötig. In dieser Hinsicht sind wir also endlich, unvollkommen und daher im Moralischen fehlbar, weil wir keine reinen Vernunftwesen, sondern sinnliche Vernunftwesen sind.

Inwiefern ergibt sich nun aus diesen Wirkungen des Sittengesetzes aufs Gefühl die Motivation zum moralischen Handeln? Das Subjekt kann die absolute Schranke, die es seinem

---

nicht der Macht und dem Anspruch des Gesetzes, der mir entgegentritt, sondern seiner Wirkung in der Sinnlichkeit. Damit ist die Intention des sittlichen Bewußtseins geradezu in ihr Gegenteil verkehrt [...]. Diese hat keine Möglichkeit, eine positive Beziehung des Bewußtseins zum Gesetz zu erklären, die Identifizierung wäre und damit Distanz und Einheit zugleich.« D. Henrich: Ethik der Autonomie. In: ders.: Selbstverhältnisse. Gedanken und Auslegungen zu den Grundlagen der klassischen deutschen Philosophie. Stuttgart 1982, S. 38. Wenn es nur um die »Wirkung in der Sinnlichkeit«, also um »eingeschränkte Sinnlichkeit« schlechthin ginge, hätte D. Henrich recht. Aber die Achtung gilt gerade dem Umstand, daß diese Wirkung durch das selbst auferlegte Gesetz hervorgebracht wird und nicht durch irgendeine sinnliche Macht.

[26] I. Kant: Kritik der praktischen Vernunft, A 134f.

Handeln durch das Sittengesetz setzt, nicht zum Gegenstand
von Klugheitsüberlegungen machen, ohne dabei in Widerstreit
mit sich selbst zu geraten: Es müßte sich selbst gerade als das
Vernunftwesen aufgeben, als das es sich im Bewußtsein dieser
Schranke erfährt. Ein Subjekt, das nicht aus Achtung vor dem
Gesetz handelt, gibt also einen Teil seines Menschseins, nämlich sein Selbstverständnis – und damit sein praktisches Sein –
als Vernunftwesen, wissentlich auf. Aber gerade dieser Teil unterscheidet den Menschen von anderen Sinnenwesen: Er ist das
einzige bekannte Subjekt, daß trotz sinnlicher Antriebe vernünftig handeln kann. Wer also die absolute Schranke über-
schreitet, gibt ein Spezifikum der Menschlichkeit, soweit es
seine Person betrifft, preis.[27] Ein Subjekt, das aus Achtung vor
dem Gesetz moralisch handelt, vermeidet also einen Widerstreit mit sich selbst, weil es sich nicht wissentlich als Vernunftwesen aufhebt. Diesen Widerstreit vermeiden, heißt, sich
selbst als Persönlichkeit achten.[28] *Die Selbstachtung einer Persönlichkeit ist also in letzter Instanz die Motivation, das subjektive Motiv, des moralischen Handelns.*

Diese Motivation bietet einige Vorteile gegenüber allen andern Motivationen – etwa gegenüber dem wohlverstandenen
Eigeninteresse, den sympathischen Gefühlen, der gewünschten
Wertschätzung der eigenen Individualität durch andere, dem
Wunsch nach Zugehörigkeit zu einer Gemeinschaft, der Furcht
vor Strafe oder dem irgendwie unterstellten Interesse am Gemeinwohl:

Erstens ist die Selbstachtung unabhängig davon, ob andere
das Subjekt und seine Handlungsweise beurteilen. Die Selbst-

---

[27] »Man könnte sagen, ein lebendes Wesen, dessen bedingte Regeln der Le-
benserhaltung und der Lebenskunst durch eine Regel geleitet sind, die sich als
unbedingt denken läßt, ist ein humanes Wesen.« Hermann Krings: Freiheit und
Faktum. In: Baumgartner, Hans Michael (Hg.): Prinzip Freiheit. Eine Auseinandersetzung um Chancen und Grenzen transzendentalphilosophischen Denkens.
Freiburg/München 1979, S. 403.
[28] Vgl. I. Kant: Kritik der Praktischen Vernunft, A 142ff. Kant spricht dort
auch von »Selbstbilligung« (A 143).

achtung behält ihre motivationale Relevanz auch dann, wenn die Handlung oder der Urheber der Handlung im Geheimen verbleiben.[29]

Zweitens ist es für die Selbstachtung irrelevant, welche Personen von der fraglichen Handlung betroffen sind. Es ist z. B. gleichgültig, ob diese Personen zu einer bestimmten Gemeinschaft gehören, ob sie über eine bestimmte Sanktionsmacht verfügen oder ob sie dem Handlungssubjekt mehr oder weniger sympathisch sind.

Drittens muß das Handlungssubjekt keine Begeisterung für den Handlungsinhalt aufbringen, sondern die Selbstachtung kann selbst dann noch motivieren, wenn einem Subjekt eine Handlung unangenehm ist oder als unklug erscheint.

Außer der Selbstachtung findet sich keine Motivation, auf die alle drei Punkte zweifelsfrei zutreffen.

Die Achtung vor dem Sittengesetz oder die Selbstachtung empfindet nach Kant ein jeder. Diese moralische Gefühl ist quasi der Ruf des Gewissens. Kant schreibt:

> »Wenn man daher sagt: Dieser Mensch *hat* kein Gewissen, so meint man damit: er kehrt sich nicht an den Ausspruch desselben. Denn hätte er wirklich keines, so würde er sich auch nichts als pflichtmäßig zurechnen, oder als pflichtwidrig vorwerfen [...]«[30]

Ein solcher Mensch wäre gar nicht fähig, moralische Ansprüche zu verstehen.

Aus dem Kriterium für das moralischen Handeln und aus der Motivation durch Selbstachtung oder durch Achtung fürs Sittengesetz ergibt sich nun für jene Maximen, die nach der Prüfung die Form von Geboten oder Verboten annehmen, die Forderung Kants, *aus Pflicht* zu handeln. Damit ist gemeint, daß wir uns nur dann *Moralität* zuschreiben können, wenn wir die Pflicht um der Pflicht willen tun. Was wäre die Alternative dazu? Die Alternative wäre, eine der Pflicht entsprechende

---

[29] Vgl. Ebenda, A 156f.
[30] Ebenda, A 38.

Handlung nur dann auszuführen, wenn wir auch dazu geneigt sind. Einer solchen Handlung können wir dann zwar immer noch *Legalität* zuschreiben, eben weil sie der Pflicht entspricht, weil sie *pflichtgemäß* ist. Aber sie entspringt eben nicht aus einer moralischen Gesinnung: Wenn die Neigung das letzte Wort hat, dann stimmen unsere Handlungen nur mehr oder weniger zufällig mit der Pflicht überein.

Ein prominenter Zeitgenosse Kants hat die Frage aufgeworfen, ob die Moralität verdorben wird, wenn wir zu dem, was Pflicht ist, auch Neigung verspüren. Es war Friedrich Schiller mit seinen bekannten Distichen aus den Xenien. Schillers Spottverse lauten:

> »388. Gewissensskrupel
> Gerne dien ich den Freunden, doch tu ich es leider mit Neigung,
> Und so wurmt es mir oft, daß ich nicht tugendhaft bin.
> 389. Entscheidung
> Da ist kein anderer Rat, du mußt suchen sie zu verachten,
> Und mit Abscheu alsdann tun, wie die Pflicht dir gebeut.«[31]

Trifft der Spott Kant wirklich? Kant sagt, daß es zur Moralität keiner anderen Triebfeder *bedarf* als der Achtung vor dem Gesetz. Damit stellt er klar, daß diese *neben* anderen Motivationen bestehen kann, ohne verdorben zu werden. In diesem Sinne schreibt er:

> »Nun lassen sich mit dieser Triebfeder [der Achtung] gar wohl so viele Reize und Annehmlichkeiten des Lebens verbinden, daß auch um dieser willen allein schon die klügste Wahl eines vernünftigen und über das größte Wohl des Lebens nachdenkenden *Epikureers* sich für das sittliche Wohlverhalten erklären würde, und es kann auch ratsam sein, diese Aussicht auf einen fröhlichen Genuß des Lebens mit jener obersten und schon für sich allein hinlänglich-bestimmenden Bewegursache zu verbinden; aber nur um den Anlockungen, die das Laster auf der Gegenseite vorzuspiegeln nicht ermangelt, das Gegengewicht zu halten, nicht um hierin die eigentlich bewegende

---

[31] Friedrich Schiller: Gedichte, Erzählungen, Übersetzungen. Mit Anmerkungen von Helmut Koopmann. München 1993, S. 256.

Kraft, auch nicht dem mindesten Teile nach, zu setzen, wenn von der Pflicht die Rede ist.«[32]

Es ist also mit der Zuschreibung von Moralität durchaus verträglich, wenn den Freunden »**mit** Neigung« geholfen wird, solange diese Hilfe nicht darauf angewiesen ist, **aus** Neigung geleistet zu werden – das soll heißen: solange die Achtung vor dem Gesetz auch allein die hinreichende Motivation abgeben würde. Für Schiller, als einem Künstler der Sprache, besonders peinlich ist, daß er davon spricht, er müsse »suchen, sie [die Freunde] zu **verachten**«, um zu tun, »wie die Pflicht [...] gebeut«. Gerade die Achtung vor dem Gesetz schließt aber die Achtung des anderen als Persönlichkeit ein. Entweder also redet Schiller begrifflichen Unsinn – denn wer den anderen verachtet, kann nicht tun, »wie die Pflicht gebeut«, – oder ist zumindest ungeschickt in seiner Wortwahl. Vielleicht meint er mit »verachten« nicht die Verneinung von Kants Begriff der Achtung, sondern das Verabscheuen oder Fürchten einer Person aufgrund ihrer individuellen Eigenschaften, ihrer sozialen Rollen oder ihrer Art, diese auszufüllen. Kant aber stellt diesen Unterschied mit aller Deutlichkeit heraus, wenn er schreibt:

»Ein Mensch kann mir auch ein Gegenstand der Liebe, der Furcht, oder der Bewunderung, so gar bis zum Erstaunen und doch darum kein Gegenstand der Achtung sein. Seine scherzhafte Laune, sein Mut und Stärke, seine Macht, durch seinen Rang, den er unter anderen hat, können mir dergleichen Empfindungen einflößen, es fehlt aber immer noch an innerer Achtung gegen ihn.«[33]

Schillers Spott fällt daher auf fatale Weise auf ihn selbst zurück.

Zum Abschluß noch ein paar Worte zur Charakterisierung der Moralphilosophie Kants: Im Unterschied zur eudaimonistischen Tugendethik des Aristoteles bezeichnen wir die Moralphilosophie Kants nicht als Strebensethik, sondern als

---

[32] I. Kant: Kritik der praktischen Venunft, A 158.
[33] Ebenda, A 136.

Sollensethik. Kant rechtfertigt ein Kriterium, welches seinerseits die Unterscheidung zwischen gebotenen, verbotenen oder freigestellten Handlungsweisen begründet. Handlungsregeln, Maximen, sollen also die deontischen Operatoren – geboten, verboten, erlaubt, freigestellt – begründeter Weise zugeschrieben werden. Deshalb nennen wir seinen Ansatz eine *deontologische Ethik*. Weil sich die deontischen Operatoren nicht auf einmalige Handlungen, sondern auf Handlungsregeln beziehen, können wir auch von einem *regeldeontologischen* Ansatz sprechen.

8. Transzendentalpragmatische Vernunft. Das diskursethische Begründungsprogramm von Jürgen Habermas

Die Diskursethik ist der jüngste moralphilosophische Ansatz von typologischer Bedeutsamkeit. Sie entstand in den 70er und 80er Jahren des letzten Jahrhunderts. Entwickelt wurde sie von Karl-Otto Apel und Jürgen Habermas. Unsere Betrachtung gilt der Variante der Diskursethik, die von Jürgen Habermas vertreten wird.[1]

Habermas unterscheidet drei Aufgabengebiete der praktischen Vernunft. So schreibt er:

> »Ich möchte zunächst am Leitfaden pragmatischer, ethischer und moralischer Fragestellungen den Gebrauch der praktischen Vernunft differenzieren. Unter den Aspekten des Zweckmäßigen, des Guten und des Gerechten werden von der praktischen Vernunft jeweils andere Leistungen erwartet.«[2]

Was Habermas den *pragmatischen* Gebrauch der praktischen Vernunft nennt, stimmt im wesentlichen mit dem Begriff der Zweckrationalität von Max Weber überein, denn »[...] es geht um eine rationale Wahl der Mittel bei gegebenen Zwecken oder um die rationale Abwägung der Ziele bei gegebenen Präferenzen.«[3] Beim pragmatischen Denken, nach dem Verständnis von Habermas, kann daher bezweifelt werden, ob es sich überhaupt um einen praktischen Gebrauch der Vernunft handelt. Habermas schreibt nämlich:

---

[1] Zum Ansatz von Apel vgl.: ders.: Transformation der Philosophie. Bd. II: Das Apriori der Kommuninkationsgemeinschaft. Frankfurt/M. 1973; ders.: Diskurs und Verantwortung. Das Problem des Übergangs zur postkonventionellen Moral. Frankfurt/M. 1990. Zur Diskussion vgl.: Wolfgang Kuhlmann/Dietrich Böhler (Hg.): Kommunikation und Reflexion. Zur Diskussion der Transzendentalpragmatik. Antworten auf Karl-Otto Apel. Frankfurt /M. 1982.

[2] Jürgen Habermas: Vom pragmatischen, ethischen und moralischen Gebrauch der praktischen Vernunft. In: ders.: Erläuterungen zur Diskursethik. Frankfurt/M. 1991, S. 101.

[3] Ebenda, S. 102.

»Technische und strategische Empfehlungen entlehnen ihre Gültigkeit letztlich dem empirischen Wissen, auf das sie sich stützen. Ihre Gültigkeit ist unabhängig davon, ob sich ein Adressat entschließt, die Handlungsanweisungen zu adoptieren. Pragmatische Diskurse sind auf *mögliche* Verwendungszusammenhänge bezogen. Mit der faktischen Willensbildung von Aktoren stehen sie nur über deren subjektive Zwecksetzungen und Präferenzen in Verbindung. Es besteht keine *interne* Beziehung zwischen Vernunft und Willen.«[4]

Der pragmatische Aspekt des Handelns betrifft also das technische bzw. strategische Wissen, welches mehr oder weniger wissenschaftlich fundiert sein mag, das aber prinzipiell mittels intersubjektiv anerkannter Verfahren empirisch überprüft werden kann.

Dieser Begriff der pragmatischen Überlegung weist eine gewisse Ähnlichkeit mit dem Begriff der pragmatischen Handlungen bei Kant auf, also mit jenem Bereich der durch die Begriffe *Klugheit* und *Geschicklichkeit* abgedeckt wird.[5] Dennoch ist der Begriff des Pragmatischen von Habermas mit Kants Begriff des Pragmatischen nicht deckungsgleich. Während es für Kant zunächst eine Frage der Klugheit ist, sich über alle Präferenzen und Ziele klar zu werden, die im Kontext der Orientierung auf die eigene Glückseligkeit Relevanz besitzen, möchte Habermas einen Teil dieser Überlegungen aus dem Bereich des Pragmatischen aussondern und unter dem Titel des Ethischen erfassen. Habermas schreibt daher:

»Wer in lebenswichtigen Entscheidungen nicht weiß, was er will, wird am Ende danach fragen, *wer er ist und wer er sein möchte.* Triviale oder schwache Präferenzentscheidungen erfordern keine Begründung; niemand schuldet sich oder anderen Rechenschaft darüber,

---

[4] Ebenda, S. 111.

[5] »Die praktische Überlegung bewegt sich hier im Horizont der Zweckrationalität mit dem Ziel, geeignete Techniken, Strategien oder Programme zu finden. Sie führt zu Empfehlungen, die in einfachen Fällen die semantische Form bedingter Imperative haben. Kant spricht von Regeln der Geschicklichkeit und von Ratschlägen der Klugheit, von technischen und pragmatischen Imperativen.« Ebenda, S. 102.

welche Automarke oder welche Sorte Pullover er bevorzugt. ›Starke‹ Präferenzen nennen wir hingegen mit Charles Taylor die Wertungen, die nicht nur zufällige Dispositionen und Neigungen, sondern das Selbstverständnis einer Person, die Art der Lebensführung, den Charakter berühren; sie sind mit der je eigenen Identität verwoben. Dieser Umstand gibt den existentiellen Entscheidungen nicht nur ihr Gewicht, sondern auch einen Kontext, in dem sie einer Begründung sowohl bedürftig wie auch fähig sind.«[6]

Der *ethische* Aspekt betrifft also gravierende Wertentscheidungen, solche, die entweder ein gutes, ein gelingendes, oder ein verfehltes, ein unglückliches, Leben zur Folge haben können:

»Die praktische Vernunft, die in diesem Sinn nicht nur auf das Mögliche und das Zweckmäßige, sondern auf das Gute abzielt, bewegt sich, wenn wir dem klassischen Sprachgebrauch folgen, im Bereich der Ethik.«[7]

Habermas bildet hier einen Begriff der Ethik, der in sich Aspekte des Begriffs der Klugheit im Sinne Kants mit Aspekten des aristotelischen Begriffs der *phrónesis* verbindet. Dies wird deutlich wenn Habermas schreibt:

»Was Du tun ›sollst‹ oder tun ›mußt‹ hat hier den Sinn, daß es für Dich auf lange Sicht und im ganzen ›gut ist‹, so zu handeln. Aristoteles spricht in diesem Zusammenhang von Wegen zum guten und glücklichen Leben. Starke Wertungen orientieren sich an einem für mich absolut gesetzten Ziel, nämlich am höchsten Gut einer autarken, ihren Wert in sich tragenden Lebensführung.«[8]

Von Aristoteles stammt das Konzept des guten Lebens, welches allerdings von Habermas in der Weise Kants auf das je eigene Leben beschränkt wird. Habermas betont zwar, daß sich die Bildung der Ich-Identität und des Ich-Ideals nur in sozialen und historischen Kontexten vollziehen kann, vermeidet aber den aristotelischen Begriff der Autarkie, durch welchen das

---

[6] Ebenda, S. 103.
[7] Ebenda, S. 103.
[8] Ebenda, S. 104f.

höchste Gut für den einzelnen so mit der wohlgeordneten Gemeinschaft verbunden wird, daß moralische Verbindlichkeiten, wie z. B. die Gerechtigkeit, immer schon inbegriffen sind. Die ethische Perspektive, wie sie von Habermas konzipiert wird, bleibt im Unterschied zur aristotelischen »egozentrisch«[9]: Es geht der praktischen Vernunft in dieser Hinsicht um die je eigene Individualität und deren Anerkennung durch andere, nicht um die Achtung der moralischen Pflichten und der Personen als solche.[10]

Mit diesem Begriff des ethischen Gebrauchs der praktischen Vernunft unterbietet Habermas also den Begriff der *phrónesis* des Aristoteles, weil der moralische Aspekt fehlt, und gelangt letztlich nicht über den Begriff der Klugheit Kants hinaus, weil die Ratschläge der Klugheit keineswegs, wie Habermas sagt, die Präferenzen immer schon voraussetzen, sondern gerade jene Wertziele empfehlen, die ein glückliches Leben ausmachen könnten. Wenn Habermas also den ethischen Aspekt vom pragmatischen unterscheidet, so verdeutlicht er lediglich, daß Überlegungen im Hinblick auf die eigene Glückseligkeit Wertentscheidungen voraussetzen, die nicht durch Zweckrationalität begründet werden können.

Aber was bedeutet es, daß diese im Hinblick auf die je eigene Lebensführung gesetzten Werte begründungsfähig und begründungsbedürftig seien? Die Rede von einer Begründung hat hier noch nicht den Sinn einer Rechtfertigung gegenüber anderen. Habermas selbst gesteht zu, daß mit dem ethischen Aspekt der praktischen Vernunft die egozentrische Perspektive nicht aufgehoben wird. In die ethische ›Begründung‹ gehen Gefühle ein, auch Überlegungen zur eigenen Lebensgeschichte, zu den sich bietenden lebensweltlichen Möglichkeiten und vielleicht Beratungen mit Freunden und Familienangehörigen sowie gegebenenfalls therapeutische Gespräche zur Selbstfindung. Diese ›Begründung‹ ist also dann abge-

---

[9] Ebenda, S. 105.
[10] Vgl. ebenda, S. 106.

schlossen, wenn das jeweilige Individuum sich zu einer bestimmten Weise der Lebensführung entschließt. Die Überlegungen können zwar die Einstellung des einzelnen ändern, aber Verbindlichkeiten bestehen hier nicht: Weder kann die ethische Überlegung den einzelnen verpflichten, genau so und nicht anders zu leben, noch kann eine bestimmte Lebensweise universelle Verbindlichkeit beanspruchen. Im Ethischen, wie Habermas diesen Begriff versteht, ist und bleibt der individuelle Entschluß die letzte Instanz. Es geht also um den Versuch, durch Überlegungen das eigene Wollen über sich selbst aufzuklären und zu qualifizieren. Dieser Art ist hier der Zusammenhang zwischen dem Wollen und der Vernunft.

Weder *empirisch*, auf objektive Zusammenhänge bezogen, noch *egozentrisch*, auf das private Glück bezogen, ist dagegen die *moralische Perspektive*. Habermas schreibt:

> »Die Frage: Was soll ich tun? verändert ein weiteres Mal ihren Sinn, sobald meine Handlungen die Interessen anderer berühren und zu Konflikten führen, die unparteilich, also unter moralischen Gesichtspunkten geregelt werden sollen.«[11]

Dies ist nun der systematische Ort für die Diskursethik. Habermas konzipiert sie als eine an Geltungsansprüchen orientierte Verständigung, die im Konfliktfalle die einzige Alternative zu mehr oder minder gewaltsamen Einwirkungen der Menschen aufeinander sei. Habermas erläutert die Funktion der Moral so:

> »Moralische Urteile erklären, wie Handlungskonflikte auf der Grundlage eines rational motivierten Einverständnisses beigelegt werden können. Im weiteren Sinne dienen sie dazu, Handlungen im Lichte gültiger Normen oder die Gültigkeit der Normen im Lichte anerkennungswürdiger Prinzipien zu rechtfertigen.«[12]

Ziel dieser Verständigung ist also die gewaltfreie Einigung auf Normen. Normen beanspruchen Sollgeltung. Das erklärungsbe-

---

[11] Ebenda, S. 105.
[12] J. Habermas: Moral und Sittlichkeit. In: Merkur. Deutsche Zeitschrift für europäisches Denken, 1985 (39. Jg.) 12, S. 1041.

dürftige Phänomen der Moralphilosophie ist daher die Sollgeltung von Normen. Normen begreift Habermas als Sprechhandlungen, die einen spezifischen Geltungsanspruch erheben.[13] Dieser Geltungsanspruch ist nicht der Anspruch auf Wahrheit, wie er mit der Äußerung von konstatierenden Aussagen erhoben wird, sondern der Anspruch auf *Richtigkeit*. Habermas schreibt:

> »Normative Richtigkeit begreife ich als wahrheitsanalogen Geltungsanspruch. In diesem Sinne sprechen wir auch von einer kognivistischen Ethik. Diese muß beantworten können, wie sich normative Aussagen begründen lassen.«[14]

Die *Geltung* von Normen sei zunächst ein konstatierbarer sozialer Tatbestand einer eingewöhnten Praxis. Im Konfliktfalle stelle sich die Frage nach der *Gültigkeit* des bisher Geltenden. Aufgrund dieser Unterscheidung zwischen dem sozialen Faktum der intersubjektiven Anerkennung einer Norm, also ihrer Geltung einerseits, und der Anerkennungswürdigkeit einer Norm, also ihrer Gültigkeit andererseits, sei nicht alles Geltende notwendig gültig, womit Kritik am Bestehenden erst möglich werde.[15] Außerdem folge aus erwiesener Gültigkeit nicht unbedingt faktische Geltung:

> »Die Durchsetzung von Normen ist doppelt kodiert, weil die Motive für die Anerkennung von normativen Geltungsansprüchen sowohl auf Überzeugungen wie auf Sanktionen, oder auf eine komplizierte Mischung aus Einsicht und Gewalt, zurückgehen können. In der Regel wird sich die rational motivierte Zustimmung mit einer empirisch, nämlich durch Waffen oder Güter bewirkten Hinnahme zu einem Legitimationsglauben verbinden, dessen Komponenten nicht einfach zu analysieren sind. Solche Legierungen sind aber insofern interessant, als sie ein Indiz dafür bilden, daß eine positivistische In-

---

[13] Vgl. J. Habermas: Diskursethik – Notizen zu einem Begründungsprogramm. In: ders.: Moralbewußtsein und kommunikatives Handeln. Frankfurt/M. 1983, S. 54.

[14] J. Habermas: Moral und Sittlichkeit. A. a. O., S. 1041.

[15] Vgl. J. Habermas: Diskursethik. A. a. O., S. 71f.

kraftsetzung von Normen nicht hinreicht, um deren soziale Geltung auf Dauer zu sichern. Die dauerhafte Durchsetzung einer Norm hängt auch davon ab, ob in einem gegebenen Überlieferungskontext Gründe mobilisiert werden können, die ausreichen, um den entsprechenden Geltungsanspruch im Kreise der Adressaten mindestens als berechtigt erscheinen zu lassen. Auf moderne Gesellschaften angewendet, bedeutet das: ohne Legitimität keine Massenloyalität.«[16]

Gute Gründe argumentativ vertreten zu können ist also sowohl für Kritik wie für beanspruchte Loyalität eine notwendige Bedingung. Dennoch zeigt sich hier eine Asymmetrie: Während für die Begründung von Normen das, wie Habermas sagt, »rationale Motivieren« hinreichendes Mittel ist, ist es für die Durchsetzung von Normen nur ein notwendiges, das erst verbunden mit Macht, Gewalt oder Manipulation die hinreichende Bedingung markiert.

Wie soll nun die Gültigkeit von Normen erwiesen werden? Dem Begriff der Gültigkeit legt Habermas die Idee der Universalität zugrunde: Gültig können nur jene Normen sein, die einen unpersönlichen und allgemeinen Charakter tragen. Habermas beruft sich explizit auf die grundlegende Idee der Moralphilosophie Kants, wenn er schreibt:

> »*Alle* kognivistischen Ethiken knüpfen nämlich an jene Intuition an, die Kant im Kategorischen Imperativ ausgesprochen hat. Mich interessieren hier nicht die verschiedenen Kantischen Formulierungen, sondern die zugrundeliegende Idee, die dem unpersönlichen oder allgemeinen Charakter von gültigen moralischen Geboten Rechnung tragen soll.«[17]

Wie interpretiert Habermas diese Idee? Wie möchte er die Universalität von Normen begründen?

Habermas deutet Universalität als die qualifizierte Zustimmung, die eine Norm durch die Betroffenen erfährt. Qualifizierte Zustimmung verdiene eine Norm dann, wenn sie einen »allgemeinen Willen« ausdrücke, wenn die entsprechende

---

[16] Ebenda, S. 72.
[17] Ebenda, S. 73.

Handlungsweise und die zugrunde liegenden Interessen verallgemeinerungsfähig seien.[18] Es bedarf also eines Überganges von den partikularen Interessen der einzelnen und den auf dieser Grundlage anerkannten Normen zu allgemeingültigen Normen, die auf der Grundlage eines allgemeines Interesses die Anerkennung eines jeden Betroffenen finden. Diesen Übergang denkt Habermas in Analogie zur Rechtfertigung von allgemeinen Aussagen: Den von den einzelnen Betroffenen vorgebrachten Normen wird vorerst nur ein singulären Beobachtungen in der Theoriebildung analoger Geltungsstatus zugebilligt. Und analog einem Kanon der Induktion, mit dem in theoretischer Hinsicht zu allgemeinen Hypothesen zu gelangen sei, müsse ein Brückenprinzip gefunden werden, das die Verallgemeinerungsfähigkeit von Normen festlege. Dieses Brückenprinzip nennt Habermas den *Universalisierungsgrundsatz (U)*. Habermas schreibt:

> »So muß jede gültige Norm der Bedingung genügen,
> – daß die Folgen und Nebenwirkungen, die sich jeweils aus ihrer allgemeinen Befolgung für die Befriedigung der Interessen eines jeden Einzelnen (voraussichtlich) ergeben, von allen Betroffenen akzeptiert (und den Auswirkungen der bekannten alternativen Regelungsmöglichkeiten vorgezogen) werden können.«[19]

Der Universalisierungsgrundsatz (U) ist nicht das diskursethische Prinzip. Vielmehr setzt letzteres den Universalisierungsgrundsatz voraus. Über den Status von (U) schreibt Habermas:

> »Einziges Moralprinzip ist der angegebene Grundsatz der Verallgemeinerung, der als Argumentationsregel gilt und zur Logik des praktischen Diskurses gehört.«[20]

Der Universalisierungsgrundsatz bringt nicht die spezifische Intuition der Diskursethik zum Ausdruck. Er soll die grundlegende *Argumentationsregel* darstellen, die konstitutiv für all

---

[18] Vgl. ebenda, S.73.
[19] Ebenda, s. 75f.
[20] Ebenda, S. 103.

jene Diskurse ist, die für sich in Anspruch nehmen, aus der *moralischen Perspektive* zu argumentieren. Welches Prinzip ein moralphilosophischer Ansatz auch immer vorschlägt, es kann nur dann als moralisches Prinzip gelten, wenn es sich im Sinne von (U) interpretieren läßt. Der Universalisierungsgrundsatz konstituiert also nach Habermas das *Gebiet der moralischen Argumentation*. Dabei ist zu beachten, daß eine Argumentationsregel *keine* moralische Norm ist, sondern zur *Begründung* moralischer Normen dient.

Betrachten wir den Universalisierungsgrundsatz (U) näher. Auffällig, obwohl in der Diskussion zu Habermas unbeachtet, ist der konzequenzialistische Charakter von (U): Voraussichtliche Folgen und Nebenwirkungen werden zum Kriterium erhoben.[21] Wir können den Grundsatz auch als *utilitär* charakterisieren, wenn wir, wie üblich, einen weiten Begriff des Nutzens unterstellen. Allerdings kann (U) nicht einfach *utilitaristisch* genannt werden, weil nicht irgendein allgemeiner Nutzen schlechthin als Kriterium fungiert, sondern ein Gerechtigkeitsprinzip eingebaut ist, indem auf die Akzeptanz einer Norm durch jeden Einzelnen Wert gelegt wird. Insofern könnten wir sagen, daß sich Habermas mit der Formulierung von (U) in die Tradition jener Ansätze stellt, die versuchen, utilitaristische und vertragstheoretische bzw. deontologische Aspekte der Moralphilosophie miteinander zu verbinden, ein Anspruch, den z. B. auch John Rawls mit seiner *Theorie der Gerechtigkeit* erhebt.[22]

---

[21] Daß die Rede von Konsequenzen in der Diskursethik nicht konsequenzialistisch sei, wird manchmal damit begründet, daß z. B. das Lügen nicht nur wegen seiner Konsequenzen, sondern bereits wegen seines Widerspruchs zu den sprachpragmatischen Voraussetzungen der Argumentation als unmoralisch zurückgewiesen werden könne. Wer aber so argumentiert, sagt, daß die Begründungsvoraussetzungen moralisch gehaltvoll sind, weshalb dann die Begründung zirkulär wäre. Habermas selbst betont daher, daß die sprachpragmatischen Voraussetzungen der Argumentation weder moralische Normen noch moralische Kriterien seien.

[22] Vgl. John Rawls: Eine Theorie der Gerechtigkeit. Übersetzt von Hermann Vetter. Frankfurt/M. 1979, Kapitel 1.

Nun mag es überraschen, daß es sich bei (U) um ein konzequenzialistisches Prinzip handelt, wenn doch Habermas seinen Universalisierungsgrundsatz als Interpretation der Grundidee von Kants kategorischen Imperativ versteht, letzterer aber kein konsequenzialistisches Prinzip ist. Habermas ist aber insofern im Recht, als der kategorische Imperativ tatsächlich die Bedingung von (U) erfüllt: Denn das, was als allgemeines Gesetz gewollt werden kann, kann auch von jedem einzelnen akzeptiert werden. Der kategorische Imperativ und der Universalisierungsgrundsatz (U) stehen nicht in einem Ableitungszusammenhang, sondern ihnen ist eine Idee gemeinsam, nämlich die, daß eine moralische Norm die Bedingung erfüllen muß, von einem jeden akzeptiert werden zu können. Das Kriterium der Akzeptanz ist aber jeweils ein anderes: Für Kant ist es die Form der Allgemeinheit des Wollens selbst, d. h. die Vermeidung eines Widerstreits im Wollen; für Habermas ist es die Verträglichkeit der Handlungsfolgen mit den Interessen eines jeden. Indem Habermas sein Kriterium konsequenzialistisch formuliert, setzt er es freilich all jenen Einwänden aus, die wir gegen den Konsequenzialismus anläßlich der Diskussion des Utilitarismus erhoben haben. Warum nimmt Habermas dies auf sich? Warum gibt er sich nicht mit dem kategorischen Imperativ zufrieden?

Sein Haupteinwand gegen Kant betrifft die monologische Durchführung der Prüfung von Handlungsregeln. Das monologische Verfahren führe zu perspektivischen Verzerrungen. Gerade im Konfliktfall könne die monologische Prüfung nicht die erforderliche Unparteilichkeit gewährleisten. Habermas schreibt daher:

>»Moralische Argumentationen dienen also der konsensuellen Beilegung von Handlungskonflikten. Konflikte im Bereich normengeleiteter Interaktion gehen unmittelbar auf ein gestörtes normatives Einverständnis zurück. Die Reparaturleistung kann mithin nur darin bestehen, einem zunächst strittigen und dann entproblematisierten, oder einem anderen, für diesen substituierten Geltungsanspruch intersubjektive Anerkennung zu sichern. Diese Art von Einverständnis

bringt einen *gemeinsamen Willen* zum Ausdruck. Wenn aber moralische Argumentationen ein Einverständnis dieser Art produzieren sollen, genügt es nicht, daß sich ein Einzelner überlegt, ob er einer Norm zustimmen könnte. Es genügt nicht einmal, daß alle Einzelnen, und zwar jeder für sich, diese Überlegung durchführen, um dann ihre Voten registrieren zu lassen. Erforderlich ist vielmehr eine ›reale‹ Argumentation, an der die Betroffenen kooperativ teilnehmen. Nur ein intersubjektiver Verständigungsprozeß kann zu einem Einverständnis führen, das reflexiver Natur ist: nur dann können die Beteiligten wissen, daß sie sich gemeinsam von etwas überzeugt haben.«[23]

Daß eine Norm nur dann gültig sei, wenn alle Betroffenen an einem realen Diskurs teilgenommen und Konsens erzielt haben, ist eine sehr starke und folgenreiche These. Wer ihr zustimmt bestreitet der Moralphilosophie das Beglaubigungsrecht für moralische Inhalte. Bezüglich möglicher Antworten auf die Fragen, was moralisch gut, was moralisch geboten oder verboten sei, verliert danach die Moralphilosophie ihren Status als Expertenkultur. In diesem Sinne schreibt Habermas:

»Grundnormen des Rechts und der Moral fallen überhaupt nicht in die Zuständigkeit der Moraltheorie; sie müssen als Inhalte betrachtet werden, die der Begründung in praktischen Diskursen bedürfen.«[24]

Der Moraltheoretiker ist bezüglich der moralischen Normen, der moralischen Inhalte, also kein Experte, sondern nur ein Teilnehmer am Diskurs wie die anderen Betroffenen auch.

Zugleich wird durch die Kopplung der Gültigkeit an reale Argumentationen der Betroffenen der *Universalismus relativiert.* Eine Norm kann nun überhaupt nicht mehr in ihrer Gültigkeit für alle Menschen begründet werden, sondern nur noch für alle Betroffenen, die als Diskursteilnehmer zugestimmt haben. *Die universelle Gültigkeit kann also nicht von den moralischen Normen, sondern nur vom Moralprinzip selbst beansprucht werden.*

---

[23] J. Habermas: Diskursethik. A. a. O., S. 77.
[24] Ebenda, S. 96.

Doch nicht nur die monologische Anwendung des Moralprinzips möchte Habermas ausschließen, sondern auch dessen volitative Interpretation. Gegen Ernst Tugendhat bestreitet Habermas, daß der argumentative Diskurs der Ermöglichung von Machtpartizipation, Interessenausgleich, autonomer Willensbildung und letztlich einem als Kompromiß zu verstehenden Konsens diene. Die volitative Interpretation ginge davon aus, »daß verallgemeinerungsfähige Interessen gar nicht im Spiel« seien und strebe einen Ausgleich partikularer Interessen an, während die kognitive Interpretation unterstelle, »daß die Betroffenen einsehen, was in ihrer aller gemeinsamen Interesse« liege.[25] Diese Unterstellung des kognivistischen Aspekts der Diskursethik birgt zwei Deutungsvarianten.

Entweder wird für jeden Diskurs, für jeden Kreis von Betroffenen vorausgesetzt, daß ein gemeinsames Interesse existiert, das sich zu erkennen gibt, wenn nur lange genug argumentiert oder, wie Habermas sagt, »rational motiviert« wird. Zwar ist in diesem Falle das gemeinsame Interesse je nach Anzahl, Zusammensetzung, historischer, sozialer und sonstiger Situation der Betroffenen ein jeweils anderes, aber es ist immer, sozusagen ontologisch, ein gemeinsames Interesse vorausgesetzt. Dies wäre offensichtlich eine unbegründete metaphysische Setzung.

Wenn aber diese Setzung vermieden wird, so muß angenommen werden, daß ein gemeinsames Interesse nur dann eingesehen werden kann, wenn es existiert – es muß aber nicht immer existieren. Das hieße, es gibt Diskurse, die nicht einmal die Möglichkeit auf konsensuelle Einigung besitzen.

Indem Habermas auf einsehbare gemeinsame Interessen, die *nicht* den Status eines Kompromisses haben, insistiert, gibt er also implizit zu, daß die Möglichkeit der erfolgreichen Anwendung des Universalisierungsgrundsatzes nicht allein eine Frage der Verfahrensrationalität ist, sondern nicht ohne mindestens eine ontologische Setzung gedacht werden kann. Wollten wir

---

[25] Vgl. ebenda, S. 82f.

aber annehmen, daß diese Möglichkeit nicht jeden Diskurs
apriori zugesprochen werden muß, dann erlitte die Universalität eine weitere Einbuße. Die Gültigkeit einer Norm wäre
dann nicht nur relativiert auf den Kreis der Betroffenen, der sie
begründet hat, sondern die Möglichkeit, Gültigkeit zu begründen, wäre relativiert auf jene Situationen und Gruppen, zu
deren ontischen Gegebenheiten ein gemeinsames Interesse
gehört. Für bestimmte Personenkreise in bestimmten Situationen wäre es dann unmöglich, sich an gültigen Moralnormen zu
orientieren, weil es für sie, in Ermangelung eines gemeinsamen
Interesses, keine geben kann. Fraglich bliebe dann auch, wie
das Nichtexistieren eines gemeinsamen Interesses festgestellt
und damit der Abbruch eines sinnlosen Diskurses »rational
motiviert« werden könnte. Die Deutungsvarianten des Kogni-
tivismus der Diskursethik laufen also auf die Alternativen hinaus, entweder ontologische Voraussetzungen zuzulassen oder
einen partiellen moralischen Agnostizismus in Kauf zu nehmen. Habermas geht von der ersten Alternative aus, ohne die
ontologische Setzung als solche zu thematisieren.

Mit dem Universalisierungsgrundsatz wurde bisher das Moralprinzip diskutiert, das die Möglichkeit wahrheitsanaloger
Gültigkeit von Normen begründen soll. Das diskursethische
Begründungsprogramm muß nun um Argumente ergänzt werden, die die Universalität des Moralprinzips selbst erweisen,
etwa um es gegen den Verdacht des Eurozentrismus zu verteidigen. Habermas wählt die transzendentalpragmatische Be-
gründungsstrategie, die sich des performativen Widerspruchs
als Kriterium bedient. Unter Berufung auf Karl Otto Apel
schreibt Habermas:

> »Apel erneuert den Modus der transzendentalen Begründung mit
> sprachpragmatischen Mitteln. Dabei benutzt er den Begriff des *per-
> formativen Widerspruchs*, der eintritt, wenn eine konstative Sprech-
> handlung ›Kp‹ auf nichtkontingenten Voraussetzungen beruht, deren
> propositionaler Gehalt der behaupteten Aussage ›p‹ widerspricht.«[26]

---

[26] Ebenda, S. 90.

Wenn ich also z. B. sage: »Ich existiere hier und jetzt nicht«,
dann kann eine unausweichliche Voraussetzung dieser Sprech-
handlung durch die Aussage »Ich existiere hier und jetzt« ausgedrückt werden, wobei sich das Personalpronomen in beiden
Sätzen auf ein und dieselbe Person bezieht. Die geäußerte Aussage steht im performativen Widerspruch zu der Aussage, die
eine notwendige Voraussetzung der Handlung des Sich-
Äußerns wiedergibt.

Habermas meint nun, das Moralprinzip, also der Universalisierungsgrundsatz, müsse dann für begründet gelten, wenn
gezeigt werden kann, daß Argumentation überhaupt auf notwendigen Voraussetzungen beruht, die durch solche Sätze ausgedrückt werden können, aus denen das Moralprinzip ableitbar
ist. Denn wenn das so ist, steht jede Argumentation gegen das
Moralprinzip im performativen Widerspruch zu den Voraussetzungen der Argumentation überhaupt.[27] Weil aber das Moralprinzip den Begriff der Gültigkeit expliziert, und weil dieser ein
normativer Begriff ist, muß das Moralprinzip selbst im logisch-
semantischen Sinne als normatives Gebilde und nicht als be-
hauptende Aussage verstanden werden. Um den naturalistischen Fehlschluß zu vermeiden, kann das Moralprinzip daher
nur von normativen Sätzen, nicht von Aussagen, impliziert werden. Sätze, die die Voraussetzungen der Argumentation überhaupt ausdrücken, müssen daher einen normativen Gehalt besitzen, sollen sie begründungsrelevant sein. Dies ist wohl die
Pointe der Diskursethik bzw. der transzendentalpragmatischen
Begründung: Es wird auf etwas Normatives rekurriert, auf normativ gehaltvolle Voraussetzungen.[28] Diese dürfen aber nicht
im moralischen Sinne normativ sein, weil die Begründung dann
zirkulär wäre.

Die sprachpragmatischen Voraussetzungen der Argumentation, die den normativen Gehalt bereitstellen sollen, sind ihrem
Status nach Regeln, die im Hinblick auf einen vorausgesetzten

---

[27] Vgl. ebenda, S. 92f.
[28] Vgl. ebenda, S. 95.

Zweck gelten. Denn solche Sätze wie:»Jeder Sprecher darf nur das behaupten, was er selbst glaubt«,»Jeder darf jede Behauptung in den Diskurs einführen«,»Jeder darf jede Behauptung problematisieren«,»Jedes sprach- und handlungsfähige Subjekt darf an Diskursen teilnehmen« usw.[29] müssen nur dann anerkannt werden, wenn sich das gemeinsame Bestreben darauf ausrichtet, argumentativ die Gültigkeit von Sätzen – in moralischen Diskursen: speziell von Normen – zu erweisen. Wer sich auf eine Argumentation einläßt, erkennt den Diskurs »als Wettbewerb eingerichtete kooperative Wahrheitssuche« an.[30] Wer argumentiert, kann daher die sprachpragmatischen Voraussetzungen der Argumentation nicht bestreiten, ohne in einen performativen Widerspruch zu geraten. Habermas schreibt:

>»Wenn es sich nun nicht nur um eine definitorische Auszeichnung einer Idealform der Kommunikation handeln soll, die in der Tat alles Weitere präjudizieren würde, muß gezeigt werden, werden, daß es sich bei den Diskursregeln nicht einfach um *Konventionen* handelt, sondern um unausweichliche Präsuppositionen.«[31]

In der Tat beschreiben die Diskursregeln den Idealfall einer argumentativen Sprechsituation. In realen Argumentationen wird oft gegen diese Regeln verstoßen: Teilnehmer sind nicht ganz aufrichtig, bedienen sich eristischer Überredungstechniken oder drohen mit ihrer Machtposition, um die Zustimmung der anderen zu bewirken. Dennoch kann die normative Verbindlichkeit der sprachpragmatischen Voraussetzungen für die Argumentation nicht bestritten werden: Niemand kann sagen, er habe jemand *argumentativ* von etwas überzeugt, wenn er ihn z. B. belogen oder bedroht hat. Argumentation schließt Täuschung und Gewalt aus; sie kennt nur den Zwang des besseren Arguments. Habermas spricht daher auch von der *kontrafaktischen* Geltung der Diskursregeln. Die sprachpragmatischen

---

[29] Ebenda, S. 99.
[30] Vgl. ebenda, S. 98.
[31] Ebenda, S. 99f.

Präsuppositionen der Argumentation können also nicht argumentativ bestritten werden. Sie sind nicht in derselben Weise disponibel wie Konventionen. Die normative Geltung der Diskursregeln ist damit für alle Argumentationen gesichert. Weil aus den Diskursregeln der Universalisierungsgrundsatz (U) abgeleitet werden kann, ist also auch seine normative Geltung begründet. Habermas faßt die Begründungsschritte noch einmal zusammen, wenn er schreibt:

> »Die programmatisch vorgestellte Begründung der Diskursethik verlangt ja
> (1) die Angabe eines als Argumentationsregel fungierenden Verallgemeinerungsprinzips;
> (2) die Identifikation von unausweichlichen und normativ gehaltvollen pragmatischen Voraussetzungen der Argumentation überhaupt;
> (3) die explizite Darstellung dieses normativen Gehaltes, z. B. in der Form von Diskursregeln; und
> (4) den Nachweis, daß zwischen (3) und (1) in Verbindung mit der Idee der Rechtfertigung von Normen ein Verhältnis der materialen Implikation besteht.«[32]

Die Begründung besagt also: Wer den Universalisierungsgrundsatz (U) argumentativ bestreitet, muß aufgrund der materialen Implikation zwischen den Diskursregeln und dem Universalisierungsgrundsatz (U) zugleich die Diskursregeln bestreitet, die er aber, indem er argumentiert, in ihrer normativen Geltung in Anspruch nimmt. Er verstrickt sich also in einen performativen Widerspruch. Mit dieser Begründung befindet sich Habermas wohl auf sicheren Boden. Die Probleme der Diskursethik liegen, wie teilweise schon gezeigt, an anderer Stelle.

Habermas, im Unterschied zu Apel, möchte diese Begründung nicht als Letztbegründung verstanden wissen. Er schreibt:

---

[32] Ebenda, S. 106f.

»Gewiß, das intuitive Regelwissen, das sprach- und handlungsfähige Subjekte verwenden müssen, um an Argumentationen überhaupt teilnehmen zu können, ist in gewisser Weise nicht fallibel – wohl aber unsere Rekonstruktion dieses vortheoretischen Wissen und der Universalitätsanspruch, den wir damit verbinden. Die *Gewißheit*, mit der wir unser Regelwissen praktizieren, überträgt sich nicht auf die *Wahrheit* von Rekonstruktionsvorschlägen für hypothetisch allgemeine Präsuppositionen; denn diese können wir auf keine andere Weise zur Diskussion stellen als beispielsweise ein Logiker oder ein Linguist seine theoretischen Beschreibungen. Freilich entsteht auch gar kein Schaden, wenn wir der transzendentalpragmatischen Begründung den Charakter einer Letztbegründung absprechen. Vielmehr fügt sich dann die Diskursethik ein in den Kreis jener rekonstruktiven Wissenschaften, die es mit den rationalen Grundlagen von Erkennen, Sprechen und Handeln zu tun haben.«[33]

Mit der Preisgabe des Anspruches auf Letztbegründung möchte Habermas sein Denken offensichtlich als *nachmetaphysisches* stilisieren. Deshalb redet er oft lieber von Universal- statt von Transzendentalpragmatik. Dennoch ist diese Zurückweisung problematisch: Habermas sprich bezüglich der Präsuppositionen der Argumentation von einem »intuitiven Regelwissen«, welches nicht fallibel sei. Dies ist eine merkwürdige Verwendung des Wortes *Wissen*. Wenn wir etwas wissen, haben wir etwas erkannt. Beim Erkennen können wir uns aber irren. Habermas muß aber zugeben, daß das sogenannte »intuitive Regelwissen« nicht fallibel ist. Wenn wir uns nämlich bezüglich dieser Präsuppositionen irren könnten, könnten wir uns in der Frage irren, ob wir argumentieren oder nicht argumentieren: Wir könnten uns nicht sicher sein, ob wir das Wort *argumentieren* richtig verwenden. Dessen richtige Verwendung müssen wir aber voraussetzen, wenn wir jemand, der vorgibt zu argumentieren, performative Widersprüche nachweisen wollen. Was wir also in der Auseinandersetzung mit dem Kritiker des Universalisierungsgrundsatzes in Anspruch nehmen, ist nicht die Wahrheit einer prinzipiell falliblen Rekonstruktion, sondern die Ge-

---

[33] Ebenda, S. 107.

wißheit in der Frage, was es heißt, zu argumentieren. In dieser Gewißheit den letzten Angelpunkt der Begründung zu sehen, bedeutet nicht, wie Habermas gegen Apel einwendet, Denkfiguren der Bewußtseinphilosophie zu bemühen. Ganz im Gegenteil: Es handelt sich um eine solche Gewißheit, die, wie Wittgenstein sagen würde, zu einem Sprachspiel, hier dem Sprachspiel der Argumentation, gehört. In diesem Sinn kann also von einer Letztbegründung gesprochen werden, der freilich nichts metaphysisches mehr eignet.

Das Moralprinzips ist bis jetzt für jene begründet, die sich auf die argumentative Praxis einlassen, d. h., es ist im Hinblick auf den Zweck der gewaltfreien, kooperativen Wahrheits- bzw. Richtigkeitssuche begründet. Zwecke setzen wir uns selbst. Es scheint also, als könnte jemand der Begründung seine Zustimmung verweigern, indem er sich den fraglichen Zweck nicht setzt, sich also der argumentativen Praxis verweigert. Habermas schildert diesen Fall so:

»Ein Skeptiker, der voraussieht, daß er bei performativen Widersprüchen ertappt werden soll, wird das Spiel der Überlistung von vornherein ablehnen – und jede Argumentation verweigern. Der *konsequente Skeptiker* entzieht dem Transzendentalpragmatiker den Boden für seine Argumente. [...] Mit einem Schlage verändert sich die Diskurslage: der Kognitivist, wenn er in seinen Überlegungen fortfährt, wird nur noch *über* der Skeptiker sprechen können, nicht mehr *mit* ihm. Normalerweise wird er kapitulieren und gestehen, daß gegen den Skeptiker in der Rolle des Aussteigers kein Kraut gewachsen ist; er wird sagen, daß Argumentationsbereitschaft, überhaupt die Bereitschaft, sich über sein Handeln Rechenschaft zu geben, in der Tat vorausgesetzt werden muß, wenn das Thema, mit dem es die Moraltheorie zu tun hat, nicht witzlos werden soll. Es bliebe ein dezisionistischer Rest, der sich argumentativ nicht wegarbeiten ließe – das volitive Moment komme an dieser Stelle zu seinem Recht.«[34]

Habermas aber möchte sich mit diesem Ergebnis nicht zufrieden geben. Weil wir in einer kommunikativen Lebenswelt so-

---

[34] Ebenda, S. 109.

zialisiert sind, sagt er, wäre die strikte Diskursverweigerung nur durch die Flucht in den Selbstmord oder in eine schwere Geisteskrankheit möglich. Insofern wir überhaupt am Leben bleiben, sei ein Aussteigen aus dem kommunikativen Handeln nicht einmal fiktiv vorstellbar.[35] Habermas schreibt daher:

> »Mit dem ›Zweck‹ von Argumentation überhaupt können wir nicht so arbiträr verfahren wie mit kontingenten Handlungszwecken; dieser Zweck ist mit der intersubjektiven Lebensform sprach- und handlungsfähiger Subjekte so verwoben, daß wir ihn aus freien Stücken weder setzen noch umgehen können.«[36]

Mit seiner Behauptung, daß wir den »Zweck von Argumentation« nicht frei setzen können, geht Habermas über das transzendentalpragmatische Begründungsprogramm hinaus. Transzendentale Analysen zielen immer auf die Bedingungen der Möglichkeit einer Praxis. In diesem Sinne wird durch die Explikation ihrer sprachpragmatischen Präsuppositionen die Praxis der Argumentation aufgeklärt. Jetzt aber wird behauptet, daß diese Praxis für uns Menschen als soziale Wesen unumgänglich sei, was eine *anthropologische These* darstellt.

Unbestreitbar ist zunächst, daß unsere intersubjektive Lebensform sprachlich vermittelt ist und sich über die Verbalsprache hinaus wesentlich sprachförmig gestaltet. Kommunikatives, verständigungsorientiertes Handeln ist gewiß ein unverzichtbarer Bestandteil dieser Lebensform. Insofern können wir Habermas zustimmen, wenn er schreibt:

> »Die Möglichkeit, zwischen kommunikativem und strategischen Handeln zu *wählen*, ist abstrakt, weil sie nur aus der zufälligen Perspektive des einzelnen Aktor gegeben ist.«[37]

Aber, so können wir fragen, muß jedes kommunikative Handeln auch notwendigerweise argumentativ sein? Sicher ist jeder Mensch im Verlaufe seiner Sozialisation und um seines

---

[35] Ebenda, S. 110.
[36] Ebenda, S. 104f.
[37] Ebenda, S. 111.

psychischen Wohlbefindens willen darauf angewiesen, zu kommunizieren und zumindest mit einigen Menschen ein Einverständnis zu erzielen. Aber muß dies unbedingt auf argumentativen Wege geschehen? Ist die Bedeutsamkeit der Argumentation in modernen Gesellschaften nicht eher der Verwissenschaftlichung dieser Lebenswelten geschuldet? Habermas möchte durch seine anthropologischen Thesen den Appell an die Argumentationsbereitschaft vermeiden. Aber anthropologisch läßt sich wohl nur unsere Fähigkeit zur Argumentation belegen. Auch Habermas muß zumindest zugeben, daß wir über die Teilnahme an Argumentationen von Fall zu Fall entscheiden können.

Gegen den Diskursverweigerer bleibt wohl doch nur die Frage, warum er sich der moralischen Konfliktbewältigung verschließen möchte, wenn sie doch möglich ist. Mit dieser Frage wird die Beweislast dem Skeptiker aufgebürdet. Der Umstand, daß dieser keine argumentative Antwort mehr geben kann, ohne sich in performative Widersprüche zu verwickeln, zeigt bereits, daß seine Verweigerung nicht vernünftig ist. Würde sich Habermas mit diesem Ergebnis zufrieden geben, könnte eine Parallele zu Kant gezogen werden: Wie dieser durch eine transzendentallogische Analyse der praktischen Vernunft zu zeigen versucht, daß unmoralisches Handeln unvernünftig ist, versucht es Habermas durch eine transzendentalpragmatische Analyse zu zeigen. Letztlich müssen beide an die Bereitschaft, die Vernunft auch im Praktischen zu gebrauchen, appellieren. Kant sieht es im Hinblick auf den Menschen als notwendig an, daß das Moralprinzip die Form eines Imperativs annehmen muß, denn wir sind nicht notwendigerweise moralisch, das heißt: nicht notwendigerweise praktisch-vernünftig.

Habermas kann also sein Moralprinzip, den Universalisierungsgrundsatz (U), transzendentalpragmatisch begründen. Aus diesem Prinzip und seiner Begründung ergibt sich der diskursethische Grundsatz (D). Habermas schreibt:

> »Ist nun aber gezeigt, wie der Universalisierungsgrundsatz auf dem Wege der transzendentalpragmatischen Ableitung aus Argumentationsvoraussetzungen begründet werden kann, kann *die Diskursethik selbst* auf den sparsamen Grundsatz ›D‹ gebracht werden,
> – daß nur die Normen Geltung beanspruchen dürfen, die die Zustimmung aller Betroffenen als Teilnehmer eines praktischen Diskurses finden (oder finden könnten).«[38]

Habermas nennt seine Moralphilosophie *Diskursethik*, obwohl er den ethischen Aspekt als die egozentrische Perspektive auf das gute Leben vom moralischen Aspekt unterscheidet. Diese Benennung ist dennoch nicht abwegig, denn im Diskurs dürfen natürlich auch pragmatische und ethische Fragen zur Sprache kommen (vgl. Abbildung 12, die Habermas in dieser Hinsicht mit Aristoteles und Kant vergleicht). Sie erfahren aber im Diskurs ihre moralische Limitierung und Normierung. Habermas schreibt:

> »In seiner Offenheit ist der Diskurs gerade darauf angewiesen, daß die kontingenten Inhalte in ihn ›eingegeben‹ werden. Freilich werden diese Inhalte im Diskurs so bearbeitet, daß partikulare Wertgesichtspunkte als nicht konsensfähig am Ende herausfallen [...]: der Universalisierungsgrundsatz funktioniert wie ein Messer, das einen Schnitt legt zwischen ›das Gute‹ und ›das Gerechte‹, zwischen evaluative und streng normative Aussagen.«[39]

---

[38] Ebenda, S. 103.
[39] Ebenda, S. 113.

Aristoteles	techné	phrónesis	
	↓	↓	
	Technik/Kunst	Einsicht in das gute und gerechte Leben in der Gemeinschaft	
	↓	↓	
	Werke (je *ein* Gut)	Eudaimonia (*das* Gute; Tugenden, einschließlich Gerechtigkeit)	
Kant	Geschicklichkeit	Klugheit	Moral
	↓	↓	↓
	technische Regeln	Maximen und Ratschläge zur eigenen Glückseligkeit	kategorischer Imperativ (Moralprinzip)
	↘	↙ ↘	↓
	pragmatisches Handeln		moralisches Handeln (konkrete Pflichten)
Habermas	pragmatischer Aspekt	ethischer Aspekt	moralischer Aspekt
	↓	↓	↓
	Zweck-rationalität	Ich-Identität und Ich-Ideal im Hinblick auf das eigene Leben (das jeweils Gute)	das Gerechte (Grundsatz der Universalisierung; diskursethischer Grundsatz)
	↘	↙ ↘	↓
	erfolgsorientiertes bzw. strategisches Handeln		kommunikatives, verständigungs-orientiertes Handeln (moralische Normen)

Abbildung 12: Praktische Vernunft bei Aristoteles, Kant und Habermas

Versuchen wir abschließend kritisch einzuschätzen, was mit der Diskursethik erreicht wird. Zunächst einmal kann der Diskursethiker als solcher keine moralischen Normen begründen. Er begründet nur das Verfahren der Normenbegründung. Dieses Verfahren ist der herrschaftsfreie Diskurs, in dem nur der Zwang des besseren Arguments zählt und der nur mit dem Konsens aller Betroffenen sein Ziel erreicht. Im Vergleich mit Kant könnten wir sagen: Für Kant ist jeder in moralischen Fragen ein Experte, weil er sich monologisch seiner Vernunft auch im Praktischen bedienen kann; für Habermas ist niemand in moralischen Fragen ein Experte, weil nur der argumentativ erzielte Konsens aller Betroffenen moralische Richtigkeit garantiert. Im Hinblick auf Kant könnten wir fragen, ob wirklich jeder im Gebrauch der praktischen Vernunft so kompetent ist, wie Kant gerne glauben möchte. Diese Frage stellt sich für die Diskursethik hinsichtlich der Argumentationsfähigkeit der Betroffenen. Aber es kommen nun weitere Schwierigkeiten hinzu: Gibt es überhaupt herrschaftsfreie Diskurse? Wohl eher selten. Und wenn es sie jetzt nicht, aber später einmal geben sollte: Haben wir bis dahin keine richtigen moralischen Normen? Kann wirklich in jedem Konfliktfall ein Diskurs einberufen werden? Könnten wir uns nicht Situationen vorstellen, in denen die Einberufung eines Diskurses bereits eine moralische Entscheidung vorwegnimmt? Ist es wirklich immer möglich, daß alle Betroffenen am Diskurs teilnehmen, ja daß überhaupt alle Betroffenen bekannt sind? Diese Fragen betreffen die Schwierigkeiten der Durchführung des geforderten Diskurses. Aber auch der Diskurs selbst ist nicht unproblematisch: Wenn im Diskurs der Zwang des besseren Arguments zählen soll, bedarf es dann nicht der Kriterien zur Beurteilung von Argumenten? Und wenn es solches Kriterien gibt, wären dann nicht sie die eigentlichen Moralprinzipien? Denn der Universalisierungsgrundsatz (U) beschreibt doch nur den Endpunkt des erfolgreichen Diskurses, den Konsens. Als Argumentationsregel kann (U) daher nur negativ fungieren, kann nur besagen, daß der Diskurs nicht abgeschlossen werden kann, solange noch kein rational motivierter Konsens aller zielt worden ist.

Als Individualethik bleibt die Diskursethik also problematisch. Habermas selbst schreibt:

>»Die moralischen Alltagsintuitionen bedürfen der Aufklärung des Philosophen nicht.«[40]

Die Leistungsfähigkeit der Diskursethik beschreibt Habermas dagegen so:

>»Anders verhält es sich mit der politischen Relevanz einer Diskursethik, soweit sie die moralischpraktischen Grundlagen des Rechtssystem, überhaupt die politische Entgrenzung des Privatbereichs der Moral betrifft. In dieser Hinsicht, nämlich für die Anleitung einer emanzipatorischen Praxis, kann die Diskursethik handlungsorientierende Bedeutung gewinnen. Dies freilich nicht als Ethik, also unmittelbar präskriptiv, sondern nur auf dem indirekten Weg über eine für Situationsdeutungen fruchtbar gemachte kritische Gesellschaftstheorie, in die sie eingebaut wird – beispielsweise zum Zweck der Differenzierung zwischen besonderen und verallgemeinerbaren Interessen.«[41]

In diese Richtung hat Habermas seinen Ansatz ausgebaut, was aber außerhalb unseres moralphilosophischen Interesses liegt. Es mag verwundern, daß die Diskursethik als Moralphilosophie letztlich scheitert, obwohl kaum ein anderes Moralprinzip so gut begründet ist, wie der Universalisierungsgrundsatz (U). Die Probleme ergeben sich aber insbesondere aus dem diskursethischen Grundsatz (D). Zum einen liegt es wohl daran, daß die tatsächliche Durchführung argumentativer Diskurse gefordert wird, womit, wie angedeutet, große Schwierigkeiten verbunden sind. Zum anderen aber könnte es sich beim Universalisierungsgrundsatz (U) um ein *Metaprinzip für Moralprinzipien* handeln: Wenn wir uns nämlich vorstellen, daß alle Menschen ein und dasselbe bestimmte Moralprinzip – welches

---

[40] Ebenda, S. 108.
[41] Ebenda, S. 124/Anm. 79.

auch immer – einhalten, dann müßten sie, insofern es auf ihr Handeln ankommt, in einer Welt leben, von der sie sagen können, daß die Konsequenzen der allgemeinen Befolgung des jeweiligen Moralprinzips von jedem einzelnen zwanglos akzeptiert werden können. Der Sinn des Universalisierungsgrundsatzes könnte also darin bestehen, daß er einen Test für Moralprinzipien darstellt. Die Diskussion des Utilitarismus hat gezeigt, daß Moralprinzipien vorgeschlagen werden, die diesen Test nicht bestehen würden.

Angewandte Ethik

9. Angewandte Ethik.
Zum Verhältnis von Moralphilosophie und verantwortungsethischer Politik

Angewandte Ethik – dieses Wort ist heute in aller Munde: Es werden Ethik-Kommissionen und Ethik-Räte gebildet, und die Angewandte Ethik ist zu einem der Lieblingsthemen des Feuilletons avanciert. Wenn Philosophie in der breiten Öffentlichkeit überhaupt Beachtung finden möchte, dann scheint sie im Gewand der Angewandten Ethik auftreten zu müssen. Aber was ist das überhaupt: Angewandte Ethik?

Eine moderne Moralphilosophie, so haben wir gesagt, begründet ein Moralprinzip oder Moralkriterien, mit deren Hilfe dann Handlungen oder Handlungsregeln beurteilt und gerechtfertigt werden. Die Frage nach der Anwendung müßte in einem solchen Kontext beantwortet werden, indem das Verfahren der Prüfung expliziert und erläutert wird. Um Anwendungsprobleme zu lösen, müßte versucht werden, das Prüfverfahren unter operationalen Gesichtspunkten zu entwickeln, damit es in einer Weise gehandhabt werden kann, die Fehler bei der Prüfung von Handlungen oder Handlungsregeln möglichst ausschließt.

Verstehen wir das Anwendungsproblem als Aufgabe der Operationalisierung des Prüfverfahrens, dann können wir sagen, daß Anwendungsfragen zur Systematik der Moralphilosophie gehören: Die Darstellung der Anwendung von Kriterien ist nur ein Teil, ein Schritt, bei der Explikation des Gesamtkonzepts. Anwendungsprobleme dieser Art wollen wir *systematische* nennen.

Beziehen wir dieses Verständnis auf Strebensethiken vom Typ der aristotelischen, dann ergibt sich auch kein besonderes

Problem. Die Thematisierung der Anwendung würde dann bedeuten, darüber nachzudenken, wie die Charakterbildung so gelenkt, gefördert und beraten werden kann, daß Menschen jene Tugenden ausbilden, die das Gesamtkonzept vorsieht. Das systematische Anwendungsproblem würde gelöst, indem Methoden der Erziehung und der Selbsterziehung dargestellt werden. Der Rest ist Übung, Gewohnheit.

Nach diesem Verständnis des Anwendungsproblems muß uns die Rede von einer Angewandten Ethik quasi tautologisch erscheinen: Eine jede Ethik ist auf Anwendung hin entworfen, weshalb ihr Gesamtkonzept ohnehin nur dann als vollständig gelten kann, wenn die entsprechenden Verfahren expliziert und möglichst weitgehend operationalisiert sind.

Allerdings könnte, zumindest im Hinblick auf moderne Sollensethiken, die wir im folgenden ausschließlich betrachten wollen, das Anwendungsproblem auch in einer anderen Form auftreten. Anwendung als Durchführung eines Prüfverfahrens setzt nämlich voraus, daß Klarheit über den Gegenstand der Prüfung besteht. Diese Voraussetzung ist aber nicht trivial: Der Gegenstand der Prüfung kann durchaus strittig sein. Eine Variante dieses Problems begegnete uns bereits bei der Diskussion des Handlungs- und des Regelutilitarismus. Die Frage war dort, wie konkret eine Beschreibung sein muß bzw. sein darf, damit sie als Darstellung einer einzelnen Handlung bzw. einer Handlungsregel gelten kann. Dieses Problem spitzt sich noch weiter zu, wenn die Handlungsweise – gleichgültig ob als Regel oder Einzelhandlung – selbst umstritten ist. Ein klassisches Beispiel ist die Notlüge zugunsten Dritter: Wie soll der Fall beschrieben werden? Muß geprüft werden, ob Lügen verboten, Helfen geboten oder Lügen um zu helfen gar freigestellt ist? Es könnte also sein, daß ein und dasselbe Kriterium und die jeweils korrekte Durchführung des Prüfverfahrens zu unterschiedlichen Bewertungen führen, je nachdem, wie der Gegenstand der Prüfung beschrieben wird.

In den Debatten der Angewandten Ethik wird dieses Problem durchaus gesehen. So schreibt Marcus Düwell:

»Eine genaue Beschreibung der einschlägigen Handlungssituation, um zu erfassen, auf welcher Ebene moralische Probleme angesiedelt sein können, ist stets notwendig. Mögliche Ebenen sind etwa die (divergierende) Wahrnehmung von Handlungssituationen (z. B. aus der Perspektive von Wissenschaftlern der verschiedenen Disziplinen oder betroffenen ›Laien‹), die Bestimmung von Handlungsalternativen oder die Bestimmung von möglichen Mitteln zur Erreichung von Zielen.«[1]

Anwendungsprobleme dieser Art betreffen also das Handlungsverstehen und die Deutung der Situation. Wir wollen daher von *hermeneutischen* Anwendungsproblemen reden. Traditionell werden sie an die sogenannte *Urteilskraft* delegiert. Aber diese könnte angesichts der heutigen Komplexität der zur Beurteilung anstehenden Handlungsweisen überfordert sein. Die folgenden Ausführungen von Marcus Düwell zur In-vitro-Fertilisation können dies verdeutlichen:

»Eine moralische Beurteilung der In-vitro-Fertilisation (IVF) mit anschließendem Embryonentransfer (ET) ist unzureichend, wenn lediglich gefragt wird, ob die ›Künstlichkeit‹ der Befruchtung diese moralisch bedenklich erscheinen läßt. Eine komplexe moralische Beurteilung müßte das Spektrum der thematisierten Aspekte erweitern. Polemisch formuliert: Soll eine Technik mit einer Erfolgsrate von maximal 10-20%, die häufig bedeutende psychische Belastungen für die behandelten Frauen mit sich bringt, möglicherweise suchtähnliche Wirkungen hat und zu ihrer technischen Weiterentwicklung auf Embryonenforschung angewiesen ist, Paaren anempfohlen werden? [...] So ist unstrittig, daß eine Erhöhung der Erfolgsrate der In-vitro-Fertilisation nur durch Forschung an menschlichen Embryonen möglich ist. Daraus kann nun versucht werden, eine moralische Legitimation der Embryonenforschung herzuleiten. Eine solche Argumentation würde die Existenz der Fortpflanzungstechniken und ihrer ungelösten Probleme zur Legitimation eines anderen Forschungsgebietes nutzen. [...] Von besonderer Relevanz sind die Ver-

---

[1] Marcus Düwell: Die Bedeutung ethischer Diskurse in einer wertepluralen Welt. In: Matthias Kettner (Hg.): Angewandte Ethik als Politikum. Frankfurt/M. 2000, S. 82.

bindungslinien der IVF zur genetischen Diagnostik. Die *genetische Präimplantationsdiagnostik* (PID) wird derzeit bereits in England, Dänemark und anderen Ländern praktiziert. Die Möglichkeit, nach der Befruchtung im Reagenzglas eine genetische Diagnostik durchzuführen, um dann darüber zu entscheiden, ob ein Embryonentransfer erfolgen soll oder nicht, kann einerseits die Möglichkeiten genetischer Selektion erheblich erhöhen, andererseits jedoch die Indikationen für den Zugang zur IVF entscheidend verändern. Nicht allein die Infertilität, sondern die Befürchtung genetischer Aberrationen begründet dann die Inanspruchnahme von IVF/ET.«[2]

Wir müssen heute offensichtlich Handlungen beurteilen, die derart in einen technologischen, wissenschaftlichen und letztlich auch ökonomischen Komplex integriert sind, daß es immer schwieriger wird, sich der Tragweite der Bejahung oder Verneinung solcher Handlungen bewußt zu werden. Das Handlungsverstehen ist ohne Expertenwissen nicht mehr zu leisten. Die bloße Urteilskraft reicht nicht mehr aus.

Die hermeneutischen Anwendungsprobleme bleiben daher nicht ohne Auswirkung auf die systematischen: Denn zumindest ein *monologisches* Prüfverfahren muß anhand konkreter Beispiele dargestellt werden, wobei der hermeneutische Aspekt bereits in Anspruch zu nehmen ist. Will sich der Moralphilosoph nicht auf simple und daher wenig überzeugende Beispiele beschränken, muß er entweder selbst über das entsprechende Expertenwissen verfügen oder zugeben, daß die Explikation des Prüfverfahrens nur in interdisziplinären Arbeitsgruppen zu leisten ist. Insofern haben Ethik-Kommissionen und Ethik-Räte auch ihre Berechtigung als methodische Instrumentarien der Moralphilosophie selbst.

Auch durch die hermeneutischen Anwendungsprobleme erhält die Angewandte Ethik noch nicht zwingend den Status einer eigenständigen Disziplin. Immerhin ist es hier aber bereits denkbar, daß unter den Moralphilosophen eine gewisse Spezialisierung hinsichtlich des Handlungsverstehens und,

---

[2] Ebenda, S. 83ff.

noch konkreter, im Hinblick auf das Handlungsverstehen im Kontext spezieller Technologien oder Handlungssphären, z. B. der Wirtschaft oder der Technik, auftreten kann. Allerdings können diese Spezialisierungen, trotz der geforderten Interdisziplinarität, als solche noch innerhalb der Moralphilosophie verstanden werden.

Die hermeneutischen führen uns zu einer weiteren Art von Anwendungsproblemen. Denn die divergierenden Handlungs- und Situationsdeutungen hängen nicht nur vom Grad der Einsicht in die technologische, wissenschaftliche und wirtschaftliche Komplexität ab. So schreibt Marcus Düwell:

> »In zahlreichen Fällen beruhen Divergenzen auf unterschiedlicher Wahrnehmung objektiver Tatsachen und auf unterschiedlichen Konzepten vom Menschen, von der Natur und der Welt.«[3]

Konzepte vom Menschen, von der Natur und von der Welt – zusammengefaßt können wir von *Weltanschauungen* reden – beinhalten aber bereits selbst im gewissen Sinne *Wertungen*. Diese weltanschaulichen *Einstellungen* können moralische Handlungsbeurteilungen präjudizieren: So kann es einen großen Unterschied ausmachen, ob die Vernutzung von Embryonen zu Forschungszwecken als Tötung von Menschen verstanden wird oder nicht, weil Embryonen nicht als Menschen angesehen werden. Die Wissenschaft kann diese Frage nicht entscheiden. Sie kann uns zwar sagen, welche Eigenschaften menschliches Leben in den verschiedenen Stadien seiner Entwicklung aufweist. Aber welches Stadium wir als hinreichend *anerkennen*, um von Menschen, die ein Anrecht auf moralischen Schutz haben, zu sprechen, bleibt abhängig von der weltanschaulichen Einstellung.

Auch die Moralphilosophie stößt hier an ihre Grenzen: Denn in einer wertepluralen Gesellschaft, die u. a. Religionsfreiheit verfassungsmäßig garantiert, kann nicht eine bestimmte Weltanschauung zur verbindlichen erklärt werden. Die Diskursethik

---

[3] Ebenda, S. 82.

kann zwar davon ausgehen, daß auch weltanschauliche Fragen im Diskurs zur Sprache kommen, aber nicht davon, daß der Zwang des besseren Arguments diese konsensfähig beantwortet: Einstellungen können zwar durch Argumente beeinflußt, aber nicht zwingend verändert werden, denn es hängt auch von den Einstellungen ab, was als besseres Argument gilt.

Die weltanschaulichen Anwendungsprobleme decken Voraussetzungen ›im Rücken‹ moralphilosophischer Konzeptionen auf: Es wird deutlich, daß bereits in die Darstellung des Prüfverfahrens anhand von Beispielen weltanschauliche Einstellungen eingehen, welche die Beschreibung der zu bewertenden Handlungsweise mitbestimmen. Diese Einstellungen werden um so bedeutsamer, je mehr die Komplexität unserer Technologien den Menschen und die Natur insgesamt zu Gegenständen der technischen Veränderung werden läßt. Letztlich muß daraus der Schluß gezogen werden, daß moralische Bewertungen und schließlich politische Entscheidungen sowie rechtliche Regelungen aus weltanschaulichen Gründen nicht von einem universellen Konsens getragen werden: Solange eine Pluralität der weltanschaulichen Einstellungen besteht, werden die Menschen zu divergierenden Bewertungen gelangen. Die Technik hat zu allen Zeiten das Leben der Menschen mitbestimmt. Aber auf einem früheren Stand ihrer Entwicklung war sie nicht unbedingt ein Grund, der das Nebeneinander der weltanschaulichen Gruppen hätte beeinträchtigen müssen. Die heutigen Technologien dagegen, insbesondere die sogenannten *life sciences*, die Lebenswissenschaften, werden den Alltag in einer Weise bestimmen, daß jene, die diese Handlungsoptionen aus weltanschaulichen Gründen ablehnen, mit immensen gesellschaftlichen Druck rechnen müssen. Weltanschaulicher Fundamentalismus ist eine der möglichen Folgen – und zwar bei allen Beteiligten.

Auf der Ebene der weltanschaulichen Anwendungsprobleme können wir Angewandte Ethik nicht mehr adäquat als Teil der Moralphilosophie verstehen, was natürlich nicht heißt, daß ethische Argumentationen irrelevant sein müßten und nicht genutzt werden könnten. Aber Angewandte Ethik müssen wir jetzt primär als einen gesellschaftlichen Diskurs auffassen, der das Ziel verfolgt, Kompromisse zu finden, mit denen die verschiedenen weltanschaulichen Gruppen leben können. In Sachen der moralischen Beurteilung kann damit nicht mehr die ›reine Lehre‹ zur Anwendung kommen: Welches Moralprinzip oder Kriterium wir auch immer in Anschlag bringen mögen, letztlich müssen Kompromisse ausgehandelt werden, um die gesellschaftliche Integration der verschiedenen weltanschaulichen Gruppen leisten zu können.

Offensichtlich ist mit den weltanschaulichen Anwendungsproblemen bereits die Ebene des Politischen erreicht: Angewandte Ethik zeigt sich als eine Form des politischen Diskurses. In Weltanschauungsfragen muß dieser Diskurs versuchen, eine Schnittmenge normativer Verbindlichkeiten der verschiedenen Weltanschauungsgruppen zu gewinnen. Die Rede von Menschenrechten können wir als einen Versuch in diese Richtung verstehen. Die Diskussion ist hier keineswegs abgeschlossen. Insbesondere interkulturelle Debatten über Menschenrechte können durchaus dazu führen, daß sich deren Katalog verändert: Auch Menschenrechte verdanken ihre Gültigkeit der Anerkennung durch Menschen, die ihre Vernunft praktisch gebrauchen, und nicht einem Objektivitätsbegriff empirischer Wissenschaft.

Zu dem Ergebnis, Angewandte Ethik als Form des politischen Diskurses zu verstehen, führt auch eine Überlegung anderer Art. Moralphilosophische Prinzipien oder Kriterien mögen gut begründet sein. Aber selbst wenn wir eine solche Begründung akzeptieren und prinzipiell bereit wären unserer Handeln entsprechend auszurichten, werden wir uns im Leben doch oft zu Abweichungen und Kompromissen entschließen. Warum ist das so? Warum empfinden wir moralische Normierungen oder gar schon die Durchführung ethischer Prüfverfahren als unerfüllbare Zumutung? Uns sollen vor allem die Gründe interessieren, welche nicht auf individuelle Willens-

schwäche oder Charakterfehler zurückzuführen sind. Und in
der Tat lassen sich hier strukturelle Gründe angeben.
Die Grenzen des pragmatischen Handelns haben wir uns anhand des Gefangenendilemmas verdeutlicht. Die ethischen Ansätze können nun zwar Handlungsweisen begründen, die in
dieser Situation zu einer Lösung führen, mit welcher alle ein-
verstanden sein können. Aber damit sind derartige Dilemmata
in realen Situationen nicht aufgehoben. Dies wäre nur dann der
Fall, wenn alle Beteiligten tatsächlich moralisch handeln würden. Aber dies dürfen wir realistischer Weise wohl kaum erwarten. Wer also, wenn wir beim Gefangenendilemma bleiben,
aus moralischen Gründen kooperiert, bewahrt zwar seine
Selbstachtung als moralische Person, kann aber in der Sache
der Dumme sein. Zwar kann das Handeln des anderen, sein
Defektieren, aus ethischer Perspektive als zynisch gebrand-
markt werden, aber letztlich wird dies für den Gutwilligen nur
ein schwacher Trost sein: Denn wer möchte auf Dauer immer
bloß der *moralische* Sieger sein?
Daß das eigene moralische Handeln von anderen ausgenutzt
werden kann, ist aber nur ein Teil der strukturellen Begründung
für unsere moralische Kompromißbereitschaft, um nicht gar zu
sagen: für unsere Unmoral. Vollständig wird die Begründung
erst, wenn wir unsere eigenen Abweichungen nicht nur als Reaktion auf die individuelle Schlechtigkeit der anderen oder als
Ausdruck eigener individueller Unzulänglichkeiten deuten.
Dazu müssen wir einsehen, daß die Dilemmasituationen sich
mit *Notwendigkeit* aus unseren *gesellschaftlichen Lebensverhältnissen* ergeben.
Betrachten wir wiederum ein Beispiel aus der Bioethik: In
Deutschland verbietet das Embryonenschutzgesetz die Herstellung von Embryonen zu Forschungszwecken. Dieser rechtlichen Regelung liegen moralische Wertüberzeugungen zugrunde, die im Grundgesetz verankert sind und durch ethische
Prinzipien begründet werden können. Nach dieser Lage der
Dinge scheint es klar zu sein, daß auch der Import von embryonalen Stammzellen zu Forschungszwecken nicht erlaubt

sein kann. Alles andere würde nicht dem Sinn des Gesetzes entsprechen, sondern eine Doppelmoral offenbaren. Aber nun kommt ein Argument ins Spiel, das der moralischen und rechtlichen Normierung widerstreitet. Wenn wir nämlich, wird argumentiert, keine solchen Stammzellen importieren, dann werden wir zunächst in der Forschung, dann in der Technologie und schließlich in der wirtschaftlichen Verwertung den Anschluß an jene Staaten verlieren, deren Regelungen weniger streng sind. Damit sind wir genau bei jenen Lebensverhältnissen angekommen, durch welche die Dilemmata ständig reproduziert werden: Es sind die wirtschaftlichen Strukturen. Wenn der wirtschaftliche Erfolg davon abhängt, welche Marktposition in einem Wettbewerb erkämpft wird, und wenn dieser Wettbewerb letztlich gar nicht anders denn als Nullsummenspiel gedacht werden kann, dann ist der Widerstreit zwischen konsequenter Moralität einerseits und wirtschaftlicher Selbstbehauptung andererseits programmiert. Nach dieser Logik scheint es unausweichlich, daß wir unsere moralischen Überzeugungen und entsprechenden rechtlichen Regelungen Schritt für Schritt auf dem Altar der ökonomischen Selbstbehauptung opfern werden.

Aber andererseits könnten wir auch sagen, daß es unverantwortlich wäre, wenn wir in der Welt, wie sie nun einmal ist, konsequent moralisch handeln würden. Wenn dies nämlich dazu führt, daß wir ökonomisch, salopp gesagt, auf der Strecke bleiben, dann sind damit nicht nur moralisch unerwünschte Konsequenzen für viele Menschen verbunden, sondern auch eine Einengung der Handlungsspielräume, nicht zuletzt der politischen Gestaltungsmöglichkeiten. Dies würde aber bedeuten, daß wir uns der Chance und insbesondere der Macht begeben, die gesellschaftlichen Strukturen so zu verändern, daß sie der Moralität weniger oder gar nicht widerstreiten.

Das angesprochene Problem entspricht im wesentlich der Gegenüberstellung von *Gesinnungsethik* und *Verantwortungsethik* durch Max Weber. Ein Exkurs zu Weber ist daher angebracht.

Exkurs: Gesinnungs- und Verantwortungsethik nach Weber

Die Frage nach dem »*Ethos* der Politik«[4] führt Max Weber zu dem Problem von Gesinnungs- und Verantwortungsethik. Es handelt sich daher um ein Problem im Rahmen der Politischen bzw. der Staats- und Rechtsphilosophie. *Thematisiert wird das Verhältnis von Moral und Politik, nicht die Begründung einer Moralphilosophie.* Die Spezifik dieses Verhältnisses gegenüber einer moralphilosophischen Problemstellung liegt in der Spezifik des politischen Handelns begründet. Weber schreibt:

> »Das spezifische Mittel der *legitimen Gewaltsamkeit* rein als solches in der Hand menschlicher Verbände ist es, was die Besonderheit aller ethischen Probleme der Politik bedingt.«[5]

Unter Politik in einem weiten Sinne versteht Weber eine jede Art leitender Tätigkeit; in einem engeren, hier relevanten Sinne »die Leitung oder die Beeinflussung der Leitung eines *politischen* Verbandes, heute also: eines *Staates*.«[6] Der Staat ist wesentlich durch seinen Anspruch auf das »*Monopol legitimer physischer Gewaltsamkeit*«[7] charakterisiert. Dies gilt auch für den modernen Rechtsstaat, denn jedes gesatzte Recht ist mit der »Befugnis zu zwingen verbunden.«[8]

Worauf gründet sich diese Befugnis? Oder anders gefragt: Wodurch wird das Gewaltmonopol legitimiert? Die allgemeinste Antwort lautet: Es ist legitimiert durch die Anerkennung derer, die sich der staatlichen Macht, dem staatlichen Herrschaftsverhältnis *fügen.*[9] Für dieses Anerkennungsverhältnis lassen sich verschiedene Idealtypen der »inneren Rechtfertigung« unterscheiden, die Weber auch »Legitimitätsgründe

---

[4] Max Weber: Politik als Beruf. In: Ders.: Gesammelte Politische Schriften. Tübingen [5]1988, S. 548.

[5] Ebenda, S. 556.

[6] Ebenda, S. 505.

[7] Ebenda, S. 506.

[8] I. Kant, Metaphysik der Sitten, AB 38.

[9] M. Weber: Politik als Beruf. A. a. O., S. 507.

einer Herrschaft« nennt.[10] In der Realität sind diese Gründe oft miteinander und mit Motiven der Furcht oder der Hoffnung verwoben. In idealtypischer Reinheit aber läßt sich differenzieren zwischen:

a) der traditionalen Herrschaft, die auf einer gewohnheitsmäßigen und unkritischen Einstellung gegenüber dem Führungsanspruch z. B. eines Patriarchen und einer Vererbung der Machtposition beruht;

b) der charismatischen Herrschaft, die sich auf die Autorität und die Ausstrahlung einer Person und ihrer Talente stützt;

c) der legalen Herrschaft, die durch den Glauben an rationale Regeln und an sachliche Kompetenz begründet wird.[11]

Die Rede Webers von der Politik als Beruf bezieht sich vorrangig auf den zweiten Typus, weil diesem in Wahlkampfdemokratien[12] eine herausragende Bedeutung zukommt: charismatische Personen als Volksredner (›Demagogen‹) oder als Führer einer Partei.

Für Politiker geht es also um das Streben nach Macht und nach Beeinflussung der Machtverteilung. Durch die Gesetzgebung, die auch Regeln für die Exekutive beschließt, erweist sich die Ausübung dieser Macht als gesellschaftlich folgenreich. Aus dieser Konstellation ergeben sich die Anforderungen an das Ethos des Politikers.

Diese Anforderungen lassen sich zunächst als Tugenden beschreiben. Max Weber nennt vor allem drei: Leidenschaft, Verantwortungsgefühl und Augenmaß.[13] *Leidenschaft* steht für die Hingabe an eine Sache, eine Aufgabe, eine Idee. Wir könnten

---

[10] Ebenda.

[11] Vgl. ebenda, S. 507f.

[12] G. Sartori spricht in diesem Sinne auch von »Konkurrenzdemokratie«: vgl. Giovanni Sartori: Demokratietheorie. Herausgegeben von R. Wildenmann. Darmstadt 1992, S. 159ff.

[13] M. Weber: Politik als Beruf. A. a. O., S. 546.

also von einer sachlichen Leidenschaft sprechen. Für diese
Sache fühlt sich der tugendhafte Politiker verantwortlich, d. h.
er stellt sich in ihren Dienst und stellt damit private Interessen
zurück. Dabei bedarf er des *Augenmaßes*, das Weber beschreibt
als Distanz zu den Dingen und zu den Menschen, um wohl-
überlegte Entscheidungen treffen zu können. Auch zu sich
selbst muß der Politiker Distanz halten können, damit er – wie
Weber meint – einer der schlimmsten Versuchungen seines Be-
rufes widerstehen kann: nämlich der Eitelkeit.

Die Bewährung dieser Tugenden wird erleichtert, wenn der
Politiker wirtschaftlich abgesichert ist. Eine Möglichkeit
hierzu bietet sich, wenn Politiker aus jenen Bevölkerungs-
schichten stammen, die über ein sicheres und umfangreiches
Vermögen bzw. Einkommen verfügen können, ohne für dessen
Erhaltung bzw. Erwerb selbst viel Zeit aufwenden zu müssen,
die also wirtschaftlich unabhängig und »abkömmlich« sind.[14]
Eine andere Möglichkeit ist gegeben, wenn Politiker für ihre
politische Tätigkeit bezahlt werden, entweder aus dem Staats-
haushalt oder aus den Beitragszahlungen der Mitglieder politischer Parteien, wodurch im mehr oder weniger wörtlichen
Sinne ein politisches Beamtentum entsteht, das sich durch
seine andauernde und ausschließlich politische Tätigkeit sowie
durch eine geforderte Ausbildung eine hohe Fachkompetenz
erwerben und eine »ständische Ehre« ausbilden *kann*.[15]

Ein nach dem Problem der Tugenden und ihrer institutionellen Unterstützung weiterer Aspekt des Verhältnisses von Moral
und Politik liegt im Mißbrauch der Ethik für politische Ziele.
Weber spricht hier von der »Benutzung der ›Ethik‹ als Mittel
des ›Rechthabens‹«.[16] Als damals, im Jahre 1919, aktuelles
Beispiel dient ihm die Diskussion der Schuldfrage am Ende
des Ersten Weltkrieges, die seiner Meinung nach von jeder
Seite instrumentalisiert wurde, um den höchstmöglichen »mo-

---

[14] Vgl. ebenda, S. 513f.
[15] Vgl. ebenda, S. 515ff.
[16] Vgl. ebenda, S. 548f.

ralischen und materiellen« Gewinn aus dem Friedensschluß zu ziehen. Hier läßt sich eine Parallele zu einem schon von Kant im *Anhang* seiner Schrift *Zum ewigen Frieden* beschrieben Typus aufweisen. Kant spricht dort vom »politischen Moralisten« oder synonym vom »moralisierenden Politiker«, »der sich eine Moral so schmiedet, wie es der Vorteil des Staatsmanns sich zuträglich findet.«[17]

Die Parallele zu dieser Schrift Kants ist auch fruchtbar, wenn es um das Verhältnis von Gesinnungs- und Verantwortungsethik im engeren Sinne geht: Auch dort lassen sich, wie gleich gezeigt werden soll, zwei entsprechende Typen bei Kant aufweisen.

Weber ist es, wie bereits gesagt, nicht um die Begründung einer Ethik zutun. Die verschiedenen ethischen Systeme gehören für ihn in den Bereich der »letzten Weltanschauungen«, »zwischen denen schließlich *gewählt* werden muß«.[18] Insofern bezeichnen *Gesinnungs-* und *Verantwortungsethik* auch nicht ethische Begründungen oder ethische Systeme, sondern verschiedene Weisen der Berücksichtigung und der Einbeziehung von ethischen Systemen – wir könnten auch sagen: von Weltanschauungen oder Werten – in die politische Tätigkeit.

Weber vertritt nun weder die Position, nach der Ethik und Politik einander ausschließen, noch die, nach der die Ethik der alleinige und unvermittelte Maßstab der Politik sei.[19] Die Einbeziehung ethischer Werte und Maßstäbe muß das spezifische Mittel der Politik, die Ausübung legitimer Gewalt, und die Folgen seiner Anwendung berücksichtigen. Der Vorwurf an den »Gesinnungsethiker« lautet eben, dies nicht zu tun.

Als Beispiele für »Gesinnungsethiker« dienen Weber Menschen oder Parteien, die aufgrund ihrer ethischen Weltanschauungen religiöse oder soziale Ziele für absolut wertvoll halten und diese daher mit aller Konsequenz und ohne Rücksicht auf

---

[17] I. Kant: Zum Ewigen Frieden, B 76, A 71.
[18] M. Weber: Politik als Beruf. A. a. O., S. 548.
[19] Vgl. ebenda, S. 549.

die Folgen ihres Machtgebrauchs zu erreichen trachten bzw.
ohne Rücksicht auf ihre Zumutbarkeit als Forderungen politisch durchsetzen wollen. Aus damals aktuellem Anlaß erwähnt
Weber die Bolschewisten und Spartakisten als solche Gesinnungsethiker, deren politische Handlungen, selbst wenn man
ihnen »subjektive Ehrlichkeit« und »edle Absicht« unterstellen
würde, zu Resultaten führen, die nicht besser sind als die Resultate der Handlungen eines »militaristischen Diktators«.[20]
Aber auch die Gebote der Bergpredigt wären nach Weber eine
»sozial sinnlose Zumutung, solange sie nicht für alle durchge-
setzt«[21] sind. Die Durchsetzung aber setzt wiederum den Gebrauch der Macht voraus. Wo nicht nach den Folgen des
Machtgebrauchs *unter gegebenen Bedingungen* gefragt wird,
kann der Versuch, die edelsten Absichten zu verwirklichen, in
Despotie umschlagen oder kläglich und würdelos scheitern.

In Kants Schrift *Zum ewigen Frieden* ist mit den »despoti-
sierenden Moralisten« der Typus des Gesinnungsethikers, im
Sinne Webers, dargestellt.[22] Im Unterschied zu Weber unterstellt Kant nicht nur hypothetisch, daß diese moralisch richtige
Ziele verfolgen, sondern setzt es als gegeben voraus. Despoti-
sierende Moralisten fehlen hinsichtlich der Staatsklugheit,
weil sie mit Ungestüm den besseren Zustand durchsetzen wollen und dadurch das Gemeinwesen in Gefahr bringen. Kant
dachte dabei an Ereignisse der Französischen Revolution (Ja-
kobiner).

Während der Gesinnungsethiker, so Weber, die schlechten
Folgen seines Handelns der Schlechtigkeit der Welt und der
Menschen zuschreibt und deshalb keine Verantwortung für sie
übernehmen will, rechnet der Verantwortungsethiker »mit eben
jenen durchschnittlichen Defekten der Menschen«[23], bemüht
sich um die Analyse der Gegebenheiten und um die Prognose

---

[20] Vgl. ebenda, S. 550.
[21] Vgl. ebenda.
[22] Vgl. I. Kant: Zum ewigen Frieden, B 79, A 74.
[23] Vgl. M. Weber: Politik als Beruf. A. a. O., S. 552.

der Folgen, damit er letztere verantworten kann. Wir müßten ergänzen, daß dies nicht nur hinsichtlich der »durchschnittlichen Defekte der Menschen«, sondern noch vielmehr hinsichtlich der *strukturellen Defekte der Lebensverhältnisse* nötig ist. Die Tugend des Augenmaßes spielt hier natürlich eine bedeutende Rolle, denn es gibt keine allgemeine, situationsunabhängige Regel dafür, »welcher Zweck welches Mittel heiligen solle«.[24] In seiner Praxis wird der verantwortlich handelnde Politiker daher oft genötigt sein, nicht die moralisch beste Lösung direkt anzustreben, sondern nur zwischen zwei Übeln das kleinere wählen zu können.

Bei Kant entspricht dem Verantwortungsethiker der Typus des »moralischen Politikers«, der »die Prinzipien der Staatsklugheit so nimmt, daß sie mit der Moral zusammen bestehen können«, der aber die Verbesserung der Verhältnisse nicht mit Ungestüm, sondern »in beständiger Annäherung« betreibt.[25]

Trotz dieser idealtypischen Entgegensetzung von Gesinnungs- und Verantwortungsethik sieht Weber auch Berührungspunkte zwischen beiden Einstellungen. So hält er dem Gesinnungsethiker zugute, daß dieser sich dafür verantwortlich fühlt, daß »die Flamme der reinen Gesinnung, die Flamme z. B. des Protestes gegen die Ungerechtigkeit der sozialen Ordnung, nicht erlischt.«[26] Nach ihrem unmittelbaren Erfolg beurteilt, mögen die Handlungen eines Gesinnungsethikers völlig irrational sein, dennoch kann ihnen ein symbolischer, ein »exemplarischer Wert«[27] zukommen: als Hinweis auf Mißstände und als Aufruf zu ihrer Veränderung. Für die Wahl des richtigen Zeitpunktes, ein solches Fanal zu setzen, wäre freilich wiederum Augenmaß erforderlich. Andererseits kann auch der Verantwortungsethiker an einen Punkt kommen, an dem er mögliche Kompromisse nicht mehr mit seiner Gesinnung vereinbaren

---

[24] Vgl. ebenda, S. 553.
[25] Vgl. I. Kant: Zum ewigen Frieden, B 77f, A 71f.
[26] M. Weber: Politik als Beruf. A. a. O., S. 552.
[27] Vgl. ebenda.

kann.[28] Die Möglichkeit einer solchen, durchaus tragischen
Situation beweist, daß der Verantwortungsethiker von Weber
keinesfalls als gesinnungsloser Geselle gedacht wird. Weber
schreibt daher:

> »Insofern sind Gesinnungsethik und Verantwortungsethik nicht abso-
> lute Gegensätze, sondern Ergänzungen, die zusammen erst den ech-
> ten Menschen ausmachen, den, der den ›Beruf zur Politik‹ haben
> *kann*.«[29]

Bisher haben wir mit Weber Gesinnungs- und Verantwortungsethik als Weisen betrachtet, wie ethische Weltanschauungen in
die politische Tätigkeit eingebunden werden können. Aus der
Sicht der Moralphilosophie könnten wir uns darüber hinaus die
Frage stellen, ob bestimmte ethische Begründungen eher ge-
sinnungs- oder eher verantwortungsethisches Handeln begün-
stigen. Oftmals wird Weber so interpretiert, als wolle er sagen,
daß formalistische oder an absoluten Werten orientierte Ethi-
ken zum gesinnungsethischen Typus führen würden, während
Verantwortungsethik eben ein prinzipiell anderer Typ von
Ethik sei. Diese Lesart wird unterstützt durch Webers Frage, ob
es inhaltlich gleiche Gebote für die verschiedensten sozialen
Rollen geben könne.[30] Auch einige Beispiele Webers weisen
scheinbar in diese Richtung. Dennoch wäre eine solche Deutung ein Mißverständnis.

Denn erstens ist zu bedenken, daß Weber im absoluten Geltungsanspruch moralischer Gebote ein Charakteristikum einer
jeden Moral sieht. Dafür sprechen nicht nur bestimmte Stellen
in der Schrift *Politik als Beruf*, sondern auch sein Begriff des
wertrationalen Handelns. Darunter versteht er ein Handeln, das
bestimmt ist »durch bewußten Glauben an den – ethischen,
ästhetischen, religiösen oder wie immer sonst zu deutenden –
unbedingten Eigenwert eines bestimmten Sichverhaltens rein

---

[28] Vgl. ebenda, S. 559.
[29] Ebenda.
[30] Vgl. ebenda, S. 549.

als solchen und unabhängig vom Erfolg.«[31] Wir können deshalb sagen: Ein Gesinnungsethiker handelt in der Politik ethisch wertrational, ohne zu verstehen, daß es nicht nur um seine Handlung als solche geht, sondern aufgrund der ihm gegebenen Macht auch um die Wirkungen seines Handelns auf die gesamte, *bereits in einer bestimmten Weise verfaßte* Gesellschaft. Letzteres aber reflektiert der Verantwortungsethiker. Die Ethik, die beide – der Gesinnungs- und der Verantwortungsethiker – dabei voraussetzen, könnte durchaus dieselbe sein.

Zweitens zeigen heutige Entwicklungen, daß die angedeutet Lesart zu simpel wäre. So können wir gerade in religiösen Fanatikern den Typus des Gesinnungsethikers wiederfinden. Diese folgen aber keiner formalistischen Ethik, sondern wollen inhaltlich sehr weit differenzierte Reglementierungen für alle Lebensbereiche durchsetzen. Sie halten kompromißlos an überkommenen Wertvorstellungen und Regeln fest, ohne deren Folgen in einer veränderten Welt zu bedenken. Sie betreiben eine konservative, sogar reaktionäre Politik, egal welche Folgen dies für die Menschen haben könnte. Dagegen hat sich eine an universellen Menschenrechten – wie sie von Kants formalistischer Ethik intendiert sind – orientierte Politik, die Lebensweisen nicht in ihrer materialen Bestimmtheit vorschreibt, sondern nur nach dem Freiheitsprinzip limitiert, als »verantwortungsethischer« erwiesen – freilich weit davon entfernt, alle sozialen Probleme gelöst zu haben.

Soweit unser Exkurs zu Weber. Kehren wir zurück zu den heutigen Debatten der angewandten Ethik. Auch in diesen spiegelt sich das Problem von Gesinnung und Verantwortung. So schreibt Matthias Kettner:

> »Der Gutgesinnte bietet sich einem nur eigennützig Gesinnten zur Ausbeutung an; das sollte er wissen, jedenfalls wenn er moralreflexiv verantwortlich denkt. *Ego* weiß, daß sein Moralischsein von anderen instrumentalisiert, d. h. von anderen gleichsam in die Klammer von

---

[31] Max Weber: Wirtschaft und Gesellschaft. A. a. O., S. 12.

deren eigennützlerischen Handlungsplänen gesetzt werden kann. Dieses Wissen muß *ego*, will er nicht gesinnungs-, sondern verantwortungsethisch handeln, im Willen zum moralischen Handeln berücksichtigen. Diese Berücksichtigung ist Klugheit, aber moralisch geforderte (›gesollte‹) Klugheit. Solche Klugheit verlangt, daß *ego* seinen moralischen (nichtstrategischen) Handlungsplan gleichsam in einen strategischen Handlungsplan einbettet, dessen strategisch zu erreichendes Ziel folgendes wäre: die Einklammerung der eigenen, moralischen Handlungsabsicht um die eigennützigen Handlungspläne anderer *effektiv zu kompensieren*. – Dieses bloß kompensatorische Ziel kann man auch so beschreiben: *Egos* Strategie, die *egos* (ursprünglichen und nichtstrategischen) Handlungsplan einbettet, ist selbst noch einmal in einen moralischen Handlungsplan *egos* eingebettet. *Egos* strategisches (nämlich ›strategiekonterstrategisches‹) Handeln ist also verdeckt moralisches Handeln.«[32]

Kettners Ausführungen bieten wohl keine Problemlösung, sind aber geeignet, um an ihnen die Problematik zu verdeutlichen.

Kettner erkennt, daß moralisches Handeln oft in Situationen stattfindet, die eine dem Gefangenendilemma entsprechende Struktur aufweisen. Auch daß deshalb verantwortungsethisches Handeln auf den Plan gerufen wird, ist eine These, der wir zustimmen können. Ebenso unstrittig ist die Identifikation des, in Kettners Terminologie, strategiekonterstrategischen Handelns als Handeln aus Klugheit, als pragmatisches Handeln. Aber nun beginnen die Schwierigkeiten.

Kettner unterstellt nämlich, daß verantwortungsethisches Handeln moralisches Handeln sei. Deshalb kann er sagen, das strategiekonterstrategische Handeln sei moralisch geboten, sei in einen moralischen Handlungsplan eingebettet. Seine Unterstellung verleitet ihn sogar zu der Behauptung, daß das strategische Handeln von Ego die durch Alter verursachten »moralischen

---

[32] Matthias Kettner: Bereichsspezifische Relevanz. Zur konkreten Allgemeinheit der Diskursethik. In: Karl-Otto Apel/Matthias Kettner (Hg.): Zur Anwendung der Diskursethik in Politik, Recht und Wissenschaft. Frankfurt/M. 1992, S. 346.

Kosten« kompensieren würde.[33] Was stimmt an diesen Überlegungen nicht?

Zunächst kann verantwortungsethisches Handeln nicht schlechthin mit moralischem Handeln gleichgesetzt werden. Wenn wir Weber und den entsprechenden Ausführungen Kants folgen, dann resultiert Verantwortungsethik gerade daraus, daß mit Gründen Kompromisse hinsichtlich des moralischen Handelns geschlossen werden. Diese Gründe aber sind nicht selbst moralischer Art, sondern Ergebnis von Klugheitsüberlegungen, resultieren insbesondere aus der Staatsklugheit. Kompensiert werden dadurch nicht sogenannte »moralische Kosten«. Das verantwortungsethische Handeln reagiert nämlich auf eine Welt, in der moralisches Handeln nicht direkt umgesetzt werden kann, ohne sozusagen Amok oder Spießruten zu laufen. Wenn aber in moralischer Hinsicht Kompromisse aus Gründen der Staatsklugheit nötig sind, dann entstehen dadurch neue »moralische Kosten«. Von deren Kompensation kann daher keine Rede sein. Was so kompensiert oder, besser gesagt, verhindert werden soll, sind die Einbuße oder gar der Verlust wirtschaftlicher und politischer Gestaltungsmöglichkeiten. Hieraus ergibt sich eben das Problem, daß diese ›Logik‹ zu einer sukzessiven Preisgabe moralischer Grundsätze führen *kann.* Im Rahmen der Verantwortungsethik sind also gerade nicht die moralischen Grundsätze das bestimmende Element, sondern die Klugheitsüberlegungen.

Aber wir würden derartige Klugheitsüberlegungen kaum verantwortungs*ethische* nennen, wenn daß moralische Moment in ihnen gar keine Rolle mehr spielte. Den richtigen Wink gibt Kant, wenn er vom »moralischen Politiker«, d. h. hier: vom verantwortungsethischen, schreibt, daß dieser die Prinzipien der Staatsklugheit so nimmt, daß sie in beständiger Annäherung mit der Moral zusammen bestehen können. Die Kompromisse sind also *nicht nur* auf ökonomische und politische Selbstbehauptung gerichtet, sondern zugleich an einer *be-*

---

[33] Vgl. ebenda, S. 347.

stimmten Gestaltung der gesellschaftlichen Verhältnisse orientiert: Diese sollen perspektivisch dem Handeln nach moralischen Grundsätzen nicht mehr widerstreiten. Wir könnten dies zwar mit Kettner einen »moralischen Handlungsplan« nennen, dürfen aber dabei nicht übersehen, daß die dazu nötigen Handlungen zunächst strategische sind. Das moralische Problem, welche Mittel wir dabei einsetzen, bleibt also bestehen. Wir kommen daher nicht umhin, mit Weber auf das Augenmaß des Politikers zu verweisen. In einer Demokratie werden wir im gewissen Grade selbst solche ›Politiker‹ mit Augenmaß sein müssen.

Wir haben also jetzt eine Ebene der Anwendungsprobleme erreicht, die wir die *politisch-ökonomische* nennen können. Auch hier, wie schon hinsichtlich der weltanschaulichen Anwendungsprobleme, erweist sich Angewandte Ethik als eine Form des politischen Diskurses; wir könnten jetzt sogar sagen: als eine Form der Staatsklugheit. Wir haben diese Form als Verantwortungsethik im Sinne Webers beschrieben und versucht, das Verhältnis von moralischen und Klugheitselementen in ihr zu bestimmen. Wenn wir dieses Verhältnis betrachten, dann zeigt sich, daß moralischen Grundsätzen im Rahmen der Verantwortungsethik ein anderer Status eignet als im Rahmen der Moralphilosophie. Innerhalb moralphilosophischer Konzepte sind das Moralprinzip, die moralischen Kriterien oder, im Falle der Diskursethik, das Rechtfertigungsverfahren *konstitutiv* für moralische Normen. Normen, die so begründet werden, sind aus Sicht der Moralphilosophie verbindlich. Im Rahmen der Verantwortungsethik aber fungieren die moralischen Grundsätze nur noch als *regulative* Ideen: Hier sind aufgrund der *gegebenen* Bedingungen, der wirtschaftlichen, politischen, rechtlichen, kulturellen etc., Kompromisse, also Abweichungen von den verbindlichen moralischen Normen, nötig. Diese Abweichungen sollen aber immer so gerichtet sein, daß sie Verhältnisse herbeiführen, die solche Kompromisse unnötig werden lassen.

Diese Differenz zwischen der konstitutiven und der regulativen Funktion der Moralprinzipien im Auge zu behalten – das ist der entscheidende Punkt für das rechte Verständnis der *Angewandten Ethik als Verantwortungsethik*. Wenn wir nämlich die verantwortungsethisch nötigen Regulierungen nicht mehr als *Kompromisse*, sondern als *Begründung neuer Moralprinzipien* und entsprechender moralischer Normen verstehen, dann geht dem politischen Diskurs der moralische Horizont verloren: Das Machbare, das unter *gegebenen* Bedingungen Durchsetzbare, wird dann mit dem Moralischen identifiziert. Unsere moralischen Grundsätze würden dann sukzessive aufgeweicht. Moralprinzipien können innerhalb der Verantwortungsethik nur dann eine regulative Funktion übernehmen, wenn ihre konstitutive Funktion innerhalb der Moralphilosophie anerkannt wird: Die Differenz zwischen den moralischen Normen und den unter *gegebenen* Bedingungen politisch und rechtlich durchsetzbaren Normen muß bewußt bleiben, wenn die Perspektive sittlichen Fortschritts nicht aufgegeben werden soll. Dies schließt ein, was Max Weber über die Gesinnung des Verantwortungsethikers schreibt: Auch dieser kann an einen Punkt kommen, da er Kompromisse nicht mehr mit seiner Gesinnung vereinbaren kann. Die unlängst zu entscheidende Frage der Erlaubnis des Imports embryonaler Stammzellen zu Forschungszwecken könnte ein solcher Punkt gewesen sein, denn mit der Erlaubnis der In-vitro-Fertilisation und der Forschung an solchen embryonalen Stammzellen, die bei diesem Verfahren übrigbleiben, waren bereits weitgehende Zugeständnisse gemacht worden. Der Verantwortungsethiker darf nicht Verhältnisse schaffen, die das Festhalten an Moralprinzipien nur noch als Doppelmoral erscheinen lassen.

Fassen wir unsere Überlegungen zusammen (vgl. Abbildung 13). Was ist Angewandte Ethik? Eine sehr allgemein gehaltene Bestimmung könnte lauten: *Angewandte Ethik* umfaßt alle auf unterschiedlichen Ebenen stattfindenden Bemühungen, jene Probleme zu lösen, die sich bei der Anwendung der Moralprinzipien und der Durchsetzung moralischer Normen ergeben. Wir haben vier Ebenen unterschieden: die systematische, die hermeneutische, die weltanschauliche und die politisch-ökonomi-

Ebene	Anwendungsproblem	Status der Angewandten Ethik
systematische	operationalisierte Darstellung des Prüfverfahrens	Teil der moralphilosophischen Systematik
hermeneutische	Verstehen und Deutung komplexer Handlungen und Situationen, insbesondere im Kontext moderner Technologien	Teil der moralphilosophischen Systematik unter Einbeziehung von Expertenwissen aus Wissenschaft und Technik
weltanschauliche	Reflexion weltanschaulicher Voraussetzungen der hermeneutischen Ebene und der Moralphilosophien	Form des politischen Diskurses als Verantwortungsethik; Ziel: Einigung über evaluative und normative Standards jenseits der weltanschulichen Divergenzen (Stichwort: Menschenrechte)
politisch-ökonomische	moralische Kompromisse bei der politischen und rechtlichen Umsetzung moralischer Grundsätze angesichts strukturell bedingter Handlungsdilemmata	Form des politischen Diskurses als Verantwortungsethik; Ziele: Erhaltung von Gestaltungsmöglichkeiten und Schaffung von Bedingungen, die moralische Kompromisse unnötig werden lassen

Abbildung 13: Angewandte Ethik – Ebenen der Anwendungsprobleme

sche. Die systematische und die hermeneutische können wir als der Moralphilosophie theorieimmanente Ebenen verstehen, auch wenn angesichts der technologisch bedingten Komplexität von Handlungen bereits die Integration von außermoralphilosophischen Expertenwissen nötig ist. Die weltanschauliche Ebene verweist auf Voraussetzungen der Moralphilosophie, die letztlich gesamtgesellschaftlich, also im politischen Diskurs, diskutiert werden müssen. Zu diesem Ergebnis führt auch die Betrachtung der Anwendungsprobleme auf der politisch-ökonomischen Ebene. Weltanschauliche und politisch-ökonomische Anwendungsprobleme erfordern damit das Verständnis der Angewandten Ethik als Form von Verantwortungsethik im Sinne Max Webers.

Das Verhältnis von Moralphilosophie und Verantwortungsethik haben wir so bestimmt: Die Verantwortungsethik verhindert die unkluge, zur Einschränkung von Gestaltungsräumen führende Umsetzung der Moral und versucht zugleich, Anwendungsbedingungen zu schaffen, die Kompromisse in moralischen Fragen zunehmend unnötig werden lassen. Die Moralphilosophie bietet der Verantwortungsethik eine bestimmt gerichtete Perspektive hinsichtlich dessen, was sittlicher Fortschritt bedeutet. Insofern ergänzen sich die *moralphilosophisch konstitutive* und die *verantwortungsethisch regulative* Funktion der Moralprinzipien.

Dieses Verständnis der Angewandten Ethik vorausgesetzt, können wir die üblichen Einteilungen derselben in Bioethik, Technikethik, Medizinethik, Wirtschaftsethik, Ökologieethik und dergleichen mehr verstehen als Einteilungen auf der hermeneutischen Ebene: Es sind Einteilungen, die angeben, welches jeweilige Expertenwissen nötig ist, um die Komplexität von Handlungen im Kontext moderner Technologie zu erfassen. Allerdings werden wir – aus der Sicht des hier explizierten Verständnisses der Angewandten Ethik – der *Wirtschaftsethik* eine besondere Bedeutsamkeit zusprechen müssen, weil sie sich direkt mit jenen strukturellen Dilemmata befaßt, welche den Kern der Anwendungsprobleme auf der politisch-ökonomischen Ebene bilden. Dieser Aspekt und damit der Problemzusammenhang zwischen den verschiedenen Bindestrich-Ethiken wurde in bisherigen Debatten wohl zu wenig beachtet.

10. Naturethik – Notwendigkeit eines neuen Moralbegriffs?

Naturethik wird manchmal mit *Ökologieethik* gleichgesetzt, manchmal in *Ökologie-* und *Tierethik* eingeteilt. Die heutige Debatte um die Naturethik nimmt in den sechziger Jahren des letzten Jahrhunderts ihren Ausgang, als insbesondere der *Club of Rome* begann, die Grenzen des Wachstums zu thematisieren. Waldsterben, klimatische Veränderungen, Massentierhaltung und Tierexperimente sowie die Einsicht in die Endlichkeit der natürlichen Ressourcen waren die bestimmenden Themen der Ökologiebewegung in den siebziger Jahren, die dann von philosophischen, aber auch von esoterischen Reflexionen begleitet wurde.

Auf den ersten Blick erscheint die Naturethik als ein Bereich der Angewandten Ethik. Auch die dabei auftretenden Probleme sprechen dafür, sie in das Konzept der im vorhergehenden Kapitel dargestellten Verantwortungsethik einzugliedern. Ganz in diesem Sinne schreibt Angelika Krebs:

> »Sollen die moralischen Standards für unseren Umgang mit der Natur, die die Naturethik entwickelt und begründet, irgendeinen Effekt in der wirklichen Welt haben, dann darf die Naturethik nicht auf einer abstrakten ethischen Ebene stehenbleiben, sondern muß in interdisziplinärer Zusammenarbeit an der Umsetzung ihrer Standards in weltpolitische und weltwirtschaftliche Maßnahmen arbeiten.«[1]

Wir wollen die Naturethik aber nicht primär als ein Beispiel für Angewandte Ethik betrachten. Sie verdient nämlich noch in einer weiteren Hinsicht besondere Aufmerksamkeit. Angelika Krebs formuliert dieses Problem so:

> »Die Naturethik fragt nach dem ethisch richtigen Umgang des Menschen mit der Natur. Da die traditionelle Ethik sich auf die Frage des

---

[1] Angelika Krebs: Naturethik im Überblick. In: dies. (Hg.): Naturethik. Grundtexte der gegenwärtigen tier- und ökoethischen Diskussion. Frankfurt/M. 1997, S. 366.

richtigen Umgangs des Menschen mit dem Menschen konzentrierte, fügt die Naturethik dem traditionellen ethischen Kanon etwas Neues hinzu.«[2]

Diese Feststellung ist wohl eher als Problemstellung aufzufassen, die wir zunächst präzisieren wollen.

Im ersten Kapitel haben wir die Ethik definiert als methodische und argumentative Prüfung und Begründung der Moral. Die Moral haben wir begriffen als jene spezifische Weise der menschlichen Interessenvermittlung, die am Glück eines jeden Menschen orientiert ist. Nach diesen Begriffsbestimmungen sind es letztlich immer Menschen, die moralischen Schutz genießen: Die moralischen Normen der Menschen sind Pflichten, die sie gegenüber anderen Menschen oder gegenüber sich selbst haben.

Wir haben uns aber auch mit zwei Konzepten befaßt, die diesen Anwendungsbereich erweitern: mit der Mitleidsethik und mit dem Utilitarismus. Mitleid kann mit allen Lebewesen empfunden werden, die für uns Leid ausdrücken. Der Utilitarismus definiert Nutzen als Lust, und es ist durchaus üblich, derartige Empfindungen auch Tieren zuzuschreiben. Vielleicht können wir Tieren, zumindest einigen, sogar Präferenzen unterstellen, so daß auch der Präferenzutilitarismus einen erweiterten Anwendungsbereich beanspruchen kann. Aber abgesehen davon, daß gerade der Utilitarismus und die Mitleidsethik als Moralphilosophien wenig überzeugen können, bleiben auch dann noch die unbelebte Natur – die Luft, die Gewässer, der Boden – und wohl auch Pflanzen und vielleicht einige Tierarten außerhalb des moralischen Schutzes.

Es stellt sich also die Frage, ob Handlungen in Ansehung von Gegenständen, die außerhalb des Schutzes der Moral stehen, moralisch irrelevant sind? Wenn wir diese Frage eher evaluativ als normativ formulieren wollten, könnte sie lauten: Verdienen die Gegebenheiten der Natur um ihrer selbst willen moralische Achtung? In Kants Terminologie müßten wir fra-

---

[2] Ebenda, S. 337.

gen: Schreiben wir den Gegebenheiten der Natur eine Würde
zu?

Um diese Frage diskutieren zu können, sollten wir zuerst
bestimmen, wie wir den Begriff der *Natur* in diesem Zusammenhang verwenden wollen. Zunächst einmal ist nicht unsere
eigene menschliche Natur gemeint, sondern die äußere Natur.
Diese finden wir zwar heute kaum noch in ursprünglichen,
von Menschen unbeeinflußten Formen vor, aber wir können
trotzdem alles das *Natur* nennen, was auch ohne den Menschen entstehen und sich verändern *kann*. Natur ist also das,
was wir nicht herstellen, sondern voraussetzen müssen, wenn
wir etwas herstellen. Wenn wir herstellend Formen erzeugen,
die in der Natur nicht vorkommen können, wie z. B. Ge-
bäude, Maschinen, Bücher, Gemälde oder Verkehrs- und
Kommunikationsmittel, dann nennen wir diese Produkte *Artefakte*, womit wir den Gegenbegriff zum Begriff *Natur* bilden. Wir unterscheiden also das Natürliche vom Artifiziellen,
vom Künstlichen. Diese Unterscheidung kann nicht immer
im Sinne zweier Klassen konkreter Gegenstände verstanden
werden: Wenn wir z. B. an einen künstlich angelegten Park
denken, dann gehören zwar die einzelnen Pflanzen *als* Exem-
plare ihrer Art zur Natur, aber *als* Teile in der Ordnung des
Ensembles zum Artifiziellen. Gegenstand der Naturethik
wäre dann nicht die künstliche Anordnung dieser Pflanzen.
Insofern aber der Schutz einzelner Pflanzen oder ihrer Arten
Gegenstand der Naturethik ist, können es auch die Pflanzen
im Park sein.

Diskutieren wir nun die gebräuchlichen Argumente in der
Naturethik. Dabei werden wir dem von Angelika Krebs erstell-
ten Überblick folgen[3], ohne ihre Klassifikationen und Einschätzungen einfach zu übernehmen.

---

[3] Überblick und Einführung in das Thema bieten außerdem: Dieter Birnbacher (Hg.): Ökologie und Ethik. Stuttgart 1986; Ders. (Hg.): Ökophilosophie.
Stuttgart 1997; Andreas Brenner: Ökologie-Ethik. Leipzig 1996;

Betrachten wir zunächst Argumente, die aus der Sicht modernen Philosophierens als metaphysische Behauptungen gelten müssen.

Erste Argumente dieser Art können als *holistische* bezeichnet werden.[4] Auf quasi mystische Weise wird mit ihnen versucht, die Unterscheidung zwischen der äußeren Natur und den Menschen aufzuheben. Sie gehen von einem Einssein des Menschen mit der Natur aus. Diese Art des ganzheitlichen Denkens findet sich z. B. in der sogenannten *Tiefenökologie* (Deep-Ecology) oder der *New-Age-Bewegung*. Die Grenzen zwischen Philosophie und Esoterik sind hier fließend. Im Prinzip können zwei Varianten des ganzheitlichen Denkens unterschieden werden: die These der Wesensidentität und die Harmoniethese. Was beide Thesen begründen wollen, formuliert Angelika Krebs so:

> »Die Selbstverwirklichung des Menschen gehe Hand in Hand mit der Selbstverwirklichung des Ganzen. Der Mensch sorge für sein gutes Leben, indem er für das Ganze sorgt. Der Eigenwert des guten menschlichen Lebens gehe über auf das Ganze.«[5]

Die Identitätsthese kann sich schlecht auf eine allgemeine Identität hinsichtlich konkreter Eigenschaften berufen: Denn welche Eigenschaften sollten Menschen, Berge, Aids-Viren, Meere, Luft oder Elefanten miteinander gemein haben? Deshalb wird meist auf eine verborgene Wesensidentität insistiert. Diese erinnert an das Eine in Allem, welches uns bereits bei Schopenhauer begegnete. Auch dieser konnte es freilich nicht bestimmen. Die Behauptung einer solchen Wesensidentität muß sich auf eine quasi mystische Erkenntnisweise, eine Art intellektueller Anschauung stützen. Weil diese Identitätsthese weder empirisch noch in irgendeinem diskursiven Sinne rational gesichert werden kann, liegt sie letztlich außerhalb des wissenschaftlichen und des philosophischen Denkens. Aber selbst

---

[4] Vgl. ebenda, S. 361ff.
[5] Ebenda, S. 362.

wenn wir eine solche Identität einmal unterstellen, ergibt sich ihre moralische Relevanz nicht zwingend: Denn was spräche dafür, daß die ganzheitliche Natur moralisch ist?

Dieses Problem wird noch deutlicher bei der Harmoniethese. Angelika Krebs schreibt:

> »Die Vorstellung ist die eines Symphonieorchesters, in dem das Gute der Klarinetten oder der Bratschen im Guten des Ganzen aufgeht. – Während aber im Symphonieorchester die Klarinetten die Bratschen nicht ›auffressen‹ müssen, um ihren Part zu spielen, und am Ende der Symphonie noch dieselben Instrumente da sind wie am Anfang, gehört das Auffressen und das Aussterben von Arten zur ›Symphonie der Natur‹.«[6]

Bedenken wir jene Naturkatastrophen, die nicht von Menschen verursacht sind, und die Schwierigkeiten des Überlebens, die ohne verändernde und damit zumindest partiell zerstörende Eingriffe in die Natur nicht gemeistert werden können, dann wird niemand sagen wollen, daß sich die Natur in ihrer Ganzheitlichkeit moralisch oder auch nur im Hinblick auf das menschliche Glück freundlich verhält. Weder die Identitäts- noch die Harmoniethese können also begründen, warum die Natur um ihrer selbst willen moralische Achtung verdienen sollte.

Eine zweite metaphysische Konzeption vertritt das sogenannte *Naturam-sequi-Argument*.[7] Es behauptet, wir sollen der Natur folgen, weil alles in der Natur *Wert an sich* besitzen würde. Eine solche Position wird als *epistemischer Physiozentrismus* bezeichnet: Sie besagt, daß Werte nicht nur aus der Perspektive des Menschen, also anthropozentristisch, zugeschrieben werden können, sondern unabhängig vom Menschen existieren. Es wäre aber begrifflicher Unsinn, wollten wir den Wertbegriff nicht relational zu einer wertenden Instanz verwenden. Wer soll die wertende Instanz sein, wenn nicht die Menschen? Sollte es die Natur selbst sein? Das läuft darauf

---

[6] Ebenda, S. 363.
[7] Vgl. ebenda, S. 358ff.

hinaus, daß der epistemische Physizentrismus die Natur anthropmorph denken muß: Die Natur müßte als ein bewußtes,
handelndes und wertendes Wesen gedacht werden, wenn der
Wertbegriff nicht unsinnig gebraucht werden soll. In letzter
Konsequenz mündet diese Position daher in einer Art Naturreligion. Auch diese kann nicht die Grundlage philosophischer
Argumentationen sein, denn diese müssen von religiösen Voraussetzungen unabhängig sein.

Aber selbst wenn wir eine solche Naturreligion unterstellen,
müssen wir erstens diese Werte der Natur erkennen können, um
überhaupt nach ihnen handeln zu können. Welcher Erkenntnisweise aber sind Werte an sich zugänglich? Zweitens wäre es
fraglich, ob wir, wenn wir diese Werte erkennen könnten, nach
ihnen handeln sollten: Denn was für die Natur an sich wertvoll
ist, muß nicht zwangsläufig auch für uns wertvoll sein. Die
Natur könnte schließlich einen gegen uns gerichteten Plan
verfolgen. Wenn an dieser Stelle der Holismus ergänzend einspringen soll, etwa mit seiner Harmoniethese, werden in philosophischer Hinsicht die Schwierigkeiten nur vergrößert.

Mit letztlich denselben Problemen hat das dritte metaphysische Argument zu kämpfen. Es ist das *theologische* Argument, welches das Naturam-sequi-Argument variiert, indem es
Gott an die Stelle der Natur setzt.[8] Die Gegenargumentation
bräuchte nur entsprechend wiederholt zu werden.

Keines der drei metaphysischen Argumente kann philosophisch begründen, weshalb die Natur moralische Achtung verdienen sollte. Sie berufen sich alle drei auf Transzendentes: auf
eine verborgene Identität, auf eine geheimnisvolle Harmonie,
auf die Personifizierung der Natur oder auf Gott. Wer an Transzendentes dieser Art glauben kann, mag vielleicht zu einem
wünschenswerten Verhältnis zur Natur gelangen, aber der jeweilige Glaube ist dabei keine notwendige und wahrscheinlich
noch nicht einmal eine hinreichende Bedingung: Denn Transzendentes ist weniger eine Basis für die Rechtfertigung von

---

[8] Vgl. ebenda, S. 361.

Handlungsregeln als eine Projektionsfläche für Wünsche und Hoffnungen.

Nach den metaphysischen wollen wir nun eine zweite Gruppe von Argumenten betrachten. Wir können sie die *naturalistischen* nennen, weil sie sich auf Eigenschaften der Natur oder bestimmter natürlicher Gegebenheiten beziehen. Nicht die Transzendenz also, sondern die Erfahrung bzw. wissenschaftliche Theorien sollen der epistemische Ort dieser Argumente sein.

Als erstes Argument dieser Art, nämlich als das sogenannte *biozentrische*, wird meist Albert Schweitzers Konzept der *Ehrfurcht vor dem Leben* angeführt.[9] Nach diesem Ansatz verdient alles Leben, bloß weil es Leben im biologischen Sinne ist, moralische Achtung. Damit wäre der moralisch relevante Bereich der Natur auf das Lebendige beschränkt. Eine allgemeine Naturethik könnte also so nicht begründet werden. Außerdem treibt uns dieses Konzept unausweichlich in moralische Dilemmata: Denn immer wenn irgendein Lebewesen für ein anderes geopfert wird, hätten wird ein moralisches Problem. Leben wird biologisch durch Fortpflanzung, Stoffwechsel und Mutation charakterisiert. Diese Kriterien erfüllen auch Bakterien, Viren und Pflanzen. Die Bekämpfung fast jeder Krankheit und jede Nahrungsaufnahme wären dann moralisch bedenklich. Offensichtlich wären zusätzliche Kriterien der moralischen Bewertung des Lebens notwendig. Nicht alles Leben könnte die gleiche moralische Achtung beanspruchen, wenn unsere Existenz nicht ein einziges moralisches Dilemma sein sollte. Wenn diese Kriterien aber hinsichtlich Situationen und Arten differenzieren, dann könnte jemand auf den Gedanken verfallen, sie auch hinsichtlich der Menschen zu differenzieren. Ein gefährlicher Schritt, der aber nur die letzte Konsequenz zieht.

Albert Schweitzer wollte wohl sagen, daß wir Leben nicht unnötig zerstören sollten. Aber die Ehrfurcht vor dem Leben

---

[9] Vgl. ebenda, S. 355.

überhaupt gibt dafür keine sinnvolle Begründung und schon gar keine Kriterien, was entweder nötig oder unnötig ist, was entweder erlaubt oder verboten sein sollte.

Ein zweites naturalistisches Argument ist das sogenannte *pathozentrische*.[10] Moralische Achtung gebührt danach nicht dem Leben schlechthin, sondern empfindsamen Lebewesen. Der Anwendungsbereich einer Naturethik würde damit gegenüber dem biozentrischen Konzept weiter eingeschränkt werden. Empfindsamkeit sprechen wir jenen Lebewesen zu, die ein bestimmtes Ausdrucksverhalten an den Tag legen. Weil Empfindungen angenehm oder unangenehm sind, beinhalten sie quasi eine Wertung von Zuständen: Lebewesen versuchen unangenehme Empfindungen zu meiden, angenehme zu erreichen. Auf dieser Grundlage läßt sich ein weiter Begriff des Interesses bilden. Angelika Krebs stellt ihn dar und unterscheidet ihn von einem engeren Begriff. Sie schreibt:

> »In einem weiten Sinn von ›*Interesse*‹ haben empfindende Wesen Interesse an X genau dann, wenn X das gute Leben dieser Wesen befördert. Daß ein schmerzleidendes Tier ein Interesse am Nachlassen des Schmerzes hat, ist damit ein begrifflich wahrer Satz. Von diesem weiten Interessenbegriff kann man einen engen Interessenbegriff unterscheiden, wonach ein Wesen Interesse an X nur dann hat, wenn es den expliziten Wunsch hat, daß X geschehe. Da nicht-sprachbegabte Tiere zu propositionalem Denken nicht fähig sind, haben sie keine Interessen im engeren Sinn.«[11]

Der weite Begriff des Interesses soll rechtfertigen, daß empfindsame Lebewesen moralische Achtung verdienen, denn schließlich geht es in der Moral um die Achtung von Interessen. Es gäbe, so das pathozentrische Argument, keinen Grund, nur jene Interessen zu achten, die unter den engeren Begriff des Interesses fallen.

---

[10] Vgl. ebenda, S. 347ff.
[11] Ebenda, S. 348.

Zunächst müssen wir feststellen, daß der weite Begriff des Interesses wohl nur vom Standpunkt bestimmter Moralphilosophien aus akzeptabel ist. Mitleidsethiker und Utilitaristen könnten einen solchen Begriff vertreten.[12] Naturethik wäre damit nicht nur auf einen begrenzten Bereich der Natur, sondern auch auf bestimmte Moralkonzepte festgelegt. Außerdem schützt der Utilitarismus nicht Interessen schlechthin, sondern jene, deren Verwirklichung zu einem in bestimmter Weise qualifizierten Gesamt- oder Durchschnittsnutzen führt. Der unterstellte Interessenbegriff läßt im Rahmen des Utilitarismus den empfindsamen Lebewesen also insofern moralische Achtung angedeihen, als ihre Interessen mit ins Kalkül gezogen werden. Dort allerdings werden sie mit den menschlichen Interessen verrechnet. Das Messen und Verrechnen von Lust, Schmerz, Interessen oder Präferenzen ist ohnehin eine markante Schwachstelle des Utilitarismus: Aber wie soll erst der Vergleich zwischen menschlichen und tierischen Interessen ausfallen, zumal es die Menschen sind, die den Tieren Interessen zuschreiben? Hätten wir es hier nicht ähnlich wie bei der Transzendenz eher mit einer Projektionsfläche eigener Präferenzen zu tun? Wie auch immer: Das pathozentrische Argument kann, wenn überhaupt, so doch nur eine in mehrfacher Hinsicht begrenzte Gültigkeit beanspruchen.

Das dritte naturalistische Konzept ist das *teleologische*.[13] Moralische Achtung ist danach immer geboten, wenn wir Zweckhaftigkeit zuschreiben können. Insofern das teleologische Argument über die Anwendungsbereiche des biozentrischen und des pathozentrischen Arguments hinausgeht, was nicht bei allen teleologischen Konzepten der Fall ist, schreibt es allen natürlichen Entitäten Zweckhaftigkeit zu: also auch Öko- und Klimasystemen, der Erde, der ganzen Natur.

---

[12] Angelika Krebs meint, daß auch eine aristotelische Ethik mit diesem weiten Begriff von Interessen vereinbar sei. Zumindest was Aristoteles selbst betrifft, sehe ich diese Möglichkeit nicht. Vgl. ebenda, S. 349.
[13] Vgl. ebenda, 352ff.

Die Kritik am teleologischen Konzept setzt beim Zweckbegriff an. So schreibt Angelika Krebs treffend:

> »Die Hauptkritik am teleologischen Argument besteht in dem Nachweis, daß (1) der Zweckbegriff doppeldeutig ist; man kann nämlich zwischen einem praktischen Zweckbegriff und einem funktionalen Zweckbegriff differenzieren, daß (2) höchstens gewisse höhere Tiere Zwecke im praktischen Sinne verfolgen und daß (3) Zwecke im funktionalen Sinne keinen moralischen Wert haben.«[14]

Die Unterstellung des praktischen Zweckbegriffs für das Verhalten höherer Tiere wird gelegentlich mit dem Einklagen des Personenstatus für diese Tiere verbunden. Selbst wenn wir diese Zuschreibung akzeptieren, wird sich auf ihr wohl nur ein eingeschränkter Personenbegriff gründen lassen: Solche Tiere könnten höchstens als Subjekte pragmatischen Handelns gelten, nicht als Subjekte moralischen Handelns. Wer wollte ernsthaft erwarten, daß ein Menschenaffe Utilitarist, Kantianer, Diskursethiker oder Aristoteliker ist? Aber diese Zuschreibung selbst ist schon problematisch: Denn wenn die Unterstellung von Interessen im engeren Sinne bei Tieren daran scheitert, daß diesen kein propositionales Denken zugeschrieben werden kann, dann müßte dies auch ein Hinderungsgrund für die Zuschreibung praktischer Zwecke sein. Es bleibt also der Verdacht einer anthropomorphen Beschreibung tierischen Verhaltens. Mit der Zuschreibung praktischer Zwecke werden wir kaum, wenn überhaupt, über das hinauskommen, was auch mit dem pathozentrischen Argument erreicht werden kann. Außerdem ist klar, daß der Anwendungsbereich des praktisch-teleologischen Arguments extrem eingeschränkt wäre und dieses daher gerade für die für uns wichtigsten Probleme der Naturethik bedeutungslos bleiben müßte.

Die Rede von Zwecken im funktionalen Sinne ist gegenüber der Rede von Handlungszwecken bestenfalls metaphorisch. Funktionale Zwecke sind »bestimmte Zustände eines ereignis-

---

[14] Ebenda, S. 353.

haften Geschehens«[15]. Statt von *Zwecken* sollten wir hier besser von *Funktionen* oder *Systemzuständen* reden. Derartige Funktionen finden sich keineswegs nur in der Natur, sondern auch bei Artefakten. Gebührte diesen also auch moralische Achtung? Haben wir moralische Achtung vor dem Thermostat unserer Heizung? Wir können sogar davon ausgehen, daß die Rede von funktionalen Zwecken in der Natur sich der konstruktiven Übertragung kybernetischer Modelle, die zuerst in der Technik Anwendung fanden, auf die Natur verdankt. Der technische Aspekt und die moralische Irrelevanz werden deutlich, wenn Angelika Krebs schreibt:

> »Zwei Arten funktionaler Organisation müssen unterschieden werden: *mechanische Organisation* und *Selbstorganisation*. Mechanisch organisierte Apparate, wie zum Beispiel Thermostate, erreichen ihre funktionalen Zwecke über fixe Antwortmechanismen. Selbstorganisierte Apparate, wie zum Beispiel ›lernende‹ Schachcomputer, können ihre Effektivität durch eingebaute Feedback-Systeme steigern. [...] Handelnden liegt an ihren Zwecken, sie sind ihnen nicht egal. Thermostate und Computer verfolgen funktionale Zwecke, ihnen liegt nicht an ihren Zwecken. Einem PC macht es nichts aus, wenn ein Stromausfall ihn mitten im Edieren eines Textes unterbricht. [...] Verfolgen Pflanzen oder Ökosysteme [und vielleicht auch Tiere] nur Zwecke im funktionalen Sinne, dann haben ihre Zwecke somit keinen moralischen Wert.«[16]

Müßte das, was hier von den funktionalen Zwecken zurecht gesagt wird, nämlich daß natürlichen und technischen Systemen »nicht an ihnen liegt«, daß sie diese also nicht reflektieren, nicht auch von den Interessen im Sinne des weiten Begriffs gesagt werden? Wenn das so ist, dann sprechen die Argumente gegen das teleologische Konzept auch gegen das pathozentrische.

Nach den metaphysischen und den naturalistischen Argumenten betrachten wir nun eine dritte Gruppe. Jetzt kommt

---

[15] Ebenda, S. 353.
[16] Ebenda, S. 354.

Land in Sicht. Auf den ersten Blick erscheinen die meistens dieser Argumente zwar als pragmatische, d. h. auf Glückseligkeit zielende, es wird sich aber herausstellen, daß sie auch eine moralische Dimension besitzen.[17] Wir können sie daher *moralisch-pragmatische* Argumente nennen. Eine solche Benennung klingt zwar zunächst nach einem hölzernen Eisen, läßt sich aber im folgenden vielleicht doch als sinnvoll rechtfertigen. Die Argumente dieser Gruppe führen nicht über das traditionelle Ethikverständnis hinaus, sie erfordern keinen anderen Moralbegriff, als den von uns unterstellten: Die moralische Relevanz des Handelns in Ansehung natürlicher Entitäten ergibt sich aus der moralischen Achtung der Menschen.

Das auf den ersten Blick schlagendste Argument dieser Art ist das sogenannte *Basic-needs-Argument*, das Grundbedürfnisse-Argument. Angelika Krebs stellt es so dar:

>»Das Basic-needs-Argument dominiert die allgemeine Naturschutzdiskussion und ist so einleuchtend, daß es kaum der philosophischen Ausbuchstabierung bedarf. Es besagt, daß die Erfüllung menschlicher Grundbedürfnisse nach Nahrung, Obdach, Gesundheit von natürlichen Bedingungen abhängt; daß diese natürlichen Bedingungen durch die fortschreitende Industriealisierung bedroht sind – man denke an die umweltbedingte Zunahme von Hautkrebs oder von Überschwemmungen in der dritten Welt oder an Tschernobyl – und daß daher Eigeninteresse und moralische Rücksicht auf das gute Leben aller Menschen – hier und in der dritten Welt, heute und in Zukunft – Naturschutz nötig machen.«[18]

Vielleicht lohnt es sich aber doch, das Grundbedürfnisse-Argument wenigstens etwas »auszubuchstabieren«.

Unter bestimmten Bedingungen könnte es als reines Klugheitsargument gelten: Wenn offensichtlich wäre, daß bestimmte direkt oder indirekt auf die Natur bezogene Handlungen die natürlichen Überlebensbedingungen der Menschheit akut gefährden, wäre es einfach unklug solche Handlungen auszu-

---

[17] Vgl. ebenda, S. 364ff.
[18] Ebenda, S. 364f.

führen. Daß es freilich auch unmoralisch wäre, ist dann ein eigentlich unnötiger Zusatz. Aber in dieser Situation sind wir kaum, außer vielleicht dann, wenn wir uns einen nuklearen Weltkrieg vorstellen. Ansonsten ist für die meisten zur Debatte stehenden Handlungsoptionen kaum nachzuweisen, daß sie notwendiger Weise oder mit großer Wahrscheinlichkeit zur Vernichtung der Überlebensbedingungen der Menschheit führen. Es stellen sich hier also hermeneutische Anwendungsprobleme: Die Komplexität der Handlungsweisen muß aufgeklärt werden, um ihre Bedeutsamkeit für die Befriedigung menschlicher Grundbedürfnisse nachzuweisen. Außerdem wird es in vielen Fällen so sein, daß zwar bestimmte Menschen, z. B. in der sogenannten dritten Welt, in ihren Lebens- und Überlebensbedingungen beeinträchtigt werden, aber keineswegs alle Menschen. Hier kommt nun die moralische Dimension ins Spiel. Nach Kant könnten wir das moralische Problem so formulieren: Kann eine Maxime ein allgemeines Gesetz sein, nach der das Glück handelnd nur erreicht werden kann, indem notwendige natürliche Bedingungen des Handelns zerstört oder stark beeinträchtigt werden? Es ist offensichtlich, daß ein solches Wollen einen Widerstreit in sich enthält und daher kein allgemeines Gesetz sein kann. Andere Moralphilosophien würden wohl tendenziell – wenn vielleicht auch nicht in jedem Einzelfall – zu derselben Beurteilung gelangen. Damit ist zwar schon viel erreicht – aber vielleicht doch nicht genug?

Sowohl die Klugheits- wie auch die moralischen Gründe, welche das Basic-needs-Argument liefert, beziehen sich auf notwendige Bedingungen des Handelns. Denn wenn unsere Grundbedürfnisse nicht mehr oder nur stark eingeschränkt erfüllt werden können, dann können wir nicht mehr oder nur stark eingeschränkt handeln. Die Natur wäre daher aus Klugheits- oder moralischen Gründen nur insofern zu schützen, als sie natürliche Grundlagen zur Befriedigung der Grundbedürfnisse und damit für die Möglichkeit, daß wir überhaupt als handelnde Wesen existieren können, bereitstellt. Es könnte sein, muß nicht, daß diese Bedingung durch eine Natur erfüllt wird, die, verglichen mit der heutigen, sehr viel ärmer an Arten, sehr viel mehr verschmutzt und verseucht und sehr viel mehr zubetoniert ist. Es kann sein, weil auch dann vielleicht noch die Grundbedürfnisse befriedigt werden können. Es muß nicht sein, weil es vielleicht Grenzen der Vernutzung gibt, jenseits derer das lebensnotwendige Natursystem zusammenbricht. Aber angenommen, diese im fortgeschrittenen Grade verseuchte, verarmte und zubetonierte Natur wäre ausreichend, dann böte das Basic-needs-Konzept kein Argument der moralischen Kritik. Die nach Glückseligkeit strebende Klugheit freilich wäre mit einem solchen Zustand keineswegs zufrieden. Dies ist wohl ein Indiz dafür, daß die Naturethik auf eine breitere Grundlage gestellt werden sollte, als dies mit dem Grundbedürfnisse-Argument geschieht.

In der naturethischen Debatte wird deshalb geltend gemacht, daß die Natur auch notwendige Bedingung für die Befriedigung solcher Bedürfnissen ist, die über die Grundbedürfnisse hinausgehen. Wenn die Befriedigung der Grundbedürfnisse das Überleben sichert, so geht es jetzt um Bedürfnisse, deren Befriedigung zum guten, d. h. zum glücklichen, Leben beiträgt. Wir können von Bedürfnissen des Menschen als Kulturwesen sprechen, wobei wir aber nicht vergessen dürfen, daß auch die menschlichen Grundbedürfnisse auf mehr oder weniger kultivierte Weise befriedigt werden: Bezüglich menschlicher Bedürfnisbefriedigung ist dies eine begriffliche Wahrheit.

Als weitergehende Bedürfnisse, deren Befriedigung Natur voraussetze, werden genannt: das Bedürfnis nach aisthetischer Erfüllung[19], also nach sinnlichen Erlebnissen in der Naturerfahrung; das Bedürfnis der ästhetischen Kontemplation angesichts der Natur[20], also das Erleben des Naturschönen und des Erhabenen der Natur; das Bedürfnis, aisthetisch oder ästhetisch ansprechende Formen wahrnehmen zu können, ohne selbst für sie verantwortlich zu sein, wie wir es im Falle der Artefakte

---

[19] Vgl. ebenda, S. 368f.
[20] Vgl. ebenda, S. 369ff.

sind, also die Entlastung von Design-Verantwortung[21] durch
die Natur; das Bedürfnis, die eigene Heimat und damit einen
Teil der eigenen Identität über Naturgegebenheiten, z. B. eine
bestimmte Landschaft mit ihrer spezifischen Fauna und Flora,
zu definieren[22].

Bezüglich all dieser Vorschläge läßt sich ähnlich argumentieren wie im Hinblick auf das Grundbedürfnisse-Konzept:
Wieviel und welche Natur ist nötig, damit die genannten Möglichkeiten eines guten, d. h. glücklichen, Lebens nicht gänzlich
verwehrt sind? Sicher ist mehr und eine andere Natur nötig als
für die Befriedigung der überlebenswichtigen Grundbedürfnisse. Aber ein Maß, aus dem spezielle und moralisch verbindliche Handlungsorientierungen abgeleitet werden können, ist
kaum zu bestimmen – außer der Norm, den schlimmsten Fall,
also die Unmöglichkeit derartiger Bedürfnisbefriedigungen,
nicht zuzulassen. Wir könnten sagen, eine untere Grenze ist sicher irgendwie plausibel, aber letztlich wäre es eher eine Frage
unserer Vorstellungen von einem gelingenden Leben, also eine
Klugheitsfrage, welchen Raum wir der Befriedigung dieser
Bedürfnisse geben wollen. Wer besonders streng argumentieren möchte, könnte sogar sagen, daß auch eine Großstadt Heimat sein kann, daß Schönes und Erhabenes auch in der Kunst
erlebt werden kann, daß wir irgendwelche aisthetischen Natu-
rerlebnisse immer haben werden, solange wir existieren, und
daß wir uns abwechselnd die Entlastung von der Design-Verantwortung gegenseitig gewähren können.

Die Bezeichnung *moralisch-pragmatisch* für die Argumente
dieser Gruppe erklärt sich also dadurch, daß zwar Handlungen
unmoralisch genannt werden müßten, welche die Befriedung der
genannten Bedürfnisse ausschlössen, es aber doch eher pragmatische Gründe sind, die dann rechtfertigen, ob in jedem Fall und,
wenn ja, in welchem Ausmaß und in welcher Gestalt Natur für
die Befriedigung dieser Bedürfnisse wirklich notwendig ist.

---

[21] Vgl. ebenda, S. 374.
[22] Vgl. ebenda, S. 374f.

Die Naturethik findet mit den moralisch-pragmatischen Argumenten ein Fundament in der traditionellen Ethik, ohne daß ein neuer Moralbegriff notwendig wird – ein Fundament allerdings, das konzeptuell der Ergänzung durch weithin akzeptierte Vorstellungen von einem guten Leben und über die Rolle der Natur im guten Leben bedarf.

In der naturethischen Debatte werden nun noch zwei weitere Argumente vorgetragen. Das eine wird das *pädagogische* genannt, das andere im Zusammenhang mit dem *Sinn des Lebens* vertreten.

Das sogenannte *pädagogische* geht auf Kant zurück: Weil eine moralische Norm an die Subjekte adressiert ist, die dem Gebot entsprechend handeln können und nicht an die möglichen Gegenstände ihrer Handlungen, folgt aus dem Ausschluß bestimmter Handlungsgegenstände, z. B. der Natur, aus dem Adressatenbereich der moralischen Norm *nicht*, daß Handlungen diesen Gegenständen gegenüber keine moralische Relevanz besitzen. Es folgt lediglich, daß Pflichten mit Bezug auf solche Handlungsobjekte, insofern dabei nicht die Interessen anderer Personen berührt werden, niemals Pflichten gegenüber anderen sein können. Alle diese Pflichten gegenüber der Natur müßten daher als Pflichten gegenüber sich selbst aufgefaßt werden. Kant verdeutlicht diese Differenz terminologisch, indem er zwischen Pflichten »in Ansehung« von Handlungsgegenständen, die nicht als Personen anerkannt werden, und Pflichten gegenüber Personen unterscheidet.[23] Am Grad der Verbindlichkeit der Pflichten ändert eine solche Unterscheidung aber nichts. *Pflichten gegenüber Personen* verpflichten zu Handlungen, die sich direkt auf die eigene oder andere moralische Personen beziehen; *Handlungen in Ansehung anderer Handlungsobjekte* sind moralisch relevant, wenn sie als Pflichten gegenüber der eigenen Person verstanden werden müssen oder die Interessen anderer Personen berühren. Ansonsten sind sie moralisch irrelevant.

---

[23] I. Kant: Metaphysik der Sitten, A 106f (§ 16).

Kant rechtfertigt die moralische Relevanz von Handlungen,
die sich nicht direkt auf Personen beziehen, durch die Bedeutsamkeit dieser Handlungen für die Kultivierung und Vervoll-
kommnung der eigenen Person. Bezüglich des Verbots der mutwilligen Zerstörung von Objekten der unbelebten Natur und des Pflanzenreichs wird der
Aspekt der eigenen Kultivierung im Hinblick auf die Empfänglichkeit für das Schöne gedacht. Diese Empfänglichkeit
besteht nämlich nach Kant in einer Stimmung des Gemüts, die
jener der Unparteilichkeit in der moralischen Beurteilung und
der Empfänglichkeit für das Gefühl der Achtung vor dem Gesetz entspricht. Kant schreibt:

> »In Ansehung des *Schönen* obgleich Leblosen in der Natur ist ein
> Hang zum bloßen Zerstören (spiritus destructionis) der Pflicht des
> Menschen gegen sich selbst zuwider; weil es dasjenige Gefühl im
> Menschen schwächt oder vertilgt, was zwar nicht für sich allein
> schon moralisch ist, aber doch diejenige Stimmung der Sinnlichkeit,
> welche die Moralität sehr befördert, wenigstens dazu vorbereitet,
> nämlich etwas auch ohne Absicht auf Nutzen zu lieben (z. B. die
> schöne Kristallisationen, das unbeschreiblich Schöne des Gewächs-
> reichs).«[24]

Auf einen anderen Aspekt der eigenen Kultivierung nimmt die
Rechtfertigung der moralischen Relevanz des Handelns in Ansehung von Tieren Bezug. Kant schreibt hierzu:

> »In Ansehung des lebenden, obgleich vernunftlosen Teils der Ge-
> schöpfe ist die Pflicht der Enthaltung von gewaltsamer und zugleich
> grausamer Behandlung der Tiere der Pflicht des Menschen gegen
> sich selbst weit inniglicher entgegengesetzt [als in Ansehung von le-
> blosen Dinge oder von Pflanzen], weil dadurch das Mitgefühl an
> ihrem Leiden im Menschen abgestumpft und dadurch eine der Mora-
> lität, im Verhältnisse zu anderen Menschen, sehr diensame natürliche
> Anlage geschwächt und nach und nach ausgetilgt wird; obgleich ihre
> behende (ohne Qual verrichtete) Tötung, oder auch ihre, nur nicht bis
> über Vermögen angestrengte Arbeit [...] unter die Befugnisse des

---

[24] Ebenda, A 107 (§ 17).

Menschen gehören; da hingegen die martervolle physische Versuche, zum bloßen Behuf der Spekulation, wenn auch ohne sie der Zweck erreicht werden könnte, zu verabscheuen sind.«[25]

Kant rechtfertigt also das Verbot der Tierquälerei und die moralische Einschränkung der Nutzung von Tieren zu Experimenten und zur Arbeit, indem er sie als Aspekte der Pflicht zur eigenen moralischen Kultivierung aufzeigt, insbesondere als Aspekte einer Ästhetik der Sitten, die jene menschlichen Gefühle kultiviert, die in den meisten Fällen zu legalen Handlungen motivieren.[26]

Kants Argumentationen zu den Pflichten in Ansehung außermenschlicher Gegenstände des Handelns erscheint auf den ersten Blick in zweifacher Hinsicht problematisch.

Erstens mutet es seltsam an, wenn er schreibt, daß die Verwahrlosung von Gefühlen, die *oft* zur *Legalität* motivieren, wie z. B. das Mitleid, der Pflicht gegenüber sich selbst »inniglicher entgegengesetzt« sei, als die Verwahrlosung der Empfänglichkeit für das Schöne, wenn er doch letztere sogar als eine die *Moralität* vorbereitende Stimmung charakterisiert. Für diese Wertung läßt sich vielleicht der folgende Grund anführen: Der Grausamkeit gegenüber Tieren, die wir leiden sehen, eignet eine größere Ähnlichkeit mit der Grausamkeit gegen Menschen als dies bei der Zerstörung von leblosen Objekten oder von Pflanzen, die wir nicht leiden sehen, der Fall ist. Das heißt, daß bei der Grausamkeit gegen Tiere die Aufhebung von Hemmungen der Gewalt bereits weiter fortgeschritten ist als bei der Zerstörung von Dingen oder Pflanzen. Der Pflicht gegenüber sich selbst ist die Grausamkeit gegen Tiere deshalb »inniglicher entgegengesetzt«, weil die sich darin ausdrückende Verwahrlosung eher auf die Bereitschaft zur Verletzung der

---

[25] Ebenda, A 108 (§ 17).

[26] Zur ausführlicheren Diskussion der Ästhetik der Sitten und der Pflichten in Ansehung außermenschlicher Gegenstände des Handelns bei Kant vgl.: Peter Fischer: Moralität und Sinn. Zur Systematik von Klugheit, Moral und symbolischer Erfahrung im Werk Kants. München 2003, Abschnitte 6.3. bzw. 7.1.5.

Pflichten gegenüber anderen Personen schließen läßt, als dies
für die Zerstörung von Dingen oder Pflanzen unterstellt werden muß. Die Wendung »inniglicher entgegengesetzt« meint
also Indizien für einen höheren Grad der Verwahrlosung des
Handelnden, nicht einen höheren Grad der Verbindlichkeit der
einen vor der anderen Pflicht.

Die zweite Schwierigkeit wird mit der Frage angesprochen,
warum die Gewalt gegen Dinge und Pflanzen nur dann verboten sein soll, wenn diese Objekte als schön gelten können. Wir
müssen aber folgendes bedenken: Im Prozeß der Zivilisation
und der Kultur müssen die Menschen verändernd in die Natur
eingreifen. Jegliche gewaltsame Manipulation, gegebenenfalls
auch Vernichtung von Naturobjekten, kann also nicht verboten
sein. Bei diesen notwendigen Eingriffen geht es freilich nicht
um das »bloße Zerstören«. Außerdem müssen nicht alle Handlungen, die sich direkt auf die Natur beziehen, als Pflichten gegenüber sich selbst aufgefaßt werden. Der Raubbau an der
Natur und die Gefährdung des ökologischen Gleichgewichts
können auch als Verletzung der *Pflichten gegenüber anderen
Personen* angesehen werden. Diesen Aspekt haben wir mit
den moralisch-pragmatischen Argumenten bereits erfaßt. Die
Rechtfertigung durch Pflichten gegenüber sich selbst kommt
also ergänzend hinzu und muß daher nicht alle Last allein tragen. Wenn wir all dies bedenken, wird Kants Standpunkt doch
recht plausibel. Außerdem werden wir gleich sehen, daß diese
Überlegungen auch kompatibel sind mit dem letzten Argument.

Dieses letzte Argument versucht unserer Verhältnis zur
Natur als Moment eines sinnvollen Lebens aufzufassen. So wie
es in der naturethischen Debatte vorgestellt wird, scheint es
sich freilich eher um das Konzept eines glücklichen Lebens zu
handeln: Der Sinn- und der Glücksbegriff werden dort quasi
synonym verwendet. Angelika Krebs schreibt:

> »Danach ist es angesichts des Widerfahrnischarakters unseres Lebens
> nicht weise, den Sinn des Lebens in der Erfüllung bestimmter Le-
> bensprojekte – einer Karriere oder der Liebe einer Person etwa – zu
> sehen. Diese Projekte können immer scheitern, und damit verlöre ein

solches Leben seinen Sinn. Weise ist dagegen die Haltung, die das Leben selbst als den Sinn des Lebens begreift. Für die oder den Weisen hat das Leben selbst und alles, was dazugehört – andere Menschen und die Natur –, Eigenwert, ›Heiligkeit‹. Wem es gelingt, das Leben um seiner selbst willen zu leben, der erfährt die wahre Lebensfreunde, ›beatitudo‹.«[27]

In dieser Form geht das Argument aber kaum über die moralisch-pragmatischen Argumente hinaus und stiftet vielleicht sogar Verwirrung, weil auch Motive der metaphysischen Argumente anklingen. Aber läßt sich der Zusammenhang mit dem Sinn des Lebens nicht noch anders herstellen, ohne metaphysische Untertöne und ohne eine tendenzielle Gleichsetzung von Sinn und Glück?

Die Alternative kann hier nur angedeutet werden. Sie setzt nämlich voraus, daß ästhetische Urteile, also solche des Schönen und des Erhabenen, einen moralischen Sinn haben. Dies ausführlich darzustellen, würde aber unseren Rahmen sprengen.[28] Nehmen wir es aber einmal als Voraussetzung an. Nehmen wir weiterhin an, daß dieser ästhetischer Sinn darin besteht, daß wir im Erleben des Schönen und des Erhabenen einen tröstlichen Zuspruch für unsere Moralität erfahren: vom Schönen und Erhabenen in der Kunst einen Zuspruch von der eigenen Natur, vom Schönen und Erhabenen in der äußeren Natur einen Zuspruch von dieser. Wenn dies so wäre, könnten wir unsere Existenz und unsere auf Vernunft gegründete Moral insofern als sinnvoll erfahren, als sie dann, in der ästhetischen Erfahrung, der Natur nicht fremd oder gar feindlich gegenüberstehen. Kant sagt, wir erfahren so, daß der Mensch in die Welt passe. Angesichts sonstiger Erfahrungen – sei es der Kampf mit den Naturgewalten, sei es die Diskrepanz zwischen Leidenschaft und Moralität, seien es die immer wieder verantwortungsethisch nötigen moralischen Kompromisse – würde sich eine solche Erfahrung als Sinn stiftend und Trost spendend

---

[27] A. Krebs: Naturethik im Überblick. A. a. O., S. 376.
[28] Vgl.: P. Fischer: Moralität und Sinn. A. a. O., Abschnitt 9.3.

für uns erweisen. Auf eine solche Möglichkeit des Zuspruch, eben auch von der äußeren Natur, sollten wir nicht verzichten. Sie steht im Hintergrund und ergänzt Kants Argument, daß die Schonung des Schönen in der Natur unserer Empfänglichkeit für das moralische Gefühl, also die Achtung vor dem Gesetz, kultiviere.

Nun war von der ästhetischen Kontemplation bereits bei den moralisch-pragmatischen Argumenten die Rede gewesen. Aber dort ging es nicht um ein moralisches oder, wenn wir uns den Ausdruck gestatten, Sinninteresse an der ästhetischen Kontemplation, sondern um ein pragmatisches Interesse: Die Möglichkeit zur ästhetischen Kontemplation interessierte dort als Moment des guten und glücklichen Lebens für mich und für andere. Ästhetische Kontemplation konnte daher dort nur als eine von vielen möglichen Optionen gelten. Das moralische oder Sinninteresse – Kant spricht von einem intellektuellen Interesse – am Ästhetischen gilt aber einer Erfahrung, die anders gar nicht zu haben ist, wenn wir nicht an Transzendentes glauben wollen oder glauben können. In dieser alternativen Variante besagt das Sinn-des-Lebens-Argument also: Um so mehr wir die Natur zerstören, desto geringer werden unsere Möglichkeiten der Sinnerfahrung, der Erfahrung, daß wir in die Welt passen. Um so geringer diese Möglichkeiten werden, desto größer wird unsere Entfremdung. Und dies ist ein Teufelskreis, denn je sinnloser uns unser Leben erscheint, desto eher sind wir bereit, nur für die Genüsse des Augenblicks zu leben und die Zerstörung der Natur dabei in Kauf zu nehmen.

Das sogenannte pädagogische Argument und das Sinn-des-Lebens-Argument in der skizzierten alternativen Variante stehen in einem engen Zusammenhang. Wir könnten sie als *moralische Sinnargumente* bezeichnen, wobei der Begriff *Sinn* dabei zugleich auf die Sinnerfahrung in der ästhetischen Kontemplation anspielt, als auch auf die Kultivierung unserer Sinnlichkeit, die das pädagogische Argument fordert, wenn es uns davon abhalten möchte, Hemmschwellen der Gewalt abzubauen.

metaphysische Argumente				
Naturam-sequi-Argument		theologisches Argument		holistisches Argument

naturalistische Argumente				
biozentrisches Argument (Ehrfurcht vor dem Leben)		pathozentrisches Argument		teleologisches Argument

moralisch-pragmatische Argumente				
Basic-needs-Argument	Aisthesis-Argument	ästhetische Kontemplation	Entlastung von Design-Verant-wortung	Heimat-Argument

moralische Sinnargumente	
pädagogisches Argument	Sinn-des-Lebens-Argument

Abbildung 14: Argumente in der Naturethik

Fassen wir zusammen (vgl. Abbildung 14). Die *metaphysischen* Argumente müssen wir aus philosophischer Sicht zurückweisen, weil sie sich auf Transzendentes berufen. Die *naturalistischen* Argumente können wir teilweise, aber auch dann nur aus der Sicht bestimmter Moralphilosophien und nur im Hinblick auf bestimmte Bereiche der Natur akzeptieren. Die *moralisch-pragmatischen* Argumente sind akzeptabel. Sie lassen sich in die traditionelle Ethik integrieren und erfordern keinen neuen Moralbegriff. Um nicht nur den schlimmsten Fall moralisch auszuschließen, bedürfen sie der Ergänzung durch einen weitreichenden Konsens über Vorstellungen des guten Lebens. Die *moralischen Sinnargumente* thematisieren unser

Verhältnis zur Natur unter den Aspekten der Pflichten gegenüber sich selbst und des Sinns des Lebens. Sie wollen zeigen, daß unser Verhältnis zur Natur ein Teil unser moralischen Kultivierung und eine Instanz der Sinnstiftung und des Trostes angesichts der Widrigkeiten des Lebens ist.

Während die moralisch-pragmatischen Argumente die *Natur als Bedingung des Glücks eines jeden* verstehen, wollen die moralischen Sinnargumente unser Verhältnis zur *Natur als Bedingung der unverzagten Moralität eines jeden* erweisen. Die eingangs gestellte Frage, ob die Gegebenheiten der Natur oder die Natur insgesamt um ihrer selbst willen moralische Achtung verdienen, ob ihnen moralische Würde zugeschrieben werden *muß*, um Naturethik begründen zu *können*, beantworten wir also mit einem Nein: Naturethik *bedarf* keines neuen Moralbegriffs.

Falls es uns gelungen ist, die Naturethik auf moralphilosophische Füße zu stellen, beginnen freilich erst ihre Schwierigkeiten als Angewandte Ethik: Sie muß verantwortungsethisch laufen lernen.

Glück und Sinn.
Zu Fragen der Lebenskunst

11. Über Glück und Unglück im außermoralischen Sinne

Das Glück oder, wie die Philosophen sagen, die Glückseligkeit haben wir bisher als Leitidee des pragmatischen Handelns diskutiert. Weil ein nicht limitiertes Handeln zu Konflikten zwischen den Menschen führen kann, entsteht das Bedürfnis nach Weisen der Interessenvermittlung. Als eine spezifische Weise solcher Vermittlung haben wir die Moral charakterisiert und verschiedene Varianten ihrer Begründung und kriterialen Bestimmung kennengelernt. Den Begriff des *Glücks* haben wir dabei gar nicht näher untersucht. Wir haben unterstellt, daß jeder wisse, was gemeint sei, ja wir haben sogar behauptet, daß jeder einzelne letztlich seine eigene, ganz persönliche Vorstellung vom Glück zu realisieren versuche. Zwar haben wir nicht ausgeschlossen, daß zwischen diesen Vorstellungen Überschneidungen bestehen mögen, aber es doch für möglich, wenn nicht gar für wahrscheinlich gehalten, daß es so viele Glücksvorstellungen wie Menschen geben könnte. Diese Voraussetzungen erscheinen in unserer modernen Gesellschaft als unproblematisch. Der berühmte Satz, daß ein jeder nach seiner eigenen Fasson glücklich werden möge, hat Karriere gemacht und wird, zumindest in den Grenzen des moralisch und rechtlich Erlaubten, heute allgemein akzeptiert.

Ist also die Frage ›Was ist Glück?‹ obsolet geworden? Ist es vielleicht sogar eine sinnlose Frage, weil ein allgemein akzeptierter Begriff aus sachlichen Gründen gar nicht gegeben werden kann? Würde nicht, wer nach einem solchen Begriff fragte, sich dem Verdacht der Intoleranz aussetzen und sich den Vorwurf einhandeln, er wolle definieren und damit letztlich vorschreiben, was das Glück sei? Ist es vielleicht bloß eine alte Gewohnheit, ein Ausdruck der Trägheit unserer Sprache, wenn wir für die vielen individuellen Glücksvorstellungen noch immer ein gemeinsames Wort verwenden, ein Wort, welches freilich bloß ein Sammelname ist, von dem wir nicht einmal recht wissen, was er eigentlich und mit welcher Befugnis unter sich versammelt? Die Frage nach dem Glück, so scheint es, ist ein heikles Problem, dessen Implikationen weit über das Private hinausreichen.

Eines jedenfalls dürfte klar sein: Die Philosophie kann keine Rezepte geben, wie dieser oder jene glücklich werden. Die Individualität der Menschen und die Besonderheit ihrer jeweiligen Lebenssituationen lassen ein solches Ansinnen als abwegig erscheinen. Aber bei aller Individualität der Glücksvorstellungen handelt es sich doch immer um Glücksvorstellungen von Menschen. Und daher müßte es möglich sein, den Glücksbegriff zumindest auf zwei Ebenen der Betrachtung näher zu bestimmen.

Die eine Ebene ist die anthropologische. *Inhaltlich* kann sie uns letztlich nur triviale Einsichten vermitteln, wenn wir in Rechnung stellen, daß der Mensch ein soziales und geschichtliches Wesen ist, weshalb die materialen Bestimmungen dessen, was menschliches Sein ausmacht, einen konkreten sozialhistorischen Charakter aufweisen müssen. Aber immerhin müßte sich der Glücksbegriff ins Verhältnis setzen lassen zu den *formalen* oder besser gesagt: *strukturellen* Bestimmungen des menschlichen Seins.

Die andere Ebene der Betrachtung kann bereits als eine Konsequenz aus der anthropologischen Sicht verstanden werden: Sie betrifft nämlich den Menschen als handelndes Wesen. Eine Handlung, hatten wir gesagt, ist entweder die absichtliche Ausführung oder die absichtliche Unterlassung von zweckgerichteten Operationen durch mindestens eine Person. Handlungen sind also nur solchen Wesen möglich, die sich hinsichtlich ihrer Aktionen als freie Wesen denken. Es wird also darum gehen, wie wir das Glück unter der Voraussetzung unseres Selbstverständnisses als freie und handelnde Wesen zu denken haben.

Die beiden Ebenen der Betrachtung, die anthropologische und die handlungstheoretische, sind geeignet, um einen Möglichkeitsraum für unser Glück abzustecken. Sie können uns sagen, welcher Art Glückserwartungen sinnvoll, weil unserem Sein angemessen, sind. Das Glück selbst wird so hinsichtlich seiner Struktur erhellt, die freilich offen bleiben muß für die konkreten geschichtlichen, sozialen, situativen und persönlichen Inhalte. Beginnen wir also mit unserer Darstellung. Dabei wollen wir nicht von anthropologischen oder handlungstheoretischen Prämissen ausgehen, um dann Schlußfolgerungen für den Glücksbegriff zu ziehen. Unsere Darstellung soll sich eher von den Phänomenen leiten lassen.

Das Glück scheint zunächst das Gegenteil des Unglücks zu sein. Doch offensichtlich handelt es sich nicht um einen binären Code, der die fraglichen Phänomene vollständig erfaßt. Denn oft befinden wir uns in einem Zustand, der uns weder Anlaß gibt, uns als *glücklich*, noch uns als *unglücklich* zu bezeichnen: ›Wie geht's?‹, werden wir gefragt. Und auch wenn wir diese Frage nicht nur höflich-konventionell, sondern rückhaltlos aufrichtig beantworten, wird unsere Antwort nicht selten nur lauten: ›Na ja, es geht so.‹ Freilich kann es uns dann passieren, daß wir Verwunderung erregen: Es könnte heißen, daß wir doch eigentlich glücklich sein müßten. Zur Begründung könnte jemand Umstände unseres Lebens aufzählen, die ihn zu dieser Ansicht bringen. Und wirklich können wir uns in der Lage, da unser Leben so dahinfließt, ohne Euphorie, aber auch ohne große Schwierigkeiten, immer jemand denken, aus dessen Perspektive unser Leben als ein glückliches erscheinen mag. Wir können daraus zunächst ersehen, daß die Worte *glücklich* und *unglücklich* wertend gebraucht werden und daß diese Wertung perspektivisch unterschiedlich ausfallen kann.

Damit stellen sich gleich mehrere Fragen: Was ist der Maßstab einer solchen Wertung? Müssen wir akzeptieren, daß diese Wertungen völlig relativ zur jeweiligen Perspektive sind, oder gibt es doch objektive Anhaltspunkte? Kann die Relativität der Bewertungen so weit gehen, daß das, was einer *glücklich* nennt, ein anderer als *unglücklich* bezeichnet? Was besagt jener Zustand, in dem wir diese Wertprädikate gar nicht verwenden möchten, im Hinblick auf den Begriff des Glücks? Denn wenn dieser Zustand nicht selten vorkommt, müssen wir dann sagen, daß das Glück eher ein kurzzeitiges Ausnahmeerlebnis ist?

Bleiben wir zunächst bei der Wertung. Wenn wir glücklich sind, dann fühlen wir uns gut: Wir sind ›gut drauf‹. Das Wort *gut* bezeichnet hier im wesentlich nichts anderes als ein angenehmes Gefühl. Allerdings könnten wir den Begriff *Gefühl* vielleicht noch sinnvoll vom Begriff *Stimmung* unterscheiden. Während das Gefühl intentional auf einen bestimmten Inhalt gerichtet ist, können wir eine Stimmung eher als affektive Reaktion auf unsere Gesamtsituation verstehen. Wenn wir sagen, daß wir glücklich sind, dann bringen wir also zum Ausdruck, daß wir uns aufgrund unserer Lebenssituation insgesamt in einer angenehmen Stimmung befinden.

Aber was heißt es in einer angenehmen Stimmung zu sein? Ursula Wolf schreibt hierüber:

> »Solche Erfahrungen werden meist so beschrieben, daß man sich in ihnen als eins mit sich selbst und der Welt erlebt. Das würde heißen, daß wir zumindest paradigmatisch einzelne Glückserlebnisse haben und von daher ungefähr erläutern können, was mit Glück gemeint ist, nämlich offenbar eben dies, daß die Beziehung zu allem, die unbestimmt in der Affektivität liegt, glückt. [...] Denn die Affektivität reagiert gerade auf die komplexe Gesamtsituation, unabhängig davon, ob sie nur implizit verstanden oder expliziert ist. Sie vermag daher anzuzeigen, inwieweit eine bestimmte Lebensweise für die Person tatsächlich passend ist oder nicht.«[1]

Wenn wir glücklich oder unglücklich sind, müssen wir nicht genau sagen können, warum wir so gestimmt sind. Aber wir bejahen eine Situation affektiv, wenn wir glücklich sind, fühlen uns in ihr unwohl, wenn wir unglücklich sind. Unsere Affekti-

---

[1] Ursula Wolf: Gefühle im Leben und in der Philosophie. In: Hinrich Fink-Eitel/Georg Lohmann (Hg.): Zur Philosophie der Gefühle. Frankfurt/M. 1993, S. 133f.

vität selbst ist offensichtlich das Kriterium des Glücks. Die unglückliche Stimmung zeigt an, daß etwas mit und in unserem Leben nicht stimmt, auch wenn wir oft nicht sagen können, was denn da nicht stimmt.

Dennoch verhält es sich mit der emotionalen Affirmation und Negation nicht ganz so einfach, wie es nun scheinen könnte. Nehmen wir an, jemand ist unglücklich. Er wurde von einem sogenannten Schicksalsschlag getroffen: Ein nahestehender Mensch ist gestorben, eine Liebe blieb unerfüllt – wir können uns leicht weitere Situationen vorstellen. Sicher wird der Unglückliche sich wünschen, die Sache wäre anders ausgegangen. Insofern verneint er die Lebenssituation emotional. Aber andererseits ist es nun einmal so, wie es ist. Daß der Betroffene die Lebenssituation negativ bewertet, muß nicht bedeuten, daß er ihr um jeden Preis und schnellst möglich entfliehen möchte. Wenn dies so wäre, müßte jede Ablenkung vom Unglück willkommen sein. Aber das ist, wie wir aus Erfahrung wissen, nicht immer der Fall. Der Unglückliche kann sagen: Ich will jetzt unglücklich sein. Dieses Wollen kann aus dem Wissen resultieren, daß er sein Unglück verarbeiten muß und nicht einfach verdrängen darf, wenn er wieder offen sein möchte für neues Glück. Der Unglückliche könnte den psychoanalytischen Begriff der *Trauerarbeit* kennen, die um der seelischen Gesundheit willen abzuleisten ist. Aber dieses zeitweise Wollen des Unglücks muß nicht auf Gründen beruhen. Es kann selbst eine Stimmung sein, eine Ahnung. Sicher wollen wir nicht, daß uns Unglück widerfährt. Aber wenn es eintritt, können wir es emotional annehmen. Bis zu einem gewissen Grade ist es für unser künftiges Glück sogar nötig, es anzunehmen.

Diese Erfahrung zeigt die Zusammengehörigkeit von Glück und Unglück. Sie besteht nicht nur trivialer Weise darin, daß jeder, der Glück empfinden kann, auch Unglück empfinden kann, und umgekehrt. Auch nicht nur darin, daß die Erfahrung des Unglücks für die Erfahrung des Glücks sensibilisiert. Der interessantere Aspekt dieser Zusammengehörigkeit besteht darin, daß unsere Glücksfähigkeit voraussetzt, daß wir auch das Unglück affektiv bejahen können, obwohl es selbst eine affektiv negative Bewertung ist. Wir sagen manchmal, jemand kultiviere seinen Schmerz, sein Unglück, er schwelge in Trauer oder Melancholie, vielleicht sogar in Selbstmitleid. Zwar gibt es hier gewiß ein – vielleicht individuelles – Maß, welches hinsichtlich Dauer und Intensität der Annehmung des Unglücks nicht überschritten werden sollte, dennoch kann diese Annehmung als notwendig im Hinblick auf künftige Glücksmöglichkeiten bezeichnet werden. Die Rede von einer Notwendigkeit in diesem Zusammenhang verweist auf weitere Voraussetzungen.

Wenn wir nämlich sagen, daß die emotionale Annehmung eingetretenen Unglücks im Hinblick auf künftige Glücksfähigkeit in einem gewissen Maße notwendig sei, dann unterstellen wir offensichtlich bereits einen reflexiven und letztlich instrumentellen Zusammenhang. Glück ist damit nicht nur ein Widerfahrnis, sondern etwas, was wir erstreben können, herbeiführen wollen. Zum anderen beweist unsere Fähigkeit zur Annehmung des Unglücks eine Ausstattung, wie sie für Wesen angemessen ist, in deren Leben Unglück nicht gänzlich vermieden werden kann. Diese Ausstattung entspricht offensichtlich unserer Endlichkeit und einer gewissen Kontingenz unserer Lebensumstände.

Endliche Wesen sind wir in mehrfacher Hinsicht. Zur *Endlichkeit* gehört nicht nur, daß wir Sterbliche sind und um unseren künftigen Tod wissen. Auch unsere Möglichkeiten des Wahrnehmens, Fühlens, Denkens und Handelns sind endlich. Die *Kontingenz* unserer Lebensumstände verhindert, daß wir unser Leben vollkommen planen und absichern können. Wir haben mit Schicksalsschlägen und mit dem Scheitern unserer Pläne zu rechen. Endlichkeit und Kontingenz sorgen dafür, daß wir mit Notwendigkeit in unserem Leben auch Unglück erleben. Martin Seel schreibt daher:

»Menschliches Glück ist ein Wohlergehen endlicher und verletzlicher Lebewesen, die wissen, daß ihr Leben endlich und ihr Zustand verletzlich ist. Ihr Glück ist ein Glück in dieser Lage. [...] Nur unter be-

> stimmten Bedingungen jedoch ist diese Lage überhaupt so, daß in ihr
> Glück erfahren werden kann. Eine Klärung dieser Bedingungen kann
> sich an der Frage orientieren, unter welchen Bedingungen *kein* gutes
> Leben möglich.«[2]

Seel geht es also um notwendige Bedingungen des Glücks, die
sich aus der Endlichkeit und Kontingenz menschlichen Lebens
ergeben, aber nicht als hinreichende Bedingungen mißverstan-
den werden dürfen. Er nennt drei: relative Sicherheit, relative
Gesundheit, relative Freiheit.[3]

Unter *relativer Sicherheit* versteht Seel eine wenigstens mini-
male Vertrautheit und Verläßlichkeit unserer Lebenswelt, denn
im Zustand permanenter Angst ist Glück nicht möglich. *Relative
Gesundheit* bezeichnet einen physischen und seelischen Zustand, dessen Maß kaum anzugeben ist. Aber wir können uns
gewiß Krankheiten, Schmerzen oder seelische Zustände vorstellen, in denen wir die Glücksfähigkeit verlieren. Mit der Rede
von *relativer Freiheit* zielt Seel nicht auf einen politisch an-
spruchsvollen Freiheitsbegriff. Denn die Bedingungen der
Glücksfähigkeit möchte er relativ unabhängig von Staatsformen
fassen. Seel schreibt daher:

> »Freiheit meint hier zunächst so etwas Elementares wie Bewegungs-
> freiheit und außerdem die Möglichkeit, einige für das eigene Leben
> wichtige Dinge selbst zu entscheiden.«[4]

Die genannten notwendigen Bedingungen stehen untereinander in einem engen Zusammenhang. Sind sie nicht erfüllt, sind
Endlichkeit und Kontingenz unseres Lebens nicht mehr zu ver-
winden. Glück ist dann unmöglich.

Die Einsicht in Endlichkeit und Kontingenz hat Konsequenzen für den Glücksbegriff. Wir können nicht erwarten, für die
Dauer unseres Lebens glücklich zu sein. Die Vorstellung eines
lebenslangen Glücks ist ein Ideal, dem unsere Lebenswirklich-

---

[2] Martin Seel: Versuch über die Form des Glücks. Studien zur Ethik. Frank-
furt/M. 1995, S. 83.
[3] Vgl. Ebenda, S. 83ff.
[4] Ebenda, S. 85.

keit nicht entsprechen kann. Wem dieses Ideal zur fixen Idee wird, wer also glaubt, sein Leben müsse diesem Ideal entsprechen, der ist bereits auf eine Weise zum Leben eingestellt, die ihm die realen Glücksmöglichkeiten verbaut.

Wir hatten aber gesagt, daß die affektive, auf die Gesamtsituation bezogene Stimmung das Kriterium dafür ist, ob jemand glücklich oder unglücklich ist. Dies müssen wir auch nicht zurücknehmen: Wer der idealischen Einstellung folgt, wird sich real unglücklich fühlen, und insofern ist er es auch. Das Kriterium gilt auch hier. Aber es zeigt sich nun ein Zusammenhang zwischen Gefühlen und Stimmungen einerseits und Einstellungen andererseits. Wenn eine Einstellung auf mangelnder Einsicht, auf mangelnden Realitätssinn, beruht, dann ist eine Einstellungsänderung mit Gründen möglich. Unsere Emotionalität ist nicht gänzlich unabhängig von unserem Denken. Im Falle der idealischen Einstellung könnte also eine Einstellungsänderung auch ohne Veränderungen der objektiven Gegebenheiten zu einer anderen emotionalen Bewertung der Lebenssituation führen. Damit soll keineswegs gesagt sein, daß wir nur ›positiv denken‹ müssen, um glücklich zu sein. Es soll aber gesagt sein, daß ein Zusammenhang besteht, zwischen unseren Einstellungen, Gefühlen und Wertungen. Und insofern affektive Stellungnahmen von unserem Wissen und Denken abhängig sind, können sie auch kritisiert werden. Daß seine affektive Stimmung das letzte subjektive Kriterium dafür ist, ob jemand glücklich oder unglücklich ist, heißt eben nicht, daß diese Bewertung damit jeder diskursiven Kritik entzogen wäre.

Ein objektiver Aspekt, der in die Bewertung mit eingehen muß, ist also der, daß wir nicht für die gesamte Dauer unseres Lebens glücklich sein können. Glück, verstanden als eine angenehme, auf die Lebenssituation bezogene Stimmung, ist uns daher nur episodisch möglich. Dennoch haben Philosophen immer wieder geltend gemacht, daß von einem guten, einem gelingenden Leben nur bezogen auf das gesamte Leben die Rede sein kann. Wie ist dies zu verstehen, wenn wir darin mehr sehen wollen als ein realitätsfernes Ideal?

Zunächst einmal muß mit dem gesamten Leben nicht die gesamte Dauer des Lebens gemeint sein. Die affektive Bewertung betrifft die gesamte Lebenssituation zunächst in dem Sinne, daß wird hinsichtlich unserer wichtigsten Selbst- und Weltverhältnisse uns wohl befinden. Wir alle kennen das Phänomen, daß wir uns einer eigentlich angenehmen Sache nicht recht erfreuen können, wenn die sonstigen Lebensumstände nur Ungemach versprechen. Das episodische Glück kann also nur als solches erlebt werden, wenn darüber hinaus zumindest die Möglichkeit, die begründete Hoffnung gelingenden Lebens besteht. Insofern ist im Erleben episodischen Glücks die jeweilige Lebenssituation immer schon auf die Perspektive des qualitativ wie quantitativ gesamten Lebens bezogen: Im Glückserleben sind wir sozusagen guten Mutes. Wir fühlen uns gewappnet, Schicksalsschläge ertragen und Unglück überwinden zu können. Das Glück macht uns stark, auch das Unglück annehmen zu können. Diese Zuversicht und Stärke resultiert eben daraus, daß wir uns hinsichtlich der wichtigsten Selbst- und Weltverhältnisse wohl befinden. Martin Seel unternimmt es, diese Dimensionen menschlichen Lebens aufzulisten. Er schreibt:

>»Zentrale Dimensionen eines guten menschlichen Lebens sind gelingende Arbeit und gelingende Interaktion, außerdem gelingendes Spiel und gelingende Betrachtung. Jede dieser Verhaltensweisen kann verstanden werden als Erschließung einer bestimmten Wirklichkeit, die einem gelingenden Leben zugänglich sein muß, gleichgültig, in welchem Verhältnis es diese Dimensionen aufsucht oder welche Verbindungen zwischen ihnen die jeweilige Lebensform dominieren. Wenn es oben hieß, gelingendes Leben spiele sich ›in der Reichweite‹ erfüllter Lebenssituationen ab, auch wenn es zahlreiche widrige und verstörende Situationen zu bestehen habe, so könnte konkreter gesagt werden: es spielt sich in der Reichweite bestimmter Formen der Arbeit und der Interaktion, des Spiels und der Betrachtung ab. Ein gutes Leben ließe sich demnach bestimmen als eines, das (trotz allem anderen) in der Gegenwart dieser Möglichkeiten steht.«[5]

---

[5] Ebenda, S. 139.

Wir wollen die vier genannten Dimensionen – Arbeit und Interaktion, Spiel und Kontemplation – nicht weiter diskutieren. Aber es dürfte deutlich sein, daß mit ihnen der Versuch unternommen wird, alle spezifisch menschlichen Lebensaktivitäten abzudecken. Im Hinblick auf diese Dimensionen darf die Perspektive also nicht verbaut sein, um episodisches Glück im Horizont des gesamten Lebens erfahren zu können.

Diese notwendige Offenheit der Perspektive auf ein gutes Leben bringt uns zurück zu dem bereits erwähnten Aspekt, daß wir Glück erstreben. Inwiefern können wir etwas für unser Glück tun? Gibt es eine Technik des Glücks?

Über diese Fragen denkt Immanuel Kant im Kontext seiner vermeintlichen Einteilung hypothetischer Imperative nach. Wir können von einer vermeintlichen Einteilung hypothetischer Imperative sprechen, weil sich in Kants Diskussion zeigt, daß von Imperativen nur cum grano salis die Rede sein kann. Die Einteilung nimmt Kant zunächst vor, wenn er schreibt:

> »Der hypothetische Imperativ sagt also nur, daß die Handlung zu irgend einer *möglichen* oder *wirklichen* Absicht gut sei. Im erstern Falle ist er ein *problematisch-*, im zweiten *assertorisch-praktisches* Prinzip.«[6]

Die problematischen Imperative nennt Kant auch *Regeln der Geschicklichkeit* oder *technische Regeln*. Die letzte Bezeichnung ist wohl die angemessene. Es geht darum, wie und wodurch eine mögliche Wirkung hervorgebracht werden kann. Im Kontext der Handlung denken wir die Wirkung unter der Kategorie des Zwecks, die zur Wirkung hinreichende Ursache unter der des Mittels. Die technische Überlegung fragt also, welche Wirkungen mit einem gegeben Mittel erzielt werden können oder mit welchen Mitteln eine vorgestellte Wirkung zu erreichen ist. In beiden Fällen ist die Erkenntnis von Sachverhalten nötig. Um entscheiden zu können, ob etwas als Mittel technisch geeignet ist, bedarf es inhaltlich bestimmter Begriffe von

---

[6] I. Kant: Grundlegung zur Metaphysik der Sitten, BA 40.

den Sachverhalten, die als Mittel bzw. Zweck fungieren sollen. Je besser unsere theoretischen Einsichten in die relevanten Sachverhalte, um so größer unsere Chance des Gelingens. Zu letzterem werden dann freilich auch Rahmenbedingungen sowie Fertigkeiten im Handlungsvollzug erforderlich, auf die der Begriff *Geschicklichkeit* anspielt.

Im Hinblick auf einzelne mögliche Zwecke stellt sich daher kein prinzipielles Problem, welches verhindern könnte, deren Realisierung als unsere Tat zu verstehen. Wir entwickeln Techniken, um mögliche Wirkungen hervorzubringen. Und wenn wir eine dieser möglichen Wirkungen uns wirklich als Zweck setzen, dann wenden wir die entsprechende Technik an, bedienen uns des geeigneten Mittels.

Anders, meint Kant, verhält es sich mit den assertorischen Imperativen, die er auch *Anratungen* oder *Ratschläge der Klugheit* nennt. Auch hier sind die alternativen Bezeichnungen angemessener als die Rede von Imperativen. Die Klassifikation *assertorisch* soll besagen, daß es um Regeln im Hinblick auf einen wirklichen Zweck geht, d. h. einen Zweck, den wir als Menschen notwendigerweise verfolgen: die Glückseligkeit. Wenn nun auch die Ratschläge der Klugheit als technische Regeln gedacht werden könnten, dann müßten wir einen bestimmten Begriff von Glückseligkeit haben und entsprechend geeignete Mittel angeben können. Aber Kant schreibt:

»Allein es ist ein Unglück, daß der Begriff Glückseligkeit ein so unbestimmter Begriff ist, daß, obgleich jeder Mensch zu dieser zu gelangen wünscht, er doch niemals bestimmt und mit sich selbst einstimmig sagen kann, was er eigentlich wünsche und wolle. Die Ursache davon ist: daß alle Elemente, die zum Begriff der Glückseligkeit gehören, insgesamt empirisch sind, d. i. aus der Erfahrung müssen entlehnt werden, daß gleichwohl zur Glückseligkeit ein absolutes Ganze, ein Maximum des Wohlbefindens, in meinem gegenwärtigen und jedem zukünftigen Zustande erforderlich ist. Nun ist's unmöglich, daß das einsehenste und zugleich allervermögenste, aber doch endliche Wesen [der Mensch] sich einen bestimmten Begriff von dem mache, was er hier eigentlich wolle. Will er Reichtum, wie viel Sorge,

Neid und Nachstellung könnte er sich dadurch nicht auf den Hals ziehen. [...] Will er ein langes Leben, wer steht ihm dafür, daß es nicht ein langes Elend sein würde? [...] Kurz, er ist nicht vermögend, nach irgend einem Grundsatze, mit völliger Gewißheit zu bestimmen, was ihn wahrhaftig glücklich machen werde, darum, weil hiezu Allwissenheit erforderlich sein würde. Man kann also nicht nach bestimmten Prinzipien handeln, um glücklich zu sein, sondern nur nach empirischen Ratschlägen, z. B. der Diät, der Sparsamkeit, der Höflichkeit, der Zurückhaltung usw., von welchen die Erfahrung lehrt, daß sie das Wohlbefinden im Durchschnitt am meisten befördern. Hieraus folgt, daß die Imperativen der Klugheit, genau zu reden, gar nicht gebieten, d. i. Handlungen objektiv als praktisch-notwendig darstellen können, daß sie eher für Anratungen (consilia) als Gebote (praecepta) der Vernunft zu halten sind, daß die Aufgabe: sicher und allgemein zu bestimmen, welche Handlungen die Glückseligkeit eines vernünftigen Wesens befördern werde, völlig unauflöslich, mithin kein Imperativ in Ansehung derselben möglich sei, der im strengen Verstande gebe, das zu tun, was glücklich macht, weil Glückseligkeit nicht ein Ideal der Vernunft, sondern der Einbildungskraft ist, was bloß auf empirischen Gründen beruht, von denen man vergeblich erwartet, daß sie eine Handlung bestimmen sollten, dadurch die Totalität einer in der Tat unendlichen Reihe von Folgen erreicht würde.«[7]

Fassen wir Kants Gedankengang zusammen: Jeder Mensch strebt nach Glückseligkeit. Aber Glückseligkeit ist ein unbestimmter und, wie Kant zeigen möchte, *unbestimmbarer* Begriff. Daher kann kein Mensch mit Bestimmtheit und Konsequenz sagen, wonach er eigentlich strebt, wenn er nach Glückseligkeit strebt. Die Gründe, die Kant für die Unbestimmbarkeit des Begriffs der Glückseligkeit und für die Unmöglichkeit, auch nur bei einer Bestimmung mit Konsequenz bleiben zu können, anführt, können wir so rekonstruieren: Alles, was wir wollen können, um glücklich zu werden, – also z. B.: Reichtum und ein langes Leben, Kant nennt auch: Gesundheit und Erkenntnis, – muß nicht mit Notwendigkeit zu unserer Glückseligkeit führen. Wohin es jeweils führt, könnten wir nur dann mit Bestimmtheit sagen, wenn wir allwissend wären. Aber als endliche Wesen

---

[7] Ebenda, BA 46ff.

können wir nicht allwissend sein. Also können wir keine bestimmte Ursache erkennen, die mit Notwendigkeit Glückseligkeit bewirkt. Wir können also kein Prinzip, keine technische Regel, aufstellen, das den Zweck der Glückseligkeit mit einem hinreichenden Mittel verknüpft. Also ist eine Technik der Glückseligkeit unmöglich.[8] Wir können nur Ratschläge erteilen, insofern wir aus Lebenserfahrung wissen, was meistens oder im Durchschnitt, wie Kant sagt, zur Glückseligkeit von Menschen beigetragen hat. Aber auch an einem solchen Ratschlag können wir nicht mit Konsequenz festhalten, weil er immer nur bezogen auf die jeweilige Lebenssituation des Beratenen sinnvoll ist, die Lebenssituation sich aber verändert: Was z. B. für einen Menschen in seiner Jugend ein guter Rat ist, muß für denselben Menschen, wenn er älter geworden ist, nicht immer noch ein guter Rat sein.

Nun könnte jemand auf den Gedanken verfallen, Kant kenne eben nicht die Möglichkeiten der modernen Technik: Heute sei es durchaus möglich, Glückseligkeit technisch zu bewirken. Diesen Fall diskutiert Robert Spaemann, indem er schreibt:

> »Stellen wir uns einen Menschen vor, der in einer Intensivstation auf einem Tisch angeschnallt ist. In sein Gehirn sind feine Drähte eingeführt, und durch gezielte Stromzufuhr wird in ihm ein Zustand permanenter Euphorie erzeugt, die sich auf seinem Gesicht abzeichnet. Der Arzt versichert uns, dieser Zustand werde bis zum Tod des Patienten andauern. Würden wir mit diesem Menschen tauschen wollen? Der englische Moralphilosoph Hare hat ›Glück‹ als Zustand desjenigen definiert, mit dem wir gern tauschen würden. Mit diesem Menschen würden wir nicht tauschen wollen, und auch nicht mit dem Mann, der deshalb so vergnügt ist, weil er zu dumm ist zu merken, daß alle andern über ihn lachen.«[9]

---

[8] Auch ein Prinzip der reinen praktischen Vernunft, wie es Kant für die Moral aufstellt, für die Glückseligkeit anzugeben ist unmöglich. Denn Glückseligkeit kommt uns zu, insofern wir auch Sinnenwesen sind. Also müßte jedes Prinzip, jede auf Glückseligkeit zielende Regel empirisch gehaltvoll sein.

[9] Robert Spaemann: Philosophie als Lehre vom glücklichen Leben. In: ders.: Philosophische Essays. Stuttgart 1983, S. 90f.

Wir können uns also durchaus Techniken der Lust oder der Euphorie denken, und es gibt sie auch, aber wir würden sie als solche nicht schon als Techniken der Glückseligkeit anerkennen. Warum nicht?

Zur Glückseligkeit gehören sicher Lustgefühle, aber diese müssen auf eine bestimmte Weise in unser Leben integriert sein. Mit jenem angeschnallten, an Drähten hängenden Menschen würden wir nicht tauschen wollen, weil er gar nicht mehr in der Lage ist, sein Leben zu *führen*. Für ihn gibt es keine überlegte Selbstbestimmung mehr, keine Herausforderung, keine unerwartete Erfahrung. Der Mensch als ein vernünftiges, entscheidendes, tätiges und soziales Wesen ist in der Lage dieses Menschen auf bloße Sinnlichkeit, bloße Rezeptivität reduziert: Dies ist kein menschliches Leben, also kann es auch kein menschliches Glück sein, was er empfindet. Nur *die* Lust gehört zur Glückseligkeit, die in die von Seel genannten Dimensionen menschlichen Lebens – Interaktion und Arbeit, Spiel und Betrachtung – integriert ist. Selbstbestimmung, noch gar nicht im Sinne moralischer Autonomie gemeint, sondern nur als aktive, bewußte und reflektierte Lebensführung, ist eine notwendige Voraussetzung menschlicher Glückseligkeit.

Von dieser Art sind auch die Gründe, weshalb wir nicht mit jenem Menschen tauschen wollten, der sich glücklich wähnt und nicht bemerkt, daß die andern ihn auslachen. Auch hier ist die menschliche Lebensführung auf eine ihre Spezifik aufhebende Weise eingeschränkt. Spaemann schreibt vom Menschen:

> »Er ist nicht beschränkt auf die Perspektive, die sich von seiner Innenwelt aus ergibt. Was er für sich ist, bleibt nicht beziehungslos zu dem, was er für andere ist. Er sieht sich sozusagen zugleich mit den Augen anderer.«[10]

Wenn diese Dimension aber nicht in die Bewertung des eigenen Lebens integriert ist, dann bleibt diese Bewertung notwendigerweise prekär: Es kann jederzeit ein böses Erwachen geben.

---

[10] Ebenda, S. 91.

Unsere selbstbestimmte, auch sozial reflektierte Lebensführung läßt uns ein illusionäres Glück und die bloße, nicht in die bewußte Lebensführung integrierte, Lustmaximierung nicht als erstrebenswert erscheinen. Spaemann schreibt daher:

> »Glück unterscheidet sich von subjektiver Lustempfindung dadurch, daß es Wirklichkeit erschließt. Das hebräische Wort für Beischlaf heißt ›jadah‹, und ›jadah‹ heißt Erkennen: ›Adam erkannte sein Weib.‹ Jeder Liebende weiß, wovon die Rede ist. Die Augenblicke intensivsten Glücks sind ganz sicher nicht die, in denen die Liebenden, ins Spießertum abgesunken, auf ihre eigene Lustmaximierung zu reflektieren beginnen.«[11]

Mögliche Techniken der Lust sind also keine Techniken der Glückseligkeit. Eine Technik der Glückseligkeit ist unmöglich. Aber dies schließt nicht aus, daß wir in unserem Streben nach Glückseligkeit Techniken der Lust sinnvoll verwenden können: Das Glückseligkeitsstreben kann sich auch in Tätigkeiten äußeren, die direkt auf Lust zielen. Solches Tun ist eigentlich sogar alltäglich: Um unsere Stimmung aufzuhellen, hören wir Musik, begeben uns in Gesellschaft, trinken ein Glas Wein, schauen einen Film und dergleichen mehr. Freilich ist der Erfolg hier nicht garantiert: Wir hängen dann eben nicht an Drähten, die uns fremdbestimmen und zum bloßen Glied einer Kausalkette herabsetzen. Wenn wir aber mit den alltäglichen Techniken erfolgreich sind, dann ist diese Lust bereits in die Lebensführung integriert und kann daher zu unserer Glückseligkeit beitragen.

Auch wenn eine Technik der Glückseligkeit unmöglich ist, können wir also etwas für unser Glück tun. Aber die Tätigkeiten, die direkt auf Lustgewinn zielen, sind nicht die einzigen Möglichkeiten, etwas für unser Glück zu tun. Sie sind nicht einmal die besten Möglichkeiten, auch dann nicht, wenn sie in die selbstbestimmte Lebensführung integriert sind. Es ist eine oft bestätigte Erfahrung, daß alltägliche

---

[11] Ebenda, S. 90.

Techniken der Lust schnell ihren Reiz verlieren können, wenn sie wiederholt und allzu häufig angewandt werden. Übersättigung und Langeweile stellen sich dann ein. Würden wir uns auf solche Techniken beschränken, dann würde das Verlangen nach immer neuen und stärkeren Reizen sich in immer kleineren Perioden bemerkbar machen. So in eine schlechte Unendlichkeit geratend, würden wir statt Glückseligkeit eher Frust empfinden.

Der Hauptweg, etwas für unsere Glückseligkeit zu tun, muß daher ein anderer sein. Hören wir noch einmal Spaemann. Er schreibt:

> »[...] Scheler hat darauf aufmerksam gemacht, daß nur körperliche Lustempfindungen unmittelbar Gegenstand intentionalen Handelns sein können. [...] Was aber diese gehaltvolleren, den Menschen wirklich erfüllenden Stimmungen der Freude, des Glücks, der Seligkeit betrifft, so werden sie durch Reflexion auf den eigenen Lustgewinn gerade behindert. Sie sind nicht das Resultat von Bemühungen, die auf ihre Hervorbringung gerichtet sind, sondern stellen sich, wie wiederum Scheler gesagt hat, ›auf dem Rücken von Akten‹ ein, die auf ganz andere Inhalte zielen. Das gehört ja auch zur Weisheit der Märchen. Für Pechmarie, die nur auf Gold aus ist, regnet es eben gerade nicht Gold, während Goldmarie darauf aus ist, ihre Arbeit richtig zu machen.«[12]

Wir können das Glück nicht technisch erzwingen. Insofern können wir es nicht machen. Aber wenn wir nur auf Lustgewinn aus sind oder wenn wir gar nichts tun, werden wir auch nicht glücklich. Wenn wir Goldmarie folgen, und wenn wir das Gold als Symbol des Glücks verstehen, dann sollten wir jede Aufgabe, die sich uns im Leben stellt, jedes Projekt, das wir selbst entwerfen, sei es im Bereich der Arbeit, der Interaktion, des Spiels oder der Kontemplation, ernst nehmen und so gut als möglich zu bewältigen versuchen, ohne dabei auf Lustgewinn zu schielen und ohne das Glück direkt intendieren zu wollen. Freilich ist auch dann das Glück nur im Märchen ga-

---

[12] Ebenda, S. 89f.

rantiert. Im Leben aber ist diese Art des Tätigseins wohl das Beste, was wir überhaupt wählen können, trotz der nicht auszuschaltenden Möglichkeit des Scheiterns.

Wenn wir diesem Konzept folgen, müssen wir noch zwei wichtige Gesichtspunkte beachten. Der eine betrifft die Auseinandersetzung mit einem alternativen Konzept, worauf wir noch eingehen werden, der andere betrifft noch einmal das Verhältnis des episodischen Glücks zur Gesamtperspektive des Lebens.

Das Glück, welches wir im Tätigsein oder beim Erreichen unserer Ziele erfahren, ist ein episodisches Glück. Als ein solches hat es immer eine Außenseite, die der Integration bedarf. So wie die Lust nur zur Glückseligkeit gehören kann, wenn sie in die selbstbestimmte Lebensführung integrierbar ist, so kann das episodische Glück nur dann wirklich als Glück bewertet werden, wenn es nicht Konsequenzen zeitig, die eine hoffnungsvolle Perspektive auf ein im Ganzen gutes Leben verbauen. Spaemann erläutert dies am Beispiel einer Bergtour. Diese mag anstrengend sein, und wir mögen es unterwegs manchmal verwünschen, diese Anstrengung auf uns genommen zu haben. Aber auf dem Gipfel oder in der Erinnerung können wir die gesamte Tour doch als ein episodisches Glück bewerten. Aber nun kommt das Problem des Außenaspekts hinzu. Spaemann schreibt:

»Freilich hat auch das Glück dieses Unternehmens noch einen Außenaspekt, der im Erlebnis nicht integriert ist, und zwar einfach deshalb, weil auch es nur ein Zeitabschnitt unseres Lebens ist. Es mag sein, daß wir durch dieses Unternehmen eine wichtige Chance unseres Lebens versäumten, so daß wir später bedauern müssen, diese Bergtour gemacht zu haben. [...] Das Insistieren auf einem nicht vermittelbaren Innenaspekt, [...] die Weigerung, die Kosten zu berücksichtigen, die ich selbst oder die andere für diesen Augenblick aufzuwenden haben, das ist es, was wir den Fanatismus der Leidenschaft nennen können und was sich als solches vom glücklichen Leben unterscheidet. [...] Den Außenaspekt des Lebens ignorieren heißt, sich fanatisch auf seine Partikularität zurückziehen, die doch nicht aufhört, Partikularität zu sein. Der Außenaspekt bleibt ja gegenwärtig. Wir können ihn nicht vergessen und zu Tieren werden, die sich niemals von außen sehen können.«[13]

Indem Spaemann ein Scheitern episodischen Glücks an seinem Außenaspekt ex post darstellt, verweist er letztlich darauf, daß der Außenaspekt bereits bei den Überlegung im Vorfeld des Handelns beachtet werden muß. Die Integration möglichst aller Aspekte des Handelns im Hinblick auf die Gesamtperspektive ist ein Gebot der Klugheit, wenn wir nach Glückseligkeit streben. In diesem Sinne macht der Fanatismus der Leidenschaften unklug und damit schließlich unglücklich.

Nun gibt es aber auch eine Sicht auf das Problem der Glückseligkeit, die das darstellte Konzept des klugen Strebens nach Glück in Frage stellt. Unser Glückskonzept unterstellt nämlich, daß Glück *steigerbar* sei. Auch wenn wir aufgrund der Einsicht in unsere Endlichkeit und in die Kontingenz unserer Lebensumstände kein für die gesamt Dauer des Lebens währendes Glück erwarten, so streben wir doch danach, unsere Glücksbilanz zu verbessern. Dies ist doch der Grund, weshalb wir auf die Bewahrung einer selbstbestimmten Lebensführung achten, weshalb wir maßhalten im Hinblick auf Lüste, die schnell ihren Reiz verlieren, weshalb wir versuchen, möglichste alle Aspekte eines Tuns in die Lebensperspektive zu integrieren. *Unsere Klugheit zielt auf die Steigerung des Glücks.* Und genau hier setzt das alternative Konzept mit seiner Kritik an. So schreibt Epikur:

> »Nichts ist ausreichend für den, dem das Ausreichende zu wenig ist.«[14]

Aber, so möchten wir gleich fragen, was ist denn das Ausreichende? Dies fragt auch Epikur. Während wir mit bestimmten Dingen maßhalten, um unser Glück zu steigern, sucht Epikur dagegen nach einem Maß des Ausreichenden für das Glück:

---

[13] Ebenda, 91f.

[14] Epikur: Briefe – Sprüche – Werkfragmente. Griechisch/Deutsch. Hg. und übersetzt von Hans-Wolfgang Krautz. Stuttgart 2000, S. 95 (Spruch 68).

Wenn dieses Ausreichende nicht gegeben ist, dann sind wir unglücklich. Ist es gegeben, sind wir glücklich. Erstreben wir aber mehr als das Ausreichende, dann werden wir wieder unglücklich. Glück wird also nicht im Modus des Steigerbaren gedacht. Das Glück gilt Epikur im wahrsten Sinne des Wortes als *Endziel*: Das griechische Wort *Telos* bedeutet nicht nur *Zweck*, wie es heute zumeist übersetzt wird, sondern auch *Ziel* und zugleich *Grenze*. Dies ist zu beachten, wenn Epikur schreibt:

> »Der unserer Anlage entsprechende Reichtum ist begrenzt und leicht zu beschaffen, der ziellosen Erwartungen entsprechende artet jedoch ins Grenzenlose aus.«[15]

Das unserer Anlage, unserer Natur entsprechende Glück ist für Epikur das Ziel und als solches zugleich Grenze: Wer mehr möchte, schießt über das Ziel hinaus, verfehlt es also.

Worin sieht Epikur nun aber das Maß des Ausreichenden für das Glück? Darüber schreibt er in seinem *Brief an Menoikeus*:

> »Wir müssen ferner berücksichtigen, daß die Begierden zum einen anlagebedingt, zum andern ziellos sind. Und zwar sind von den anlagebedingten die einen notwendig, die andern nur anlagebedingt; von den notwendigen wiederum sind die einen zum Glück notwendig, die andern zur Störungsfreiheit des Körpers, die dritten zum bloßen Leben. Denn eine unbeirrte Beobachtung dieser Zusammenhänge weiß ein jedes Wählen und Meiden zurückzuführen auf die Gesundheit des Körpers und die Unerschütterlichkeit der Seele: denn dies ist das Ziel des glückseligen Lebens. Um dessentwillen tun wir ja alles, damit wir weder Schmerz noch Unruhe empfinden. Sooft dies einmal an uns geschieht, legt sich der ganze Sturm der Seele, weil das Lebewesen nicht imstande ist, weiterzugehen wie auf der Suche nach etwas, was ihm mangelt, und etwas anderes zu erstreben, wodurch sich das Wohlbefinden der Seele und des Körpers erfüllen würde. Denn nur dann haben wir ein Bedürfnis nach Lust, wenn wir deswegen, weil uns die Lust fehlt, Schmerz empfinden; {wenn wir aber keinen Schmerz empfinden}, bedürfen wir auch der Lust nicht mehr.«[16]

---

[15] Ebenda, S. 71 (Spruch XV).
[16] Ebenda, S. 47.

Das Glück ist also zielgenau erreicht, wenn wir körperlich gesund und befriedigt und unerschütterlich in der Seele sind. Und dies ist dann der Fall, wenn die anlagebedingten *und* zugleich lebensnotwendigen Bedürfnisse erfüllt sind. Die anderen Bedürfnisse, die ziellosen, d. h. grenzenlosen, und auch manche der anlagebedingten, aber nicht lebensnotwendigen, sollten wir klugerweise nicht zu befriedigen trachten. Daher schreibt Epikur:

> »Nicht vergewaltigen sollen wir unsere Veranlagung, sondern überreden. Und überreden werden wir die notwendigen Begierden, indem wir sie erfüllen, die nur anlagebedingten ebenso, insofern sie nicht schaden, die schädlichen aber, indem wir sie scharf zurechtweisen.«[17]

Glück ist für Epikur letztlich die Abwesenheit von körperlichem Schmerz und seelischer Unruhe. Der folgende Spruch verdeutlicht dies:

> »Wer die Grenzen des Lebens erkannt hat, weiß, daß leicht zu beschaffen ist, was das schmerzende Gefühl des Mangels aufhebt und das gesamte Leben vollkommen werden läßt. Also bedarf er keiner Verhältnisse, die Konkurrenzkämpfe in sich bergen.«[18]

Das Glück wird von Epikur also immer nur als Abwesenheit eines Unglücks, als Ausgleich eines Mangels, als Befriedigung eines notwendigen Bedürfnisses bestimmt. Deshalb ist es nicht steigerbar, sondern findet Maß und Ziel, wenn das in den genannten Hinsichten Ausreichende gegeben ist. In der Konzeption des steigerbaren Glücks dagegen kommen diese Aspekte nur als notwendige, aber nicht als hinreichende Bedingungen des Glücks vor: Erinnern wir uns an Martin Seels Rede von der relativen Sicherheit, der relativen Gesundheit und der relativen Freiheit. Seel schreibt daher kritisch gegen epikureische Glückskonzepte:

---

[17] Ebenda, S. 84f (Spruch 21).
[18] Ebenda, S. 73 (Spruch XXI).

>»In der Tradition – etwa in der hellenistischen Ethik oder bei Scho-
>penhauer – ist gelegentlich die Auffassung vertreten worden, ein von
>äußeren und inneren Bedrängnissen freies Leben sei bereits das gute
>Leben. Der negative Begriff der Leidensfreiheit sei der einzig allge-
>meine Begriff des Wohlergehens. Das ist jedoch wenig überzeugend.
>Denn der Begriff des Leidens verweist immanent auf Lebensmög-
>lichkeiten, die im Zustand des Leidens verschlossen sind, in seiner
>Abwesenheit aber offen stehen – auf Möglichkeiten eines guten Le-
>bens. Das Offenstehen dieser Möglichkeiten – das Erfülltsein der Be-
>dingungen guten Lebens – muß daher aus der Bedeutung der
>Realisierung dieser Möglichkeiten – aus dem Erfülltsein der Form
>des guten Lebens – verstanden werden. Die im Kern negativ formu-
>lierten Bedingungen des Glücks sind zwar notwendige, aber weder
>allein noch zusammen hinreichende Bedingungen.«[19]

Eine faire Einschätzung des alternativen Glückskonzepts darf
aber folgendes nicht übersehen: Ein Konzept, wie das des Epikur, beinhaltet eine Zivilisations- und Kulturkritik. Diese Kritik ist wohl zu radikal, schießt selbst über das Ziel hinaus.
Denn wie sollten überhaupt Kultur und Zivilisation entstehen,
wenn wir nur auf das Nötigste aus wären? Aber sie kann uns
doch zumindest dazu anhalten, wieder intensiver darüber nachzudenken, in welche Richtung und um welchen Preis wir unser
Glück steigern wollen. Und mit dieser Überlegung erschließt
sich nun auch die moralische Dimension, zumal wenn wir
dabei bedenken, daß noch immer Millionen Menschen *aus Not*
ihre Glücksvorstellung so beschreiben könnten wie Epikur,
wenn er sagt:

>»Des Fleisches Stimme ist: Nicht hungern, nicht dürsten, nicht frie-
>ren! Denn wenn einer dies besitzt und erwarten kann, es künftig zu
>besitzen, könnte er selbst mit Zeus um das Glück wetteifern.«[20]

Insofern sollten wir bei aller berechtigten Kritik zumindest den
folgenden Spruch des Epikur beherzigen:

---

[19] M. Seel: Versuch über die Form des Glücks. A. a. O., S. 87.
[20] Epikur: Briefe – Sprüche – Werkfragmente. A. a. O., S. 87 (Spruch 33).

»An alle Begierden richte man diese Frage: Was wird mir geschehen, wenn das erfüllt wird, was die Begierde erstrebt, und was, wenn es nicht erfüllt wird?«[21]

Dieser Spruch könnte uns lehren, was ein kluger, ein dem Glück dienlicher Verzicht ist; er könnte uns dieses Verzichten erleichtern. Und er könnte helfen, die Diskrepanz zwischen unseren Glückserwartungen und den moralischen Forderungen zu verringern.

---

[21] Ebenda, S. 95 (Spruch 71).

12. Die Frage nach dem Sinn des Lebens

Hat Leben Sinn? Hat es nur einen einzigen Sinn? Und wenn es einen hat: Worin besteht dieser? Geht es um den Sinn allen Lebens oder nur des menschlichen Lebens? – Die Frage nach dem Sinn des Lebens kann nicht nur unterschiedlich aufgefaßt werden. Es könnte sogar bezweifelt werden, ob es sich um eine sinnvolle Frage handelt. Was für eine Antwort erwarten wir denn, wenn wir nach dem Sinn des Lebens fragen? Und wer soll uns antworten?

In der heutigen Zeit erwarten die meisten Menschen die wirklich wichtigen Antworten von den Wissenschaften. So könnte eine demoskopische Befragung zunächst ermitteln, wieviel Prozent der Bevölkerung ihr Leben für sinnvoll halten. Durch weitere soziologische Studien wäre herauszubekommen, mit welchen Merkmalen – z. B. Herkunft, Bildung, Beruf, Einkommen, Familienstruktur, Freizeitinteressen usw. – diese Einschätzungen korrelieren. Es könnte dann mit statistischer Wahrscheinlichkeit gesagt werden, wie das Leben von jemanden beschaffen sein wird, der es als sinnvoll erlebt: Je mehr der ermittelten Merkmale auf den einzelnen zutreffen, desto größer die Wahrscheinlichkeit, daß er sein Leben als sinnvoll einschätzt.

Eine solche Vorgehensweise bedient gleich zwei der für den Zeitgeist typischen Einstellungen: den stilisierten Individualismus und die Wissenschaftsgläubigkeit. Der Individualismus besagt hier: Ob das eigene Leben sinnvoll ist, das muß jeder für sich selbst entscheiden. Diesem Vorurteil wird die Eingangsfrage der demoskopischen Untersuchung gerecht. Außerdem sind die statistische Auswertung der Ergebnisse und das Herstellen von Korrelationen anerkannte wissenschaftliche Methoden. Und so bekommt am Ende jeder den wissenschaftlichen Nachweis, daß seine doch ganz individuelle Antwort aufgrund gewisser Merkmale seines Lebens mit einer berechenbaren Wahrscheinlichkeit zu erwarten ist und als gruppenspezifisch gelten kann.

Würde uns ein solches Ergebnis aber letztlich zufriedenstellen? Was sagt eine solche Studie wirklich aus? Sicher, es könnte aus ihr abgeleitet werden, welche Bedingungen erfüllt sein müssen, damit Menschen in unserer Gesellschaft mit ihrem Leben zufrieden sind. Freilich handelt es sich nur um statistisch hinreichende Bedingungen; eine Rechtfertigung, diese als schlechthin hinreichende oder gar als notwendige behaupten zu können, ergibt sich auf diese Weise nicht. So nützlich das wohlverstandene Resultat für politische Entscheidungen oder für Zielsetzungen und Verhaltensweisen der individuellen Lebensführung auch sein mag, von Zweifeln bleibt es nicht verschont. Nicht zuletzt deshalb, weil wir längst daran gewöhnt sind, nicht alles, was Menschen sagen, für bare Münze zu nehmen, ohne sie deshalb der absichtlichen Lüge zu bezichtigen. Die spätestens im 19. und zu Beginn des 20. Jahrhunderts entwickelten Weisen der Bewußtseinskritik – etwa Marx' Begriffe des falschen Bewußtseins und der Entfremdung, Nietzsches Rückführungen auf den Willen zur Macht oder Freuds Begriffe der Rationalisierung, der Sublimierung und der Verdrängung – sind längst in einem nicht unerheblichen Maße Allgemeingut geworden. Und so könnten wir im Ungewissen darüber sein, ob die Befragten denn wirklich etwas über den Sinn des Lebens sagen, wenn sie ihr Leben als sinnvoll bewerten. Vielleicht belügen sie sich selbst, verfolgen damit bestimmte Interessen, urteilen nach falschen Kriterien, unterliegen den Manipulationen der Medien, folgen falschen Leitideen oder verdrängen ihre eigentlichen Bedürfnisse. Das Ergebnis einer statistischen Erhebung spricht hinsichtlich der Frage nach dem Sinn des Lebens nicht einfach für sich selbst. Es bedarf der Interpretation und der Bewertung.

Mit der Rede vom Sinn des Lebens ist also offensichtlich nichts gemeint, was durch sozialwissenschaftliche Untersuchungen – geschweige denn durch mathematische Berechnungen oder naturwissenschaftliche Entdeckungen – festgestellt werden könnte. Was empirische soziologische Studien wirklich besagen, wird erst durch eine Deutung ihrer Ergebnisse klar: in diesem Fall durch eine Deutung, die bereits voraussetzt, was denn unter dem Sinn des Lebens verstanden werden soll.

Mit dem Sinn des Lebens ist also kein Gegenstand der empirischen oder mathematischen Wissenschaften gemeint, sondern eher eine normative bzw. eine Wertkategorie. Unser Wertebewußtsein, gründet in Konventionen und Traditionen, im religiösen Glauben, in Erlebnissen der Kunst oder in philosophischen Argumentationen und natürlich immer in der eigenen Lebenserfahrung. Und weil hier weder der Ort ist, ein Kunsterlebnis zu bieten, zu missionieren oder eigene Lebenserfahrungen direkt zu schildern, bleibt für den weiteren Gang der Überlegungen nur die philosophische Argumentation. Dabei können freilich Kunst, Religion und Lebenserfahrung aus philosophischer Perspektive thematisch werden. Die philosophische Argumentation kann zu diesen Bereichen in unterschiedliche Verhältnisse treten: in das der Komplementarität, der Kritik oder der wechselseitigen Korrektur.

Die Frage nach dem Sinn des Lebens gehört anscheinend zu jenen Problemen, auf welche ein jeder Mensch im Laufe seines Lebens früher oder später einmal stößt. Veranlaßt wird sie dann zumeist durch eine Lebenskrise: Unzufriedenheit mit der eigenen Lebensführung, Klage über widrige Lebensumstände, widerfahrene Katastrophen oder Krankheiten, Verlust nahestehender Personen, immer wieder scheiternde Bemühungen in beruflicher Hinsicht oder unerfüllte Sehnsüchte in zwischenmenschlichen Beziehungen können Gründe sein, die uns unser Leben als sinnlos erscheinen lassen. Dies kann sogar dann geschehen, wenn die äußeren Lebensumstände sehr günstig sind, jemand durch Wohlstand und Erfolg verwöhnt wird, aber letztlich doch nur Überdruß und Langeweile empfindet. Überschreiten die Schwierigkeiten und die Unlustgefühle des Alltags ein gewisses, wenn auch unwägbares, Maß, dann stellen sie unser Leben in Frage.

Fragt jemand aus einer derartigen Krisensituation heraus nach dem Sinn des Lebens, so ist seine Frage zunächst einmal ein Ausdruck seiner Befindlichkeit. Eine solche Expression bekundet Unzufriedenheit, mangelnde Zuversicht, Einsamkeit, Orientierungslosigkeit oder gar Verzweiflung. Zwar mögen sich die Situationen typisieren lassen, trotzdem scheint eine jede einer individuellen, genau auf die betroffene Person zugeschnittenen, Auflösung zu bedürfen. Wer in eine Krise geraten ist, berät sich daher zumeist mit Freunden, Bekannten oder Verwandten – eben mit Personen, die ihm selbst nahestehen und die näheren Umstände gut kennen. Um die Lebenskrise zu beseitigen, wird Rat von Personen eingeholt, die emotional nicht gänzlich unbeteiligt, aber auch nicht direkt betroffen sind oder doch zumindest den Anschein erwecken, als besäßen sie die zum unbefangenen Urteil notwendige Distanz.

Worin kann der Rat bestehen? Wie kann geholfen werden? Jeder kann aus eigener Erfahrung auf diese Fragen antworten. Die Antworten gehören sozusagen zur ›Folklore‹ der Psychologie: Wir nehmen den anderen ernst, hören aufmerksam zu, analysieren gemeinsam mit ihm die Situation, spenden Trost. Schließlich versuchen wir, neue Sichtweisen auf das Problem geltend zu machen, um dem Betroffenen Zuversicht zu geben und um ihm Handlungsoptionen zu erschließen, die er noch nicht in Betracht gezogen hat, die aber seine Misere beheben könnten. Bei alledem folgen wir nicht nur einer mitmenschlichen Pflicht, geben nicht nur unserem Mitgefühl oder gar unserer Zuneigung Ausdruck, sondern wir setzten offensichtlich auch eine Einsicht als gültig voraus, die der französische Moralist Vauvenargues im 18. Jahrhundert so formuliert:

»Selten ist ein Unglück ausweglos; die Verzweiflung ist trügerischer als die Hoffnung.«[1]

Zu glauben, daß das Leben sinnlos sei, ist danach also nicht die schlechthin übliche Einstellung. Wir möchten schon die Gründe dafür hören, warum jemand das Leben für sinnlos erachtet. Unsere grundsätzlich bejahende Einstellung beweisen

---

[1] Luc von Clapiers, Marquis von Vauvenargues: Nachgelassene Maximen. In: Die französischen Moralisten. Übersetzt und mit einer Einleitung herausgegeben von Fritz Schalk. Leipzig 1962, S. 211.

wir, wenn wir zu helfen versuchen. Wie könnten wir auch unser Leben führen, wenn wir dessen Sinn unablässig in Zweifel ziehen würden? Die übliche Grundeinstellung ist also genau jene, die Vauvenargues in Worte faßt. Treffend spricht er auch aus, worin unser hilfreicher Rat im Kern bestehen wird:

> »Raten, das heißt den Menschen Motive zum Handeln geben, die sie nicht kennen.«[2]

Freilich kann es vorkommen, daß alle Bemühungen, mit Rat und Tat anderen über eine Lebenskrise hinwegzuhelfen, vergeblich sind. Der Betroffene kann derart in seiner Sicht der Dinge befangen sein, daß er ohne professionelle Hilfe sich nicht aus seiner Verzweiflung befreien kann. An die Stelle der ›folkloristischen‹ Psychologie sollte dann die fachmännische Psychotherapie treten. Ihr ist aufgegeben, die Fähigkeit der Reflexion beim Patienten wiederherzustellen: Er soll wieder befähigt werden, ein selbstkritisches Verhältnis zu sich einnehmen und eine realistische Sicht auf die Umstände gewinnen zu können. Weil zwischen Gefühlen und Urteilen enge und wechselseitige Beziehungen bestehen, kann es zunächst sogar nötig sein, medikamentös affektive Zustände einzuschränken oder auszuschließen, um unbefangenes Urteilen zu ermöglichen.

Auch darin, daß wir eine Lebenskrise, die so schwerwiegend ist, daß sie in psychische Krankheiten führt, z. B. in die Depression, als den pathologischen Fall einstufen, zeigt sich, daß wir die hoffnungsvolle und nicht vom Zweifel am Sinn zersetzte Einstellung zum Leben als die normale ansehen.

Wird die Frage nach dem Sinn des Lebens aus einer individuellen Lebenskrise heraus gestellt, so antworten wir also auf sie mit ›folkloristischer‹ oder fachmännischer Psychologie. Solcher Zweifel am Sinn des Lebens gilt daher als verständlicher Ausnahmezustand im menschlichen Alltag, der prinzipiell, wenn auch faktisch nicht immer, verwunden werden

---

[2] Ders.: Unterdrückte Maximen. Ebenda, S. 255.

kann. Wenn sich hier überhaupt eine philosophische Frage ergibt, dann vielleicht die, worauf sich die übliche Zuversicht gründet, daß das Leben nicht sinnlos sei. Noch konsequenter müßten wir sogar fragen, warum uns normalerweise die Frage nach dem Sinn des Lebens gar nicht beschäftigt. Das Nachdenken über diese Fragen könnte uns auf plötzlich auftretende Lebenskrisen vorbereiten. Dabei und bei der beratenden Hilfe könnte Philosophie insofern ihren Teil beitragen, als sie begründete Wertorientierungen gibt, denen ein wesentlicher Einfluß auf unsere Sicht der Dinge zugeschrieben werden muß. Außerdem schult die Beschäftigung mit Philosophie die Reflexionsfähigkeit, die Fähigkeit, Perspektiven zu wechseln.

Die individuellen Lebenskrisen, so wie wir sie bisher beschrieben haben, müssen aber nicht der einzige Grund für die Frage nach dem Sinn des Lebens sein. Das Bild ändert sich, wenn der Zweifel am Sinn des Lebens als ein charakteristisches Merkmal des Zeitgeistes schlechthin erscheint. Statt von individuellen Lebenskrisen mit einem konkreten Anlaß für den einzelnen ist dann von der Krise der Zivilisation, von Gesellschafts- oder Kulturkrise die Rede. Auch diesen Aspekt des Themas heben Autoren immer wieder hervor. So schreibt der Philosoph Rudolf Eucken im Jahre 1908, in dem Jahr also, in dem er den Nobelpreis für Literatur erhält:

> »Nun gibt es Zeiten, wo die Frage schlummert, weil Überlieferung und Gemeinschaft dem Streben eine sichere Richtung geben und keinerlei Zweifel an den dargebotenen Zielen aufkommen lassen. Erwacht aber einmal der Zweifel, ein Zweifel über das Ganze, so greift er leicht wie ein verheerendes Feuer um sich, die Frage verwickelt sich um so mehr, je mehr wir über sie grübeln; wir finden uns an der Grenze unseres Vermögens, wenn wir erwiesen haben möchten, daß unser Leben bei aller Verworrenheit des ersten Anblicks schließlich einen Sinn und Wert besitzt und sich von da aus zuversichtlich bejahen läßt. Unter der Macht solches Zweifels steht unsere eigne Zeit. Ihre Schwäche an dieser Stelle verrät schon der Umstand, daß sie inmitten staunenswerter Leistungen und unaufhörlicher Fortschritte kein rechtes Glücksgefühl in sich trägt, daß der Mensch als Ganzes sich keineswegs sicher und geborgen weiß, daß

er sich selbst herabzusetzen und von seiner Stellung im All gering zu
denken geneigt ist.«[3]

Bei dieser Sicht des Problems verbindet sich das Unbehagen
zumeist mit Kultur- oder Gesellschaftskritik und weitergehend
mit dem Aufzeigen alternativer Denk- und Sozialformen. Die
als allgemein geworden erfahrene Sinnkrise wird in solchen
Kontexten als Verfall traditioneller Werte, als Verlust eines einheitlichen bzw. ganzheitlichen Weltbildes oder als in gesellschaftlichen Strukturen wurzelnde Entfremdung der Menschen
von sich selbst, von ihresgleichen, von ihrer Tätigkeit oder von
der Natur dargestellt. Ihre anfängliche Motivation mag die
Empörung über die jeweils zeitgenössischen Lebens- und
Denkformen vielleicht in gruppenspezifischen Interessen und
Perspektiven finden. Je mehr aber eine solche Position um allgemeine Zustimmung ringt, desto stärker muß sie sich argumentativ ausweisen. Die Kriterien und der Maßstab der Kritik
müssen expliziert und begründet werden. Daher greift die kritische Einstellung zu einer bestimmten Kultur oder Gesellschaft
immer über diese hinaus und auf etwas Allgemeineres aus. In
diesem Sinne schreibt der Kulturphilosoph Ernst Cassirer:

> »Denn die Frage richtet sich nicht auf die Folgen, sondern auf die
> Gründe; nicht auf die Ergebnisse, sondern auf die Funktionen. Solche
> *funktionale* Betrachtung und Analyse ist es, von der jegliche Kritik
> eines bestimmten Kulturinhalts und Kulturgebiets ausgehen muß. Im
> Mittelpunkt dieser Kritik muß stets die Frage nach dem Menschen
> selbst, nach seiner Bedeutung und ›Bestimmung‹ stehen.«[4]

Gerade weil der Mensch ein Kulturwesen ist, verändert er die
Erscheinungsformen seines ›Wesens‹ im Verlauf der kulturellen Entwicklung. Und damit erhebt sich die Frage, wie und von
welchem Standort aus die unterschiedlichen Entwicklungen zu
bewerten sind. Normative Anthropologie, weitere Strategien
der normativen Argumentation, aber auch die Gefühle und Be-

---

[3] Rudolf Eucken: Der Sinn und Wert des Lebens. Leipzig 1908, S. 2.
[4] Ernst Cassirer: Form und Technik [1930]. In: Peter Fischer (Hg.): Technikphilosophie. Von der Antik bis zur Gegenwart. Leipzig 1996, S. 190.

findlichkeiten der Menschen könnten Bewertungsinstanzen sein, deren Status und Überzeugungskraft die philosophische Betrachtung dann vorzuführen und zu prüfen hätte.

Sowohl die individuellen Lebenskrisen als auch die Kultur- oder Gesellschaftskrisen lassen die Frage nach dem Sinn des Lebens als Symptom einer Abweichung von der Normalität erscheinen. Diese Normalität mag als fraglos zufriedenstellender Alltag, als Erinnerung oder Antizipation einer menschlich-wohlgeordneten Gesellschaft – das sogenannte *Goldene Zeitalter* – oder als normative Anthropologie gedacht werden: Immer gilt das Auftauchen der Sinnfrage als Indiz dafür, daß etwas aus den Fugen geraten ist. Aber könnte nicht jemand nach dem Sinn des Lebens fragen, ohne von einem Schicksalsschlag getroffen zu sein, ohne Unzufriedenheit mit seiner individuellen Lebenssituation zu empfinden und ohne ein Unbehagen in der Kultur zu verspüren? Und wenn das möglich ist, worin wurzelt dann die Frage nach dem Sinn des Lebens?

In einer Überlegung des nordamerikanischen Philosophen Thomas Nagel deutet sich eine Antwort an. Er schreibt:

»[...] worin liegt das Problem? Es liegt darin, daß es zwar *innerhalb* des Lebens Rechtfertigungen und Erklärungen für die meisten unserer großen und kleinen Taten gibt, daß jedoch keine dieser Erklärungen den Sinn unseres *Lebens* als ganzes angeben – des Ganzen, von dem diese Aktivitäten, diese Erfolge und Fehlschläge, Bemühungen und Enttäuschungen, Teile sind. Wenn wir über die *ganze* Sache nachdenken, so scheint sie überhaupt keinen Sinn zu haben. Von außen betrachtet wäre es ganz egal, wenn es uns überhaupt nicht gegeben hätte. Und wenn es uns einmal nicht mehr gibt, so wird es egal sein, daß es uns gegeben hat. [...]

Wenn jemand existiert, so hat er gewisse Bedürfnisse und Anliegen, aufgrund derer ihm bestimmte Dinge und Personen in seinem Leben nicht egal sind. Doch die *gesamte Sache* hat keinen Sinn.

Ist es aber am Ende egal, daß sie egal ist? ›Na und?‹, könnten Sie sagen, ›Es reicht, daß es sinnvoll ist, wenn ich am Bahnsteig bin, bevor der Zug abfährt, oder wenn ich die Katze nicht vergesse. Mehr brauche ich nicht, um in Gang zu bleiben.‹ Eine völlig zutreffende Antwort, doch sie zieht nur, sofern es Ihnen gelingt, nicht darüber hinauszusehen und zu fragen, welchen Sinn das Ganze hat. Denn wenn Sie *das* tun, dann eröffnen Sie die Möglichkeit, daß auch ihr Leben keinen Sinn hat.«[5]

Thomas Nagel unterstellt zunächst den Fall, daß wir mit unserem Leben ganz zufrieden sind: Wir leben in intakten Beziehungen und gehen sinnvollen Tätigkeiten nach. Wir bleiben »in Gang«, wie er sich ausdrückt. Das Problem entsteht erst, wenn wir innehalten und die Perspektive wechseln. Wir beurteilen dann nicht mehr einzelne Aktivitäten, sondern betrachten das Leben quasi von außen und als Ganzes. Während es zur Bewältigung der individuellen und der kulturellen Lebenskrisen notwendig ist, die Fähigkeit zum Perspektivenwechsel wiederherzustellen bzw. zu qualifizieren, um Einschätzungen relativieren und neue Gestaltungsmöglichkeiten entdecken zu können, ist es nun diese Reflexionsfähigkeit selbst, welche die Fraglosigkeit des Lebens aufheben und das Dasein als sinnlos erscheinen lassen kann.

Unsere Reflexionsfähigkeit kann uns also einerseits helfen, individuelle und kulturelle Lebensprobleme zu überwinden, andererseits aber kann dasselbe Vermögen uns völlig unabhängig von akuten Schwierigkeiten allererst in die Sinnkrise führen. Es verhält sich anscheinend mit der Reflexion wie mit einer Arznei: Wohl dosiert erweist sie sich als heilend, im Übermaß genossen oder falsch eingesetzt scheint sie aber von Übel, zumindest nicht hilfreich zu sein. Es könnten daher Zweifel aufkommen, ob es sich nicht bei einem bestimmten Gebrauch der Reflexionsfähigkeit um einen unmäßigen oder unsachgemäßen handelt.

Derartige Zweifel werden von philosophischer Seite sowohl aus einer grundsätzlich methodologischen Perspektive, als auch aus der Perspektive der Lebenskunst vorgetragen. Es läßt sich zeigen, daß beide Sichtweisen in wesentlichen Punkten konvergieren.

---

[5] Thomas Nagel: Was bedeutet das alles? Eine ganz kurze Einführung in die Philosophie. Übersetzt von Michael Gebauer. Stuttgart 1990, S. 80f.

Aus methodologischer Perspektive wird versucht, den Sinn der Sinnfrage zu bestimmen, indem Kriterien für sinnvolles Sprechen festlegt werden. So schreibt Alfred Jules Ayer, einer der Stammväter der Analytischen Philosophie:

> »Es gibt auf diese Fragen keine echte Antwort, und daher ist es zwecklos, sich von Philosophen eine Antwort zu erhoffen. Es ist nur möglich klarzustellen, warum und in welcher Lesart diese Fragen unbeantwortbar sind; ist das erreicht, findet man auch eine Lesart, in der sie eine Antwort zulassen. Es wird sich herausstellen, daß die Art der Antwort keine Aussage ist, die entweder wahr oder falsch ist, sondern die Annahme einer Regel, die als wahr oder falsch zu bezeichnen gar keinen Sinn hat, die aber als mehr oder weniger annehmbar beurteilt werden kann. Damit wäre das Problem gelöst, insofern es überhaupt durch die Vernunft gelöst werden kann. Alles andere ist Sache der persönlichen Entscheidung und letztlich des Handelns.«[6]

Jene Lesart, die Ayer für sinnlos erklärt, ist die Lesart in der Manier der traditionellen Metaphysik. Diese Deutung versteht die Frage nach dem Sinn des Lebens als Frage nach einem objektiven – nicht von Menschen gesetzten – Zweck des Dasein oder des Lebens überhaupt. Von einem solchen Zweck erwarte sich die metaphysische Einstellung, so Ayer, eine Antwort auf die Frage, »*warum* das Leben so und so ist«[7]. Die metaphysische Unterstellung lautet also: Wenn ein Zweck des menschlichen Daseins oder des Lebens überhaupt erkannt wird, dann ist damit zugleich der wahre Sinn des Lebens erkannt – es ist dann durch einen nicht von Menschen gesetzten Zweck gerechtfertigt.

Ayers Kritik an der metaphysischen Position macht zwei Argumente geltend:

---

[6] Alfred Jules Ayer: Unbeantwortbare Fragen. In: Christoph Fehige/Georg Meggle/Ulla Wessels (Hg.): Der Sinn des Lebens. München 2000, S. 34. Ayers Position ist paradigmatisch für den prinzipiellen Umgang mit der Frage nach dem Sinn des Lebens in der Analytischen Philosophie. Nahezu alle philosophischen Texte in dem von Fehige, Meggle und Wessels herausgegebenen Sammelband legen davon Zeugnis ab.

[7] Ebenda, S. 35.

»[...] erstens gibt es keinen vernünftigen Grund für eine derartige Annahme, und zweitens würde sie, auch wenn sie zuträfe, die Erwartungen nicht erfüllen.«[8]

Daß es keinen vernünftigen Grund für die Annahme eines objektiven Zwecks gibt, liegt nach Ayer darin begründet, daß unsere Erkenntnis letztendlich immer auf die Feststellung und die
Beschreibung von Tatsachen hinausläuft. Weil der Begriff des
Zwecks ein Subjekt voraussetzt, das diesen Zweck setzt, würde
die Erkenntnis eines objektiven Zwecks des Lebens zugleich
die Erkenntnis eines Subjekts fordern. Ein solches Subjekt
könnte nur Gott als der Urheber der Welt sein. Von Gott gibt es
aber keine Tatsachenerkenntnis. Deshalb spricht nichts für die
Möglichkeit einer Erkenntnis eines objektiven Zwecks. An
einen solchen Zweck kann nur in einem letztlich religiösen
Sinne geglaubt werden.

Aber selbst wenn der objektive Zweck als göttlicher vorausgesetzt werden würde, ergebe sich keine befriedigende Lösung. Ayer schreibt:

»Denn nehmen wir der Diskussion zuliebe einmal an, alles geschehe
nach dem Willen eines höheren Wesens. Was uns Menschen angeht,
ist der Lauf der Dinge nach wie vor vollkommen willkürlich. Zuge-
geben, er erfüllt jetzt einen Zweck, aber nicht *unseren* Zweck. Und
wie es unter der vorhergehenden Annahme Zufall war, daß der Lauf
der Dinge auf ein bestimmtes Ziel gerichtet war, so ist es nun Zufall,
daß Gott einen bestimmten Zweck, nicht einen anderen oder etwa
überhaupt keinen verfolgt.«[9]

Die Lösung der Sinnfrage durch den Verweis auf eine göttliche
Sinngebung unterliegt also sogleich der immer wiederkehren-
den Frage nach dem Sinn einer solchen Sinngebung. Immer
wieder treibt die Reflexion über eine gegebene Antwort hinaus
und stellt diese damit in Frage. Außerdem müßten wir uns fragen, ob die göttliche Zwecksetzung entweder alles bestimmt
oder nicht.

---

[8] Ebenda, S. 34.
[9] Ebenda, S. 35.

Wenn das erste zuträfe, würde die göttliche Zwecksetzung immer erfüllt werden, gleichgültig, wie sich die Menschen verhielten. Die Annahme eines Sinns des Lebens, der ohne Bedeutsamkeit für menschliche Entscheidungen und Handlungen ist, kann aber keine befriedigende Antwort auf die Sinnfrage sein. Es wäre sogar höchst unklar, was die Begriffe *Entscheidung* und *Handlung* bezüglich der Menschen besagen sollten, wenn deren Leben durch ein höheres Wesen bestimmt wäre.

Und wenn Gott nicht alles bestimmt? Abgesehen davon, daß eine solche Unterstellung dem Gottesbegriff vielleicht bereits einer wichtigen, wenn nicht gar einer notwendigen Bestimmung beraubte, nämlich der, daß Gott allmächtig ist, gibt Ayer folgendes zu bedenken:

> »Betrachten wir jetzt den anderen Fall – den, daß nicht alle Ereignisse notwendigerweise dem höheren Zweck entsprechen. Dann haben wir keinen Grund, unsere Handlungen in seinen Dienst zu stellen, solange wir uns kein Urteil des Inhalts gebildet haben, daß es sich um einen *guten* Zweck handelt. Das heißt, die Bedeutung unserer Handlungen hängt letztlich von den eigenen Werturteilen ab; und das macht die Mitwirkung eines Gottes überflüssig.«[10]

Ayer bringt hiermit zum Ausdruck, daß die handlungsrelevante Akzeptanz eines Zwecks immer eine Bewertung einschließt. Nur das macht sich ein Subjekt zu seinem Zweck, in dessen Dienst es sich wirklich stellt, was in irgendeiner Hinsicht von diesem Subjekt als mittelbar oder unmittelbar wertvoll angesehen wird. Wenn wir sagen, daß sich ein Subjekt etwas zum Zweck macht, so sagen wir zugleich, daß dieses Subjekt eine Wertung vollzieht. Wenn ein unterstellter objektiver Zweck zu einem Zweck der Menschen werden soll, dann darf das, was dieser Zweck beinhaltet, nicht nur für das höhere Wesen, sondern muß für die Menschen wertvoll sein. So etwas wie ein objektiver Wert, ein von menschlicher Bewertung unabhängiger Wert, bleibt daher als solcher aus begrifflichen Gründen für die Menschen ohne praktische Relevanz: Selbst wenn die bloße

---

[10] Ebenda, S. 35.

Erkenntnis von etwas die hinreichende Bedingung dafür wäre, daß alle Menschen, die dies erkennen, es zugleich für wertvoll hielten, so wäre das eben doch eine menschliche Bewertung. Auch die Spekulation darüber, was Gott für wertvoll hält, sagt per se noch nicht, daß auch wir dies als wertvoll anerkennen – und wenn wir es tun, so ist es wieder unsere Bewertung.

Ayer faßt seine Kritik zusammen und betont ihren prinzipiellen Charakter, wenn er schreibt:

> »Ist meine Argumentation korrekt, so ist es sinnlos, nach dem letzten Zweck unseres Daseins oder nach dem wahren Sinn des Lebens zu fragen. Diese Fragen zu stellen heißt anzunehmen, es könnte für das Leben, das wir gerade leben, einen Grund geben, der irgendwie tiefer läge als bloße Tatsachenerklärungen; und diese Annahme ist, wie wir oben gesehen haben, unhaltbar. Im Übrigen ist sie aus logischen Gründen unhaltbar, nicht nur aus faktischen. Es ist ja nicht so, als ginge unserem Leben bedauerlicherweise ein Zweck ab, den es gehabt hätte, wenn die Schicksalsgöttinnen etwas freundlicher gestimmt gewesen wären.[...] Wenn eine Frage so gestellt wird, daß sie unbeantwortbar ist, gibt die Tatsache, daß sie unbeantwortet bleibt, keinen Grund zur Trauer ab. Es ist daher irreführend zu sagen, das Leben habe keinen Sinn – würde doch damit nahe gelegt, der Satz, das Leben habe einen Sinn, sei eine sinnvolle, wenn auch falsche Tatsachenbehauptung, während er in Wahrheit so, wie er in diesem Zusammenhang verstanden wurde, *keine* sinnvolle Tatsachenbehauptung ist.«[11]

Aus seiner Argumentation gegen die traditionelle metaphysische Lesart der Sinnfrage glaubt Ayer den Schluß ziehen zu müssen, daß nur eine empiristische und individualistische Lesart sinnvoll sein kann. Er schreibt:

> »Es gibt aber auch eine Lesart, nach der man sinnvoll sagen könnte, das Leben habe einen Sinn. Es hat für jeden Einzelnen von uns den Sinn, den er *beschließt*, seinem Leben zu geben. [...] Es gibt keine einzelne Sache, die man zu Recht als Lebenssinn bezeichnen könnte. So wie die Menschen ihre vielfältigen Ziele verfolgen, hat das Leben

---

[11] Ebenda, S. 36.

zu verschiedenen Zeiten für verschiedene Menschen einen unterschiedlichen Sinn. Mehr läßt sich nicht sagen.«[12]

Innerhalb dieser empiristisch-individualistischen Auffassung läßt sich nach Ayer erneut zwischen einer subjektiven und einer objektiven Lesart unterscheiden, die nun aber beide ihre Berechtigung besitzen, denn »objektiv« bedeutet jetzt nicht mehr ›unabhängig von einer menschlichen Setzung oder Bewertung‹: Es handelt sich einmal, subjektiv, um Urteile über die Bedeutsamkeit eines Lebens aus der Perspektive dessen, der es führt, und zum anderen, objektiv, um Einschätzungen eines Lebens aus der Perspektive gesellschaftlicher Anerkennung und historischer Wirksamkeit. Mit Ayers Worten:

> »In ihrer subjektiven Lesart führt die Sinnfrage zu dem Gemeinplatz: Je größer die Selbstverwirklichung im Leben, desto größer der Sinn. In der objektiven Lesart bleiben die jeweilige gesellschaftliche Stellung und der historische Einfluß, den man ausübt (falls man welchen ausübt). Wir haben schon gesehen, daß sich die Ergebnisse dieser Sichtweisen weder miteinander noch mit dem decken, was wir, als menschenfreundliche und liberale Zeitgenossen, für moralisch wünschenswert halten.«[13]

In diesem abschließenden Statement Ayers deutet sich bereits eine Schwierigkeit seiner Position an: Wir können es zwar akzeptieren, wenn jemand seine Einschätzung, daß sein Leben sinnvoll sei, weder von seiner gesellschaftliche Stellung noch von seinem Einfluß auf den Lauf der Geschichte abhängig macht. Aber könnten wir seiner Einschätzung auch dann noch zustimmen, wenn der Betreffende permanent gegen moralische Regeln verstoßen würde? Die meisten von uns hegen wohl doch die Intention, daß es einen inneren Zusammenhang zwischen der Evaluation des Lebens als sinnvolles einerseits und als moralisches andererseits geben müßte. Zumindest diese In-

---

[12] Ebenda, S. 36.
[13] A. J. Ayer: Menschliche Zwecke und große Zwecke. In: Christoph Fehige/Georg Meggle/Ulla Wessels (Hg.): Der Sinn des Lebens. München 2000, S. 194.

tention, aber vielleicht nicht nur diese, läßt Zweifel an ausschließlich individuellen Antworten auf die Frage nach dem Sinn des Lebens aufkommen.

Betrachten wir nun die Zweifel am Sinn der Sinnfrage aus der Perspektive der Lebenskunst. Paradigmatisch für diese Sicht sind Überlegungen des zeitgenössischen Philosophen Odo Marquard. Seiner Deutung der Frage nach dem Sinn des Lebens liegt die These zugrunde:

> »Sinn ist ein Deckname für das Glück.«[14]

Deshalb verortet Marquard das Sinnproblem im Kontext der Diätetik:

> »Diätetik ist ein Teil der praktischen Philosophie. Sie ist dabei nicht Ethik der Diät, sozusagen Diät-Ethik, wohl aber wirklich ein Teil der Ethik: jener, der es statt mit Normenbegründungsfragen zu tun hat mit der Lebenskunst, nämlich mit Ratschlägen für die Kunst, halbwegs beschwerdenfrei und halbwegs glücklich zu leben.«[15]

Diätetik sei die richtige Antwort auf das moderne und spätmoderne Beklagen »des großen Sinndefizits«[16]. Üblicherweise

---

[14] Odo Marquard: Zur Diätetik der Sinnerwartung. Philosophische Bemerkungen [1983]. In: ders.: Apologie des Zufälligen. Philosophische Studien. Stuttgart 1996, S. 42. Weitere »Pseudonyme« des Glücks seien: »die Eigentlichkeit, das Prinzip Hoffnung, das unbeschädigte Leben, die Emanzipation, die Lebensqualität, die Selbstverwirklichung, die Authentizität«. Ebenda, S. 43. Nach Marquard trägt Kant die Schuld daran, daß sich der Begriff des Glücks in die ›Illegalität‹ begeben mußte. Diese Behauptung ist freilich schwer zu verstehen, wenn zwei der Hauptsätze Kants über das Glück bedacht werden: *Kritik der praktischen Vernunft*, A 45: »Glücklich zu sein, ist notwendig das Verlangen jedes vernünftigen aber endlichen Wesens, und also ein unvermeidlicher Bestimmungsgrund seines Begehrungsvermögens.« *Kritik der Urteilskraft*, B 429, A 424 (§ 88): »Wir sind a priori durch die Vernunft bestimmt, das Weltbeste, welches in der Verbindung des größten Wohls der vernünftigen Weltwesen mit der höchsten Bedingung des Guten an demselben [C: denselben], d. i. der allgemeinen Glückseligkeit mit der gesetzmäßigsten Sittlichkeit, besteht, nach allen Kräften zu befördern.«

[15] O. Marquard: Zur Diätetik der Sinnerwartung. A. a. O., S. 42.

[16] Ebenda, S. 38. Zur Kritik an Marquards Tendenz, die Sinnfrage als Symptom der Moderne und Spätmoderne zu deuten, vergleiche: Volker Gerhardt:

würden derartige Klagen in unserer heutigen Anspruchsgesellschaft in den Versuch münden, das Sinndefizit – nach Marquard also das Glücksdefizit – durch immer wieder sich selbst
überbietende Konsumansprüche zu kompensieren. Es werde
versucht, das Sinnlose in ein luxuriöses »Superleben« zu
transformieren:

> »An die Stelle des Sinns treten die Zerstreuung, das Geld, der Erfolg,
> das Prestige, das Wachstum, die Korpulenz in physischer, technischer
> und ökonomischer Form: die moderne Anspruchsgesellschaft ist der
> Kummerspeck des Sinndefizits.«[17]

Marquard, als Arzt am Krankenbett der Anspruchsgesellschaft,
beobachtet nicht nur das Symptom Kummerspeck. Seine Diagnose möchte die Ursache namhaft machen, und eine Therapie
hat er auch parat. Zwar versichert er, den Zusammenhang zwischen Sinndefizit und Sinnsurrogaten nicht bestreiten zu wollen, doch sein Interesse gilt einem anderen Nexus.

Er meint nämlich, daß wir »verwöhnt sind mit Anspruchserfüllungen« und deshalb »auch mit Sinn verwöhnt werden«
wollen.[18] Da helfe nur noch Bescheidenheit. Marquard
schreibt:

> »Wenn irgendwo Erwartung und Erfüllung divergieren, so daß Ent-
> täuschungen, Erfüllungsdefiziterlebnisse, Mangelerfahrungen entste-
> hen, dann gibt es niemals nur eine, sondern dann gibt es stets zwei
> Möglichkeiten der Erklärung: entweder nämlich ist da zu wenig Er-

---

Sinn des Lebens. Über einen Zusammenhang zwischen antiker und moderner Philosophie. In: Volker Caysa/Klaus-Dieter Eichler (Hg.): Praxis – Vernunft
– Gemeinschaft. Auf der Suche nach einer anderen Vernunft. 1994, S. 371-386.

[17] O. Marquard: Zur Diätetik der Sinnerwartung. A. a. O., S. 39.

[18] Ebenda, 40f. Leider erläutert Marquard nicht, wie er noch zwischen Sinn
und Anspruchserfüllung unterscheiden kann, wenn er doch Sinn und Glück miteinander identifiziert. Entweder hat der Glücksbegriff gar nichts mit Anspruchserfüllung zu tun, was ungewöhnlich wäre, oder er geht inhaltlich über eine
solche formelle Bestimmung hinaus, was dem interessierten Leser nicht vorent-
halten werden sollte: Denn erst diese begriffliche Klärung würde verständlich
machen, warum bestimmte Anspruchserfüllungen nur als Surrogate gelten sollen und was sie denn eigentlich ersetzen.

füllung, oder es ist da zu viel Erwartung; entweder das Angebot ist zu klein, oder die Nachfrage ist zu groß. Das – meine ich – trifft auch zu in Sachen Sinn: die Erfahrung von Sinndefiziten muß nicht allemal aus Sinnmangel herrühren, sie kann entstehen aus einer Übererwartung von Sinn. Nicht der Sinn fehlt dann, sondern der Sinnanspruch ist übermäßig. Ich glaube, dieser zweite Fall ist der interessantere und wichtigere Fall: dieser andere Nexus zwischen Sinndefizit und Anspruchsdenken. In der Anspruchsgesellschaft kompensieren nicht allein die Ansprüche das Sinndefizit; vielmehr: das Sinndefizit entsteht seinerseits durch Ansprüche, nämlich durch einen unmäßigen Sinnanspruch.«[19]

Nach Marquards Vorschlag sollten wir also die Frage nach dem Sinn des Lebens als unverschämten Ausdruck unserer modernen Unbescheidenheit verstehen: Wir wollen einfach zuviel des Guten, nämlich zuviel des Glücks.

Marquards Gedankengang vollzieht damit eine bemerkenswerte Wende: Zunächst heißt es, das Sinndefizit bringe Ansprüche hervor, die durch Sinnsurrogate befriedigt werden. Im nächsten Schritt aber werden diese Ansprüche zum Grund des Erlebens von Sinndefiziten.[20] Nach dem ersten Nexus wäre es noch möglich, danach zu fragen, worin die Defizite realiter bestehen und warum sie auftreten. Der zweite Nexus beantwortet dieses Fragen mit der Erklärung, daß die vermeinten Sinndefizite nur der dialektische Schein der unmäßigen Entwicklung unserer Ansprüche seien. Jede kritische Frage nach ursprünglichen Sinndefiziten wird damit in den Hintergrund gedrängt, erübrigt sich eigentlich. Die Kritik richtet sich primär, wenn nicht ausschließlich, auf die typischen Ansprüche von Individuen in spätmodernen Gesellschaften. Marquards Konsequenz lautet daher:

---

[19] Ebenda, S. 39.

[20] Die Logik dieser These bereitet einige Schwierigkeiten: Wenn nämlich, wie Marquard sagt, die Ansprüche auf Surrogate des Sinns zielen, wie können diese Ansprüche dann das Erleben von Sinndefiziten ursprünglich hervorbringen? Wie kann, um eine Analogie zu bemühen, der Anspruch auf Zahnersatz das Erleben des Zahnverlustes ursprünglich erzeugen? Setzen Ersatzansprüche nicht immer Bewußtsein des Verlustes oder des Mangels voraus?

> »Meine These [...] ist somit diese: *unsere primäre Schwierigkeit ist nicht der Sinnverlust, sondern das Übermaß des Sinnanspruchs*; und nicht die große Sinnverlustklage bringt uns weiter, sondern eine Reduktion des unmäßig gewordenen Sinnanspruchs, eine Diät in Sachen Sinnerwartungen.«[21]

Marquard ist sehr bemüht, durch Rhetorik und suggestiven Sprachwitz glauben zu machen, es gäbe keine Alternative zu der folgenden Disjunktion: entweder als Klageweiber und Klagemänner den Sinnsurrogaten des unmäßigen Anspruchsdenkens frönen oder die eigenen Ansprüche beschränken. Damit gelten erlebte Sinndefizite nur noch als selbstverschuldeter und selbstkritisch aufzulösender Schein. Letzteres soll mit lebenskünstlerischen Diätregeln erreicht werden.

Die erste dieser Regeln bezieht sich auf solche Positionen zur Sinnfrage, wie wir sie bereits am Beispiel der Auffassungen Ayers kennenlernten. Marquard empfiehlt nämlich, abzulassen von dem »Unsinn des Sinnfragenverbots (etwa durch das analytische Sinnkriterium, d. h. den Sinnlosigkeitsverdacht gegen die Metaphysik)«[22]. Aber nicht etwa daß Marquard die metaphysischen Antworten verteidigen möchte. Nein, die Metaphysik soll nur dazu dienen, durch ihre vielen verschiedenen Antworten die Frage offen zu halten. Dieser Ratschlag klingt wie eine Parodie der Beschäftigungstherapie: Es wird empfohlen, sich mit Metaphysik zu beschäftigen, wohl wissend, daß die Metaphysik keine akzeptable Antwort auf die Sinnfrage geben kann.

Beschäftigung präferiert auch der zweite Rat, der sich gegen die »Verachtung der ›kleinen‹ Sinnantworten«[23] richtet:

> »Die Menschen verzweifeln nicht, solange sie immer gerade noch etwas zu erledigen haben: die Milch am Überkochen zu hindern, den Zug in den nächsten Bahnhof zu fahren, das Baby zu füttern [...] und so fort; dadurch [...] kommen die Menschen – und das ist richtig so –,

---

[21] O. Marquard: Zur Diätetik der Sinnerwartung. A. a. O., S. 41.
[22] Ebenda, S. 48.
[23] Ebenda.

durch Pensen aufgehalten, ständig zu spät zum Rendezvous mit dem absoluten Nein. Das ist – ganz unsensationell – der normale Sinn, den unsere Gewohnheiten und Verrichtungen unserem Leben geben: dieser kleine Sinn reicht aus, um ein Leben zu führen [...].«[24]

Marquard ahnt wohl, daß ihm aufgrund seines Rates, sich auf die nächsten Dinge zu konzentrieren, vorgeworfen werden könnte, er predige den völligen Rückzug ins Private und empfehle, sich mit dem jeweiligen Status quo unkritisch abzufinden. Deshalb schreibt er:

»Auch die Kritik ist die Erledigung eines Details.«[25]

Das ist zwar *letztendlich* richtig, doch ob die Einstellung auf das Nächstliegende die zur Kritik nötige Distanz bietet, bleibt von Marquard unbedacht.

Die dritte Regel fordert, abzulassen vom »Unsinn der Perfektionismen«[26]. Marquard plädiert für die »zweitbesten Möglichkeiten«, für »die Bonität selbst noch des Imperfekten«, wendet sich gegen das Prinzip »›alles oder nichts‹«[27] und möchte den »Mut zur Unvollkommenheit«[28] stärken. Aber was ist dieser angebliche Mut denn anderes als ein gewisser Realitätssinn, als die Einsicht, daß unsere Möglichkeiten und Fähigkeiten in quantitativer und in qualitativer Hinsicht endlich sind? »Es irrt der Mensch, solang' er strebt«, sagt der Herr im Prolog zu Goethes *Faust*. Aber sollten die Menschen deshalb ihr Streben von vornherein auf das Zweitbeste beschränken, nur um Enttäuschungen zu vermeiden?

Schließlich die letzte Regel: Sie verlangt, die Lebensbejahung nicht »an den absoluten Sinnbeweis« zu koppeln.[29] Hier ist Marquard sicher im Recht, wenn er schreibt:

---

[24] Ebenda, S. 49.
[25] Ebenda, S. 50.
[26] Ebenda.
[27] Ebenda, S. 51.
[28] Ebenda, S. 52.
[29] Ebenda, S. 52.

»Die Beweislast liegt beim Nein.«[30]

Allerdings mutet seine Begründung für die Unmöglichkeit des absoluten Sinnbeweises sehr seltsam an. Sie lautet:

> »Dafür ist unser Leben zu kurz, weil es durch den Tod begrenzt ist.«[31]

Zunächst einmal ist diese These in sich unklar. Denn ›kurz‹ ist ein relativer Begriff: Eine Zeitspanne ist kurz im Vergleich mit einer anderen, die dann als lang gilt. ›Tod‹ aber bezeichnet eine absolute Grenze, und zwar selbst für denjenigen, der an ein Leben nach dem Tode glaubt: Ein Leben nach dem Tode kann nicht genauso sein, wie das Leben vor dem Tode.[32] Können wir also nach Marquard den absoluten Sinnbeweis nicht führen, weil die Zeitspanne unseres Lebens zu kurz ist, oder weil unser irdisches Dasein überhaupt nur eine Zeitspanne lang dauert, gleichgültig, wie lang oder kurz sie auch sein mag? Und von dieser inneren Schwierigkeit der gegebenen Begründung einmal abgesehen: Was hat die Zeitspanne des Lebens mit einem absoluten Sinnbeweis zu tun? Zumindest auf den ersten Blick ist der Zusammenhang nicht ersichtlich.

Fassen wir zusammen. Marquards Empfehlungen laufen darauf hinaus, uns vor Enttäuschung oder gar Verzweiflung bewahren zu wollen. Wir sollen nicht zuviel erwarten: nicht zuviel Glück, nicht zuviel Perfektion, keine metaphysischen Wahrheiten, keine absoluten Beweise. Statt dessen sollen wir uns an das Nächstliegende halten, an das Alltägliche, die Gewohnheiten und Üblichkeiten. Wir sollen uns beschäftigen, notfalls sogar mit Metaphysik, letzteres aber ohne die Erwartung einer Antwort auf die Sinnfrage.

---

[30] Ebenda.

[31] Ebenda.

[32] Dies ist quasi eine begriffliche Wahrheit: Wir müßten sonst den Begriff des Todes gänzlich anders als bisher üblich verwenden und ihn in ein völlig anderes Verhältnis zum Begriff des (irdischen) Lebens setzen.

Nun könnten wir uns aber auch Lebensregeln vorstellen, denen eine ganz andere Tendenz eignet. Wir könnten solche Sprüche anführen, wie:»Das Neue wird nur im Kampf geboren«, »Wer nicht wagt, der nicht gewinnt«, »Eine Grenze kennen heißt bereits, sie überschritten zu haben«, »Nichts ist so gut, als daß es nicht verbessert werden könnte« und dergleichen mehr. Auch ein Zitat aus Schillers Drama »Wallensteins Tod« könnten wir Marquard entgegenhalten:

> »Nicht, was lebendig, kraftvoll sich verkündigt,
> Ist das gefährlich Furchtbare. Das ganz
> Gemeine ist's, das ewig Gestrige,
> Was immer war und immer wiederkehrt,
> Und morgen gilt, weil's heute hat gegolten!
> Denn aus Gemeinem ist der Mensch gemacht,
> Und die Gewohnheit nennt er seine Amme.«

Marquards ›Märchen‹ von der Amme *Gewohnheit*, so tröstlich sie sein mögen, könnten durch solche Entgegnungen, abgesehen von ihren immanenten Schwierigkeiten, an Plausibilität verlieren. Aber das ist ganz normal und nicht anders zu erwarten. Denn Lebensregeln erlangen ihre Wahrheit erst durch ihre angemessene Anwendung in bestimmten Situationen: Manchmal kann es richtig sein, eine Gewohnheit beizubehalten und Erwartungen zu dämpfen, manchmal kann es aber auch richtig sein, mit Gewohnheiten zu brechen und einer Vision zu folgen. Wenn Marquard Lebensregeln eines bestimmten Typs, Regeln mit einer bestimmten Tendenz, als die einzig wahren Regeln darstellen will, dann wird seine Philosophie der Lebenskunst selbst dogmatisch. Wenn er aber durch seine Darstellung nur der gegenteiligen Einseitigkeit entgegenwirken möchte, um an die relative Geltung von Klugheitsregeln zu erinnern, dann könnten wir ihm zustimmen, vorausgesetzt, wir teilten seine Diagnose unserer Zeit und hielten daher eine solche Richtung der Korrektur für nötig.

Vergleichen wir nun die Positionen von Ayer und Marquard. Gemein ist ihnen, daß sie die Beantwortung der Sinnfrage an die Sinngebung durch das Individuum delegieren. Sie tun dies aus unterschiedlichen Gründen: Ayers Gründe sind begriffs-analytischer und erkenntnistheoretischer Art; Marquards Mo-tive resultieren aus Klugheitsüberlegungen. Während für Ayer alles weitere nun nicht mehr Sache der Philosophie ist, möchte Marquard doch für bestimmte Ratschläge wenigstens eine ge-nerelle Geltung beanspruchen, weil ihre Befolgung für ein glückliches und damit sinnvolles Leben dienlich sei. Diese Gleichsetzung von Glück und Sinn ist wiederum eine Gemein-samkeit der Positionen von Ayer und Marquard. Bei letzterem findet sich diese Gleichsetzung explizit; bei Ayer zumindest in-sofern, als er Sinn mit Zweck und Wert bzw. mit immer schon Werte einschließenden Zwecken identifiziert, womit wenig-stens ein formeller Glücksbegriff gegeben wird. Ayer räumt dies ein, wenn er schreibt:

> »In Wahrheit gibt es aber kein Ziel, das alle Menschen anstreben, nicht einmal das Glück [...] – es sei denn, wir verwendeten das Wort ›Glück‹ nur als eine Beschreibung eines jeden tatsächlich verfolgten Ziels.«[33]

Jedenfalls lehnen es beide Philosophen ab, irgend etwas über den Sinn des Lebens zu sagen, was universelle Gültigkeit be-ansprucht. Auch die generellen Lebensregeln Marquards neh-men für sich keine Gültigkeit dieser Art in Anspruch. Derartiges zu versuchen, wird von Ayer und von Marquard als unsinnig angesehen: als theoretischer Unsinn von Ayer und als pragmatischer Unsinn von Marquard. Diese beiden Positionen erweisen sich damit als miteinander verträglich, in gewisser Hinsicht sogar als komplementär. Ihr gemeinsamer Impetus ist es, die Sinnfrage in einer bestimmten Lesart abzuweisen.

Sind die Möglichkeiten der Philosophie wirklich erschöpft mit dem Hinweis auf die Sinngebung durch das Individuum? Begehen wir wirklich einen methodischen oder pragmati-schen Fehler, wenn wir von der Philosophie Auskünfte in der

---

[33] A. J. Ayer: Unbeantwortbare Fragen. A. a. O., S. 36.

Sache erwarten, die über individuelle Zwecksetzungen und Wertzuschreibungen oder über empfehlenswerte Klugheitsregeln für das Streben nach dem Glück hinausgehen? Müssen wir also jene Perspektive, die das Leben von außen und als Ganzes betrachtet, als methodische Verirrung und als Gefahr für unser Glück zurückweisen? Ist diese Perspektive nichts anderes als eine unmäßige und unsachgemäße Ausübung unserer Reflexionsfähigkeit?

Wenden wir uns noch einmal der Argumentation von Thomas Nagel zu, der ja diese Sicht ins Spiel bringt. Nagel nennt die beiden Perspektiven auf unser Leben die interne und die externe Betrachtungsweise.[34]

Aus interner Sicht rechtfertigen die Menschen bestimmte Aktivitäten unter Bezugnahme auf andere. Sie fragen sich, welche Tätigkeiten, Dinge oder Werke für sie welchen intrinsischen oder extrinsischen Wert besitzen. Was intrinsischen Wert besitzt, wird um seiner selbst willen begehrt oder geachtet, was extrinsischen Wert besitzt, wird als Mittel geschätzt. So entstehen Ordnungen der Präferenzen und der Zweck-Mittel-Beziehungen, durch die jede einzelne Aktivität im Hinblick auf ihren Sinn beurteilt werden kann.

Dagegen fragt die externe Sicht, welchen Sinn es überhaupt hat, daß wir intrinsische und extrinsische Werte zuschreiben. Sie stellt das Dasein eines jeden Menschen und sogar der Menschheit insgesamt als unbedeutende Episode in Raum und Zeit vor. Alles Tun erscheint dann als eitel, jede Rede von Sinn, Wert oder Wichtigkeit als absurd.

Aber mit der bloßen Gegenüberstellung der beiden Sichtweisen ist es nicht getan:

>»Jede dieser beiden Perspektiven beansprucht Vorrang.«[35]

---

[34] Vgl. Th. Nagel: Das Subjektive und das Objektive. In: ders.: Die Grenzen der Objektivität. Philosophische Vorlesungen. Übersetzt und herausgegeben von Michael Gebauer. Stuttgart 1991, S. 100f.

[35] Ebenda, S. 100.

Wir können daher rückblickend sagen, daß Ayer und Marquard, wenn auch auf unterschiedliche Weise, in der Sinnfrage den Vorrang der Innenperspektive vertreten. Nagel beschreibt diesen Standpunkt so:

> »Das Leben wird aus der Innenperspektive heraus gelebt, und Fragen nach Wert und Sinn sind nur dann sinnvoll, wenn sie aus dieser Perspektive heraus gestellt werden können.«[36]

Die Außenperspektive aber beansprucht, durch ihre objektivierende, an den Methoden der Wissenschaften orientierte Sicht, »das umfassende Weltbild bieten zu können«:

> »Es ist nur natürlich, daß das Individuum diese Art von Distanz schafft, um die egozentrischen Verfälschungen einer rein internen Sichtweise zu korrigieren und um den Beschränkungen entgegenzuwirken, die die Zufälligkeiten seiner hochspezifischen Natur und die Besonderheiten seiner Situation mit sich bringen. Aber die externe Sichtweise hat nicht bloß korrigierende Funktion. Sie beansprucht Dominanz, sie präsentiert sich als das einzig *vollständige* Bild davon, wie die Dinge wirklich sind. Diese Dominanz wird ihr nicht nur von außen zugeschrieben, sondern sie leitet sich von der inneren Anziehungskraft her, mit der sich der überpersönliche Gesichtspunkt der Reflexion des Individuums aufdrängt. Das Leben scheint *absurd* zu sein, weil es *einem selbst* absurd erscheint, wenn man einen Standpunkt einnimmt, der sowohl natürlich als auch überzeugend ist.«[37]

An dieser Stelle wird das Verhältnis zwischen den Positionen Ayers und Nagels deutlich. Ayer weist die externe Sicht in der Sinnfrage zurück, weil sie seiner Meinung nach unsinnig ist: Der Begriff eines objektiven Sinns muß aus logischen Gründen ein leerer Begriff sein. Nagel dagegen hält die sich aufdrängende externe Reflexion für eine natürliche und überzeugende Perspektive. Die Feststellung, daß das Leben aus dieser Perspektive keinen Sinn hat, gilt ihm daher nicht als unsinniger Satz, sondern als perspektivische Wahrheit. Allerdings bestrei-

---

[36] Ebenda.
[37] Ebenda, S. 101.

tet Nagel nicht die begriffsanalytischen Argumente, wie sie z. B. Ayer vorträgt. Nagel behauptet nicht, daß es einen objektiven Sinn gibt. Seine Position könnte daher auf die Sentenz gebracht werden: Die perspektivische Wahrheit des Absurden ist nicht das Ergebnis der wahren, nämlich der dem Sinnproblem angemessenen, Perspektive. Eine solche Unterscheidung zwischen perspektivischer Wahrheit und wahrer Perspektive würde es ermöglichen, die externe Sicht nicht vordergründig als methodischen oder pragmatischen Fehler abzuweisen, sondern als natürliche, als unabweisbare Reflexionsform zu verstehen – eben als Gesichtspunkt, der sich »der Reflexion des Individuums aufdrängt«.

Dieser Gedanke wird von Nagel untermauert, indem er zeigt, daß das Problem von interner und externer Sicht auch bei anderen philosophischen Fragen auftritt. So wird aus interner Perspektive das eigene wie auch das Handeln der anderen als Akt der Freiheit verstanden, aber aus externer Perspektive wird es als Geschehnis oder Ereignis zum Gegenstand soziologischer oder psychologischer Erklärungen. Ebenso ist die interne Gegebenheit der personalen Identität nicht auf externe Merkmale der Identität eines Menschen zu reduzieren. Die objektive Darstellung kann auch nicht vermitteln, »*wie es für ein Wesen ist*, sich in psychischen Zuständen zu befinden«[38]. Diese und weitere Beispiele verdeutlichen die Allgemeinheit des Problems der beiden Perspektiven. Nagel schreibt daher:

> »Das wesentliche Merkmal des Übergangs ist in all den Beispielen, die ich angeführt habe, *Externalität* oder *Distanzierung*. Es wird der Versuch unternommen, die Welt nicht von einem Standpunkt, der in ihr liegt, oder aus der Perspektive einer spezifischen Lebens- oder Bewußtseinsform zu betrachten, sondern schlechthin *unabhängig* von jedem besonderen Ort und *unabhängig* von jeder spezifischen Lebensform. Man versucht die Dinge – wie sie *eigentlich* sind – zu verstehen, indem man all die Merkmale eines Gegenstandes in Abzug bringt, die auf unsere vorreflexive Sichtweise zurückgeführt werden

---

[38] Ebenda, S. 108.

müssen, durch die uns die Dinge in der gewohnten Weise erscheinen. Wir fliehen das Subjektive unter dem Druck der Überzeugung, daß alles, was es gibt, *an sich*, also unabhängig von jeder Perspektive irgendwie sein muß. Dies zu erfassen, indem wir mehr und mehr von unserer eigenen Perspektive Abstand nehmen, das ist das unerreichbare Ideal, auf das unser Streben nach Objektivität zielt.«[39]

Für Nagel ist also Internalität eine vorreflexive Sichtweise, während er Externalität als reflexive Sichtweise versteht. Ein Problem ergibt sich seiner Meinung nach deshalb, »weil *ein und dasselbe* Individuum beide Perspektiven tatsächlich einnimmt«[40].

Nagel bietet nun in verschiedenen Schriften zwei unterschiedliche Lösungen an: eine erkenntnistheoretisch-ontologische und eine im weitesten Sinne des Wortes pragmatische.

Die erkenntnistheoretisch-ontologische Lösung besteht darin, beide Perspektiven als berechtigt anzunehmen, ihnen aber unterschiedliche Anwendungsbereiche zuzuweisen. Nach diesem Ansatz ist die Wirklichkeit selbst in unterschiedliche Seinsformen gegliedert. Nagel schlußfolgert:

> »Also besteht die Wirklichkeit nicht bloß aus der objektiven Wirklichkeit, und das Streben nach Objektivität ist nicht in allen Bereichen eine gleichermaßen geeignete Methode, die Wahrheit zu ermitteln.«[41]

Mit dieser Lösung baut Nagel die Position von Ayer kritisch aus. Während nämlich Ayer aus der vermeinten Sinnlosigkeit der Frage nach einem objektiven Sinn auf die bloß private Geltung von Sinngebungen, Wertungen und Zwecksetzungen schließt, läßt Nagel die Möglichkeit intersubjektiver Geltungsansprüche in diesen Bereichen zu, indem er auch die Gegebenheiten der subjektiven Perspektive als Bereiche der Wirklichkeit, eben als subjektive Wirklichkeit, auffaßt. Nagel möchte die subjektiven Erscheinungen so verstanden wissen,

---

[39] Ebenda, S. 118f.
[40] Ebenda, S. 119.
[41] Ebenda, S. 126.

wie Ludwig Wittgenstein Empfindungen versteht.[42] Er
schreibt daher:

> »Nur wenn wir ihre Subjektivität zugeben – wenn wir also zugeben,
> daß jede Empfindung ihrem Wesen nach *jemandem* erscheint – kön-
> nen wir verstehen, in welcher spezifischen Weise Empfindungen in-
> tersubjektiv vergleichbar und nicht privat sind.«[43]

Diese erkenntnistheoretisch-ontologische Lösung Nagels vermeidet also den Individualismus oder Privatismus in der Sinnfrage, ohne deshalb die Differenz zwischen der internen und
der externen Perspektive aufgeben zu müssen.

Auf die Frage, wie nun mit der Situation der zwei Perspektiven umgegangen werden soll, antwortet Nagel mit seiner
pragmatischen Lösung. Diese heißt *Ironie*. Ironie wird dabei
als eine Haltung gedacht, die es uns ermöglichen soll, damit
leben zu können, daß das Leben objektiv keinen Sinn hat, daß
alle unsere Zwecke, Bestrebungen und Fähigkeiten endliche
sind. Die Ironie gestattet es einerseits, den Ernst unserer Lebensführung anzuerkennen, ohne andererseits die distanzie-
rende Perspektive aufzugeben. Diese Haltung sucht weder ihr
Heil darin, das Subjekt von den Üblichkeiten und Gewohnheiten konsumieren zu lassen, was Marquard nahelegt, noch begreift sie, wie etwa Camus, das ganze Leben als ein heroisches
Trotzdem wider die Verzweiflung an der objektiven Absurdität.
Ironie bezeichnet jenes Maß an Gelassenheit, welches verhindert, daß aus Engagement Fanatismus oder aus Zweifel Verzweiflung wird.[44]

Allerdings könnten wir nun fragen, wozu die Haltung der Ironie überhaupt noch nötig sei, wenn wir die erkenntnistheore-

---

[42] Zum Verstehen von Empfindungsausdrücken nach Wittgenstein vgl.: Peter
Fischer: Empfindungsausdrücke verstehen. Konvergenzen in den Ansätzen von
Cassirer und Wittgenstein. In: Dialektik. Zeitschrift für Kulturphilosophie.
2001, 1, S. 33-51.

[43] Th. Nagel: Das Objektive und das Subjektive. A. a. O., S. 118.

[44] Vgl. Th. Nagel: Das Absurde. In: Christoph Fehige/Georg Meggle/Ulla
Wessels (Hg.): Der Sinn des Lebens. München 2000, S. 103f.

tisch-ontologische Lösung Nagels akzeptieren. Denn Nagel erklärt zwar die perspektivische Wahrheit des Absurden insofern als unabweisbare und natürliche Einstellung, als der Übergang zur Externalität einen im Hinblick auf viele Bereiche der Wirklichkeit angemessenen und erfolgreichen Schritt darstellt. Es wird so verständlich, warum die Menschen diesen Schritt natürlich auch zur Beantwortung der Sinnfrage machen möchten. Wenn aber aufgrund der ontologischen Differenz zwischen dem Subjektiven und dem Objektiven, die Nagel behauptet, klar ist, daß die Externalität nicht die dem Sinnproblem angemessene Perspektive sein kann, dann geht Nagel in diesem Punkt keinen Schritt über Ayer hinaus. Andererseits ist Nagels Ergebnis befriedigender als das Ayers, weil Nagel es in Anlehnung an Wittgenstein für möglich hält, auch über das ontologisch Subjektive mit intersubjektivem Geltungsanspruch sprechen zu können. Damit wäre es zumindest kein methodischer oder pragmatischer Fehler, wenn der Philosophie zugemutet wird, einen Beitrag zur Beantwortung der Sinnfrage zu leisten, der sich nicht darin erschöpft, die Frage mit Gründen an das Individuum zu delegieren. Dennoch: Bei alledem bedarf es der Ironie nicht. Denn daß die Perspektive der Externalität auch in der Sinnfrage *tatsächlich* eingenommen wird, mag durch Nagels Argumentation zwar als psychologische Tatsache verständlich werden, wird aber eben nicht als methodisch angemessen oder als notwendig gerechtfertigt. Also bedarf es keiner Haltung, die es ermöglicht, im Hinblick auf ein und dieselbe Wirklichkeit zwei methodisch notwendige, aber zu einander widersprechenden Ergebnissen führende Perspektiven auszuhalten. Mit Nagel müßten wir sagen: Der Sinn des Lebens gehört zum Bereich des ontologisch Subjektiven, und wenn dies anerkannt wird, dann kann selbst über diesen Bereich – ohne die Gefahr einer unkritischen Metaphysik – mit dem Anspruch auf intersubjektive Geltung gesprochen werden. Externalität dagegen ist hier erstens methodisch unangemessen und zweitens unnötig, um über den bloßen Privatismus der Urteile hinaus zu gelangen. Weil also ausschließlich Internalität, und damit eine, wie Nagel meint, vorreflexive Sichtweise, benötigt wird und weil diese zur Argumentation in Sinnfragen hinreichend ist, bedarf es nicht der Ironie.

Die Lage müßte aber anders beurteilt werden, wenn das Problem nicht nur dadurch entstehen würde, daß, wie Nagel sagt, »ein und dasselbe Individuum beide Perspektiven *tatsächlich* einnimmt«, sondern wenn es darin bestünde, daß ein jedes Individuum beide Perspektiven mit *Notwendigkeit* einnimmt. Das Fortschreiten von der einen zur anderen Perspektive wäre dann gar nicht zu vermeiden. Als Reaktion auf diese Situation wäre die Haltung der Ironie plausibler als vor dem Hintergrund der erkenntnistheoretisch-ontologischen Lösung Nagels.

Um zu prüfen, ob eine solche Notwendigkeit besteht, ist zu klären, was die gemeinhin akzeptierte Feststellung Nagels bedeutet, daß »das Leben aus der Innenperspektive heraus gelebt wird«.

Diese Feststellung bedeutet zunächst einmal, daß jeder die Welt auf sich bezieht. Insofern lebt jeder quasi in seiner eigenen Welt: Jeder hat seine Bezugspersonen, seine Wünsche, seine Fähigkeiten, seine Zwecke, seine Sicht der Dinge. So steht jeder in der Mitte seiner Welt und agiert von dieser Position aus. Aber aus der Innenperspektive heraus zu leben, heißt für uns Menschen nicht nur, derart positioniert zu sein, sondern sich zugleich dieser Positionalität bewußt zu werden. Und dies ist der entscheidende strukturelle Unterschied zwischen dem Leben der Menschen und dem Leben der Tiere. Helmuth Plessner, vielleicht der bedeutendste Kopf der Philosophischen Anthropologie des 20. Jahrhunderts, schreibt daher:

> »Die Schranke der tierischen Organisation liegt darin, daß dem Individuum sein selber Sein verborgen ist, weil es nicht in Beziehung zur positionalen Mitte steht [...]. Das Tier lebt aus seiner Mitte heraus, in seine Mitte hinein, aber es lebt nicht als Mitte. Es erlebt Inhalte im Umfeld, Fremdes und Eigenes, es vermag auch über den eigenen Leib Herrschaft zu gewinnen, es bildet ein auf es selber rückbezügliches System, ein Sich, aber es erlebt nicht – sich.«[45]

---

[45] Helmuth Plessner: Die Stufen des Organischen und der Mensch. Einleitung in die philosophische Anthropologie [1928]. Gesammelte Schriften, Bd. IV.

Während Nagel Externalität und Internalität vorrangig als Methoden begreift, die der Aneignung verschiedener Wirklichkeitsbereiche angemessen oder unangemessen sein können, geht es Plessner darum, die dem menschlichen Sein wesenhafte Struktur aufzudecken: Menschen verhalten sich nicht nur zu sich, zu ihresgleichen und zur Außenwelt, ihnen sind nicht nur die Inhalte dieser Weltbezüge gegeben, sondern zugleich wissen sie sich als in diesen Verhältnissen stehend: Die Verhältnisse selbst werden reflektiert.[46] Ohne die Position inmitten der Weltbezüge aufgeben zu können, muß der Standort ihrer Reflexion doch *exzentrisch* sein. Plessner nennt diese Struktur daher *exzentrische Positionalität*. Der Schluß, daß der Mensch zwei verschiedene Standorte einnimmt, einen konzentrischen und einen exzentrischen, wäre aber falsch:

> »Er hat eine entscheidende Prämisse vergessen, nämlich die Identität desjenigen, der in diesem Zentrum der Vermittlung steht.«[47]

Beziehen wir diesen Gedanken auf Nagels Unterscheidung der beiden Perspektiven, dann müssen sowohl die Internalität als auch die Externalität so begriffen werden, daß für jede der beiden die exzentrische Positionalität konstitutiv ist. Die externe und die interne Sicht sind damit auf ein gemeinsames Strukturprinzip zurückgeführt. Für jede menschliche Perspektive gilt:

> »Evidenz des intendierenden steht gegen Evidenz des reflektierenden Bewußtseins.«[48]

Frankfurt/M. 1981, S. 360. Ganz in diesem Sinne schreibt Karl Marx bereits 1844: »Das Tier ist unmittelbar eins mit seiner Lebenstätigkeit. Es unterscheidet sich nicht von ihr. Es ist sie. Der Mensch macht seine Lebenstätigkeit selbst zum Gegenstand seines Wollens und seines Bewußtseins. Er hat bewußte Lebenstätigkeit.« Karl Marx: Ökonomisch-philosophische Manuskripte (1844). In: MEW, Ergänzungsband, Erster Teil. Berlin 1981, S. 516.

[46] »Wo ein Verhältnis existiert, da existiert es für mich, das Tier ›*verhält*‹ sich zu nichts und überhaupt nicht. Für das Tier existiert sein Verhältnis zu anderen nicht als Verhältnis.« Karl Marx/Friedrich Engels: Die deutsche Ideologie. In: MEW, Bd. 3, Berlin 1983, S. 30.

[47] H. Plessner: Die Stufen des Organischen und der Mensch. A. a. O., S. 401.

[48] Ebenda, S. 406.

Diese Wahrheit zeigt sich in Nagels eigenen Beispielen: Der Evidenz des intendierenden Bewußtseins, die aus der internen Perspektive z. B. besagt, daß die externe Perspektive keinen Zugang dazu bietet, »*wie es für ein Wesen ist*, sich in psychischen Zuständen zu befinden«, steht innerhalb der internen Perspektive die Evidenz des reflektierenden Bewußtseins gegenüber, daß Empfindungen mitteilbar, Empfindungsausdrücke also intersubjektiv verständlich sind. Analoges läßt sich für die Externalität aufzeigen: Für das intendierende Bewußtsein dieser Perspektive ist es evident, daß wir die Dinge erkennen, wie sie an sich, also unabhängig von uns, sind. Aber ebenso evident ist es für das reflektierende Bewußtsein, daß diese Erkenntnis im Rahmen unserer Voraussetzungen, Möglichkeiten und Methoden stattfindet, daß also auch dieses vermeintliche An-sich-Sein der Dinge uns auf unterschiedliche Weisen und in graduellen Unterschieden erscheint.

Daß Intentionalität und Reflexivität jeder menschlichen Perspektive eingeschrieben sind, bestätigt zumindest implizit auch Nagel, wenn er einen kontinuierlichen Übergang vom Subjektiven zum Objektiven behauptet. Er schreibt nämlich:

> »Die Subjektivität oder Objektivität unterschiedlicher Erscheinungen im Verhältnis zueinander ist eine Frage des Grades [...]. Daran liegt es, daß das Subjektive im Kontrast zu diesem Fortschreiten in Richtung Objektivität definiert wird.«[49]

Diese Aussage, daß die Unterscheidung von Subjektivität und Objektivität eine graduelle ist, steht im Gegensatz zu der Behauptung der ontologischen Differenz zwischen Subjektivem und Objektivem und damit im Gegensatz zu dem sich auf diese Differenz gründenden Methodendualismus von Internalität und Externalität. Wenn aber die externe und die interne Perspektive nicht als prinzipiell verschiedene konzipiert, sondern auf ein gemeinsames Prinzip zurückgeführt werden, nämlich die exzentrische Positionalität, dann verschwinden diese Gegensätze:

---

[49] Th. Nagel: Das Subjektive und das Objektive. A. a. O., S. 119.

Internalität und Externalität sind dann unterschiedliche Realisierungen ein und desselben Prinzips, Ausformungen ein und derselben Struktur. Die Frage der methodischen Angemessenheit ist dann nicht durch die ontologische Differenz der Gegenstände, Subjektives und Objektives, immer schon entschieden, ihre Beantwortung also kein Problem der Zuordnung von Methoden zu Klassen des Seienden. Plessner denkt daher die Angemessenheit als Geschichte der Expressivität. Er schreibt:

»Jede Lebensregung der Person, die in Tat, Sage oder Mimus faßlich wird, ist daher ausdruckshaft, bringt das Was eines Bestrebens irgendwie zum *Ausdruck*, ob sie den Ausdruck will oder nicht. [...] Nicht liegt hier der Inhalt und dort die Form, wie es der Berufsmensch gewöhnt ist, der zu seinem Ziel bestimmte Methoden wählt. [...] Die Form [...], von der als dem Abstand zwischen Zielpunkt der Intention und Endpunkt der Realisierung die Rede ist, läßt sich [...] nicht vorwegnehmen, vom Inhalt wegnehmen und auf den Inhalt stülpen, sie *ergibt* sich in der Realisation. Sie widerfährt dem Inhalt, der nur das während der Realisierung durchgehaltene Ziel des Bestrebens ist. Und weil es auf diese Weise eine Kontinuität zwischen Intention und Erfüllung gibt trotz der vorher nicht bekannten und wesensmäßig nie für sich gegebenen Brechung des Intentionsstrahls im Medium der seelischen und körperlichen Wirklichkeit, hat das Subjekt ein Recht, von einem Gelingen seines Bestrebens zu sprechen. Eben deshalb hat es ein Recht und die Pflicht, das Gelingen *von neuem* zu versuchen. [...] niemand kann sagen, wo der Inhalt anfängt und die Form aufhört, solange er im Bestreben selbst begriffen die Erfüllung erreicht und festhält. Erst am gelungenen Werk, an der realisierten Gebärde oder Rede merken wir den Unterschied. Realisiert, bricht es auch schon in das Was und das Wie auseinander. Die Diskrepanz zwischen dem Erreichten und Erstrebten ist Ereignis geworden. [...] Der Mensch muß sich erneut ans Werk machen. Durch seine Expressivität ist er also ein Wesen, das selbst bei kontinuierlich sich erhaltender Intention nach immer *anderer* Verwirklichung drängt und so eine *Geschichte* hinter sich zurückläßt.«[50]

---

[50] H. Plessner: Die Stufen des Organischen und der Mensch. A. a. O., S. 415f.

In all unseren Bestrebungen – dem Erkennen, dem Handeln, dem Kommunizieren, was auch immer, – findet also stets ein Verhältnis von Intentionalität und Reflexivität seinen Ausdruck, wobei die Relata unterschiedlich gewichtet sind und damit graduelle Abstufungen zwischen den idealen Polen des Subjektiven und des Objektiven darstellen. Dabei ist zu beachten, daß weder etwas Subjektives noch etwas Objektives entweder nur intentional oder nur reflexiv gegeben sein kann, wenn es auf spezifisch menschliche Weise gegeben ist.

Beziehen wir diese Überlegungen nun auf die perspektivische Wahrheit, daß das Leben objektiv keinen Sinn hat, so ist dies zunächst einmal eine intentionale Wahrheit aus der methodischen Perspektive der Externalität. Um den reflexiven Aspekt zur Geltung zu bringen, müssen wir uns der methodischen Voraussetzungen dieser Wahrheit vergewissern. Je gründlicher dies geschieht, desto besser kann eine Reintegration der externen Perspektive in die interne gelingen: Die objektive Sinnlosigkeit könnte so als von uns erzeugte Wahrheit einsichtig werden. Freilich ist dies zunächst eine sehr abstrakte Überlegung. Ihre Leistungsfähigkeit muß sie erst unter Beweis stellen, wenn sie hinsichtlich verschiedener für die Frage nach dem Sinn des Lebens relevanter Themen angestellt wird: hinsichtlich von Glück und Leid, von Tod und Geschichte, von Moral und Religiosität.

Die Diskussion der Ansätze von Nagel und Plessner führt also zu den folgenden Einsichten: Es ist sicher richtig, daß wir unser Leben aus der Innenperspektive heraus leben müssen. Aber ebenso richtig ist es, daß die Struktur unseres Seins in der Welt, die exzentrische Positionalität, durch ihren inneren Gegensatz von Intentionalität und Reflexivität uns antreibt, über ihre jeweilige Ausdrucksform hinauszugehen. Die bloße Gegenüberstellung der intentionalen Wahrheiten, die sich der internen und der externen Perspektive darbieten, und erst recht deren ontologische Hypostase sind daher Zeugnisse der Geschichtsvergessenheit und damit letztendlich der Seinsvergessenheit: der Vergessenheit der exzentrischen Positionalität und ihrer notwendigen Expressivität. Das Erinnern der Struktur unseres Seins in der Welt gestattet dagegen, methodische Übergänge von einem Prinzip her zu denken. Der Aspekt der Reflexivität wird dabei als das dynamische Moment eingesehen, eine Dynamik, die nie endgültig zur Ruhe kommen kann. Die Erinnerung der Geschichtlichkeit erweist sich so im Kern als Reflexion der Reflexivität. In dieser liegt die Chance des Verstehens der Externalität, also all jener Weltbezüge, aus deren Sicht das Leben als sinnlos erscheint. Nur über dieses Verstehen führt der Weg zur Reintegration der externen Perspektive in die sinngebende Einstellung der Internalität. Auch die erwähnten Ansprüche auf Intersubjektivität, welche aus der Innenperspektive heraus erhoben werden, blieben ohne die Reflexion der Reflexivität unserer Weltbezüge unbegründet.

Die Debatte über die Berechtigung der Sinnfrage erbringt so das Ergebnis: Nicht die voreilige Gleichsetzung von *Sinn* mit *Zweck*, *Wert* oder *Glück* und die sich daraus ergebenden Konsequenzen bieten den Königsweg zum Verständnis der Sinnfrage. Vielmehr zeigt sich, daß *Sinn* zunächst in der Bedeutung von *Richtungssinn* aufgefaßt werden sollte: als Richtungssinn unseres Nachdenkens, als Orientierung unserer Besinnung. Sinn kann uns nur zuteil werden in den Ausdrucksformen unserer exzentrischen Positionalität und im Bewußtsein über deren Geschichtlichkeit. Wir stehen inmitten unserer Welt und zugleich daneben, also nirgendwo. Selbst wenn wir die Exzentrizität im Vollzug des Lebens vergessen, ist sie nicht getilgt. Dies ist keine Schizophrenie, sondern Menschlichkeit:

> »Für das Tier ist der Satz richtig, daß es in Selbststellung ganz es selber ist. Es ist in die positionale Mitte gestellt und geht darin auf. Für den Menschen dagegen gilt das Gesetz der Exzentrizität, wonach sein im Hier-Jetzt Sein, d. h. sein Aufgehen im Erleben nicht mehr in den Punkt seiner Existenz fällt. Sogar im Vollzug des Gedankens, des Gefühls, des Willens steht der Mensch außerhalb seiner selbst.«[51]

---

[51] Ebenda, S. 371.

Anders formuliert: Eben weil wir exzentrisch positioniert sind, kann uns die konzentrische oder intentionale Sinnhaftigkeit unserer Handlungen und Gewohnheiten nicht als hinreichende Bedingung eines sinnvollen Lebens gelten. Diese Sinnhaftigkeit stellen wir notwendigerweise in Frage. Nur die durch den Zweifel hindurchgegangene Anerkennung oder Ablehnung unsere Lebensvollzüge kann als menschliche Sinngebung gelten, aber nie als endgültige, immer als geschichtliche. Jeder Sinn ist eine Möglichkeit und muß als solche gewußt werden. Mit einer Sentenz Plessners gesagt:

»Der Mensch lebt nur, indem er ein Leben führt.«[52]

Das Resultat unserer Überlegungen läßt sich in vier Thesen zusammenfassen:

1) Unser Verständnis der Frage nach dem Sinn des Lebens greift zu kurz, wenn wir in ihr nur ein Symptom individueller oder gesellschaftlicher bzw. kultureller Lebenskrisen sehen. Solche Krisen können die Frage veranlassen und vermögen es, eine gewisse Distanz zu bisher akzeptierten Antworten zu schaffen. Hierin liegt eine Chance für unser Denken. Dennoch stellen diese Krisen keine notwendigen Bedingungen für das Fragen nach dem Sinn des Lebens dar.
2.) Die sprach- bzw. begriffsanalytische Behandlung der Sinnfrage führt zumindest dann in Schwierigkeiten, wenn sie sich eines positivistischen Sinnkriteriums bedient. Zwar können so Objektivitätsansprüche der vorkritischen Metaphysik zurückgewiesen werden, aber der eigene Objektivitätsbegriff dieses Ansatzes läßt die Argumentation in kontraintuitive Begrenzungen dessen münden, worüber mit dem Anspruch auf intersubjektive Geltung gesprochen werden kann. Es dürfte kaum akzeptabel sein, alle Aspekte des Themas dem Gutdünken des einzelnen anheimzustellen. Zumindest der moralische Aspekt ist hierfür ein Beispiel.

---

[52] Ebenda, S. 384.

3.) Das Konzept, die Frage nach dem Sinn des Lebens ausschließlich im Rahmen einer sogenannten ›Philosophie der Lebenskunst‹ zu erörtern, setzt sich in der Konsequenz teilweise denselben Einwänden aus, wie das analytisch-positivistische. Mit der Beschränkung auf Klugheitsüberlegungen werden die Möglichkeiten philosophischer Reflexion unterboten. Im Rahmen seiner Grenzen hat dieser Ansatz freilich eine gewisse Berechtigung.

4.) Über den Sinn der Frage nach dem Sinn des Lebens kann keine Vorentscheidung durch methodische oder erkenntnistheoretisch-ontologische Überlegungen herbeigeführt werden. Es gilt, die Ausdrucksformen unseres Lebens als notwendigerweise geschichtliche und daher stets unvollkommene Versuche zu verstehen, die intentionale und die reflexive Evidenz unserer Weltbezüge in ein Gleichgewicht zu bringen. Diese rekonstruktive Arbeit ist der Weg der Philosophie, spezifisch menschliche Sinngebung aufzuweisen. Weil es in der Struktur menschlichen Daseins, der exzentrischen Positionalität, begründet liegt, daß diese Arbeit eine permanente Aufgabe bleibt, werden wir dabei der Ironie, verstanden als wohl dosierte Gelassenheit, bedürfen.

Resümee

Theoretische Grundlagen

1) Ethik, verstanden als Moralphilosophie, ist die methodische und argumentative Prüfung und Begründung der Moral. Unter Moral verstehen wir jene Interessenvermittlung, die sich am Glück eines jeden Menschen orientiert, um so das Glück aller zu ermöglichen. Die spezifisch moralische Interessenvermittlung läßt sich weder auf die pragmatische (kluge, zweckrationale) noch auf die institutionelle (z. B. politische; wirtschaftliche) Vermittlung der Interessen reduzieren.

2) Die Moralphilosophie, die Praktische Philosophie überhaupt, thematisiert den Menschen als freies Wesen. Freiheit, als ein Prinzip unseres Denkens, gehört zu unserem Selbstverständnis als soziale Kulturwesen in unserer praktischen Einstellung zur Welt, zu unserem Selbstverständnis als verantwortliche Handlungssubjekte. Diese Idee der Freiheit kann theoretisch und empirisch weder bewiesen noch widerlegt werden.

3) Analog dazu ist der gleichfalls unbeweisbare und nicht widerlegbare Determinismus ein Prinzip unseres Denkens in unserer theoretischen Einstellung zur Welt. Diese Einstellung zielt auf wissenschaftliche Erkenntnis und technische Gestaltung. Einige Philosophen sehen in der Reflexion des technischen Gestaltens den Erkenntnisgrund des Determinismusprinzips: Wir denken die Welt in kausalen Zusammenhängen, weil wir selbst in der Lage sind, Wirkungen regelmäßig hervorzubringen.

4) Insofern wir die Aktionen der Menschen nicht als vegetative Prozesse oder als Widerfahrnisse verstehen und nicht nur unter den Aspekt des technischen Bewirkens betrach-

ten, denken wir sie als frei gewählte. Frei gewählte Aktionen bezeichnen wir als Handlungen: Unter einer Handlung verstehen wir entweder die absichtliche Ausführung oder die absichtliche Unterlassung von zweckgerichteten Operationen durch mindestens eine Person.

5) Wie die Diskussion spieltheoretischer Modelle der Handlungsentscheidungen (Gefangenendilemma) zeigt, können moralische Handlungsregeln letztlich nicht auf die ausschließliche Wertorientierung am eigenen Glück und die entsprechende Zweckrationalität gegründet werden. Von ethischen Ansätzen müssen daher mindestens zwei Leistungen erwartet werden: Erstens müssen sie Kriterien zur Limitierung des Eigeninteresses begründen und zweitens ein genuin moralisches Motiv aufweisen, welches als guter Grund zum moralischen Handeln gelten kann und unabhängig vom Eigeninteresse sein muß.

6) Im Bereich des Praktischen kann zwischen Rationalität oder Verstand einerseits und Vernunft andererseits unterschieden werden: Rational ist ein Handeln dann, wenn das Eigeninteresse der letzte Grund, das Kriterium, der Handlungsentscheidung ist. Vernünftig ist ein Handeln dann, wenn ein Kriterium der Handlungsentscheidung den Interessen aller in gleicher Weise gerecht wird.

Ausgewählte Typen ethischen Denkens

7) *Eudaimonistische Tugenethik.* Aristoteles konzipiert Ethik als Lehre vom guten Leben der Menschen in der Gemeinschaft. Dieses gute Leben werde realisiert, indem die Menschen nach einem Gut streben, welches als Endziel ihrem ganzen Leben Sinn gibt. In praktischer Hinsicht ist dieses Endziel die Glückseligkeit, verstanden als spezifisch menschliches und der Tugend (Tüchtigkeit) dieser Spezifik gemäßes Tätigsein. Damit die Menschen dieses Ziel erreichen können, müssen sie bestimmte Tugenden ausbilden. In

einer Gemeinschaft der Tugendhaften sind das Glück des einzelnen und das Glück der Gemeinschaft identisch. Die Tugenden unterteilt Aristoteles in ethische und dianoetische. Die ethischen Tugenden werden durch Gewohnheit erworben und betreffen das rechte Maß des Wollens. Sie können auch Charaktertugenden genannt werden. Die dianoetischen Tugenden betreffen das intellektuelle Können, weshalb sie auch Verstandestugenden heißen. Im Hinblick auf das gute Leben in der Gemeinschaft ist die sittliche Einsicht (die Klugheit im Sinne des Aristoteles), die Phronesis, die wichtigste Tugend: Sie befähigt zu erkennen, worin das rechte Maß des Wollens besteht und wie die verschiedenen arbeitsteiligen Tätigkeiten aufeinander abgestimmt werden müssen, damit sie der Erhaltung der Polis und damit einem autarken Leben dienen. Die eudaimonistische Strebensethik ist primär auf die Konstituierung und Qualifizierung des praktischen Subjekts gerichtet, nicht auf die Begründung von Kriterien für Handlungsregeln.

8) *Mitleidsethik.* Schopenhauer setzt das Prinzip der Handlungsbeurteilung als unstrittig voraus. Es lautet: *Verletze niemanden; vielmehr hilf allen, soweit du kannst.* Der Ethik stellt er die Aufgabe, aufzudecken, warum Menschen entweder nach diesem Prinzip oder ihm entgegen handeln. Schopenhauer entwirft deshalb eine Motivationstheorie: Jedes echte moralische Handeln geht aus dem Mitleid hervor. Handlungen aus Egoismus oder Bosheit dagegen widersprechen entweder dem Moralprinzip oder können bestenfalls Legalität beanspruchen. Aus dem Egoismus gehen dann legale Handlungen hervor, wenn jemand aus Eigennutz dem Moralprinzip entspricht. Aus Bosheit kann eine Handlung dann legal sein, wenn der Handelnde irrtümlich glaubt, damit anderen, vielleicht einem Dritten, schaden zu können. Die Grenzen der Motivation der Moral durch Mitleid zeigen sich insbesondere in der Frage der Gerechtigkeit, weil es problematisch ist, ob mit allen, auch mit Abwesenden, gleiches Mitleid empfunden wird und inwie-

fern dieses Gefühl eine vernünftige Handlungsbeurteilung erlaubt. Schopenhauer sieht im Mitleid einen mysteriösen Vorgang, in dem die metaphysische Wahrheit der Identität von Ich und Nicht-Ich zwar nicht erkannt, aber praktisch gegeben sei.

9) *Utilitarismus.* Der Utilitarismus umfaßt verschiedene Versuche, mit Hilfe von Kosten-Nutzen-Kalkülen entweder Handlungen, Handlungsutilitarismus, oder Handlungsregeln, Regelutilitarismus, zu rechtfertigen. Als Kriterium darf aber nicht der Nutzen für das Handlungssubjekt fungieren, sondern ein näher zu bestimmender Durchschnitts- oder Gesamtnutzen für alle Betroffenen. Die klassische Position ist durch vier Merkmal gekennzeichnet: den Konsequenzialismus, das Kosten-Nutzen-Kalkül, den Hedonismus oder eine andere Werttheorie und die »Allgemeinheit«, d. h. die Berücksichtigung aller Betroffenen. Wesentliche theoretische Schwierigkeiten ergeben sich hinsichtlich der nötigen Prognosen der Handlungsfolgen, der Bestimmung des Kreises der Betroffenen, der Messung und Verrechnung von Lust/Präferenzen/Interessen, der Gerechtigkeit für den einzelnen angesichts des Durchschnitts- oder Gesamtnutzens. Trotz der philosophischen Mängel können utilitaristische Kalküle ein notwendiges Instrument einer verantwortungsethischen Politik sein.

10) *Deontologische Moralphilosophie.* Nach Kant kann Glückseligkeit inhaltlich weder allgemein verbindlich bestimmt werden, noch können die individuellen Glücksvorstellungen aller Betroffenen ermittelt werden. Außerdem führt die Orientierung des Handelns an der eigenen Glückseligkeit in Konflikte zwischen den Menschen. Kant konzipiert daher ein Moralkriterium, welches insofern *formal* genannt werden kann, als es von inhaltlich bestimmten Glücksvorstellungen unabhängig ist. Dieses Kriterium ist der kategorische Imperativ: *Handle nur nach derjenigen Maxime, durch die du zugleich wollen kannst, daß sie ein allgemeines Gesetz werde.* Damit stellt Kant das morali-

sche Wollen, d. h. die gerechtfertigten Handlungsregeln, unter die Bedingung, der Form der Allgemeinheit zu entsprechen. Eine Maxime entspricht der Form der Allgemeinheit dann nicht, wenn die Maxime vom Handlungssubjekt nur als Ausnahme von einer Regel gewollt werden kann, deren allgemeine Anerkennung aber ansonsten vom Handlungssubjekt gewollt wird. Freiheit als Autonomie, als Selbstbestimmung, besteht danach darin, Handlungsregeln unter der Form der Allgemeinheit denken zu können und einen Widerstreit im Wollen auch dann vermeiden zu können, wenn dadurch eigennützige Interessen eingeschränkt werden müssen. Die Form der Allgemeinheit ermöglicht so vernünftige Selbstliebe, d. h. ein gleichberechtigtes Streben eines jeden nach seiner Glückseligkeit, welches an der Freiheit des anderer Maß und Grenze findet. Die genuin moralische Motivation sieht Kant in der Achtung vor dem Gesetz, welche die Achtung einer jeden Person, also auch die Selbstachtung, als vernünftiges Wesen impliziert.

11) *Diskursethik.* Weil die monologische Anwendung von Moralprinzipien zu perspektivischen Verzerrungen führen könne, vertritt die Diskursethik ein Moralprinzip, welches als Argumentationsregel tatsächlich geführten Diskursen zugrunde liegen soll. Habermas nennt dieses Moralprinzip Universalisierungsgrundsatz (U): *Jede gültige Norm muß der Bedingung genügen, daß die Folgen und Nebenwirkungen, die sich jeweils aus ihrer allgemeinen Befolgung für die Befriedigung der Interessen eines jeden Einzelnen (voraussichtlich) ergeben, von allen Betroffenen akzeptiert (und den Auswirkungen der bekannten alternativen Regelungsmöglichkeiten vorgezogen) werden können.* Praktische Vernunft wird nicht – wie im Utilitarismus – als quasi empirische und auch nicht – wie bei Kant – transzendentallogisch, sondern transzendentalpragmatisch rekonstruiert: Der Universalisierungsgrundsatz (U) gilt als begründet, weil er abgeleitet werden kann aus den notwendigen

normativen Voraussetzungen der Argumentation, d. h. der
kollektiven, auf Konsens – nicht Kompromiß – ausgerich-
teten Wahrheits- bzw. Richtigkeitssuche, bei der nur der
Zwang des besseren Arguments zählt. Probleme bei der
Umsetzung der Diskursethik ergeben sich deshalb, weil
der wirklich herrschaftsfreie Diskurs offensichtlich bereits
starke Anforderungen an die Moral der Teilnehmer stellt.
Außerdem stellt sich die Frage nach den Kriterien für das
jeweils bessere Argument.

Angewandte Ethik

12) *Angewandte Ethik als Verantwortungsethik.* Angewandte
Ethik umfaßt alle Bemühungen, jene Probleme zu lösen,
die sich bei der Anwendung der Moralprinzipien und der
Umsetzung moralischer Normen ergeben. Systematische
Anwendungsprobleme betreffen die Operationalisierung
des Prüfverfahrens einer Moralphilosophie. Hermeneutische Anwendungsprobleme ergeben sich hinsichtlich der
Bestimmung der zu prüfenden Handlungen bzw. Handlungsregeln, und zwar insbesondere dann, wenn die Handlungen aufgrund der institutionellen oder technischen
Macht der Handlungssubjekte (z. B. in der Politik bzw.
beim Einsatz moderner Technologien) eine hohe, auch
zeitliche, Komplexität aufweisen. Weltanschauliche Probleme stellen sich, wenn ein Streit um die Moralprinzipien
selbst entbrennt. Besonders relevant werden Probleme
dieser Art, wenn ethische Normierungen in geltendes
Recht umgesetzt werden sollen. Schließlich sind politisch-
ökonomische Strukturen zu beachten, wenn moralische
Normierungen und rechtliche Regelungen nicht zu welt-
fremden Forderungen werden sollen. Aufgrund der genannten Probleme muß Angewandte Ethik als Verantwortungsethik betrieben werden. Verantwortungsethik ist jene
Weise der Berücksichtigung moralischer Normen in der

politischen Handlungssphäre, die weder den ethischen Horizont preisgibt, um sich auf das momentan Machbare zu beschränken, noch moralische Normen ungeachtet der gegeben Bedingungen durchsetzt. In der Verantwortungsethik tritt die (politische) Klugheit insofern in den Dienst des moralischen Fortschritt, als sie Bedingungen zu schaffen versucht, die der Erfüllung moralischer Forderungen entgegenkommen.

13) *Naturethik.* Naturethik ist ein Teilgebiet der Angewandten Ethik. Handlungsobjekten (Tiere, Pflanzen, Gegebenheiten der unbelebten Natur), die keine Menschen sind, muß kein moralischer Wert zugeschrieben werden, um Naturethik begründen zu können. Handlungen in Ansehung von Objekten, die nicht als Personen gelten, sind insofern moralisch relevant, als durch sie Pflichten gegenüber anderen Personen oder Pflichten des Handlungssubjekts gegen sich selbst berührt werden: Im ersten Fall geht es um den Schutz der Natur als Bedingung des glücklichen Lebens aller; im zweiten Fall um den Schutz der Natur als Bedingung der (moralischen) Kultivierung und der Erfahrung von Sinn.

Glück und Sinn

14) Insofern das Streben nach der eigenen Glückseligkeit im Rahmen des moralisch und rechtlich Erlaubten erfolgt, darf jeder nach seiner eigenen Fasson glücklich werden. Innerhalb dieses Rahmens Glücksvorstellungen inhaltlich vorschreiben zu wollen, wäre sogar unmoralisch. Möglich sind nur Empfehlungen, die um so sinnvoller sind, je besser der Ratgeber die beratene Person und ihre Lebensumstände kennt. Philosophie kann in Klugheitsfragen nur Orientierung zur Selbstorientierung leisten, insbesondere in Form philosophischer Anthropologie oder, wie Kant dies nannte, als Anthropologie in pragmatischer Hinsicht.

Menschliches Glücksstreben sollte die Endlichkeit des Lebens und der Fähigkeiten sowie die Kontingenz der Lebensumstände berücksichtigen: Dies schützt vor der unerfüllbaren Erwartung, ausschließlich Glück zu erleben. Unglück sollte nicht geleugnet und verdrängt, sondern angenommen und verarbeitet werden, um für neues Glück empfänglich zu sein. Beim Streben nach Glück sollten alle menschlichen Tätigkeits- und Lebensbereiche in einem angemessenen Verhältnis zueinander stehen: Arbeit und Interaktion, Spiel und Kontemplation. In der Moderne wird das Ideal der qualitativen und quantitativen Steigerung des Glücks gemeinhin akzeptiert. Epikurs Ideal des Glücks, nach welchem Glückseligkeit nichts als die Abwesenheit von Unglück ist und durch Not abwendende Befriedigung der natürlichen Bedürfnisse erreicht werden kann, erscheint daher in Wohlstandsgesellschaften als überholt. Dennoch bietet es einen Anlaß zur kritischen Reflexion des modernen Ideals: Denn erstens leben nicht alle Menschen im Wohlstand, und zweitens kann das Ideal der Steigerung des Glücks zu einem ziellosen Irrweg werden.

15) *Die Frage nach dem Sinn des Lebens.* Die Frage nach dem Sinn des Lebens ist nicht nur Ausdruck individueller oder kultureller Lebenskrisen. Zu kurz greift auch die Gleichsetzung des Sinnbegriffs mit dem Wert- oder Zweckbegriff. Ebenso unzureichend ist die Zurückweisung der Sinnfrage aufgrund eines positivistischen Sinnkriteriums. Die Orientierung an Gewohnheiten und Institutionen kann der Sinnfrage zwar ihre Dramatik nehmen, sie aber nicht zum Verstummen bringen. Die Frage nach dem Sinn des Lebens ist Ausdruck der exzentrischen Positionalität des Menschen. Aufgrund dieser Struktur seines Daseins führt der Mensch sein Leben, indem er verschiedene Perspektiven einnimmt. Die Sinngebung vollzieht sich als Reflexion der Lebensgeschichte und durch die Integration der perspektivischen Sichten in wandelbare Lebensentwürfe.

Anhang

Abbildungsverzeichnis

Literatur

Apel, Karl-Otto: Diskurs und Verantwortung. Das Problem des Übergangs zur postkonventionellen Moral. Frankfurt/M. 1990;

Ders.: Transformation der Philosophie. Bd. II: Das Apriori der Kommuninkationsgemeinschaft. Frankfurt/M. 1973;

Aristoteles: Nikomachische Ethik. Übersetzt von Franz Dirlmeier. Werke, Bd. 6. Berlin [7]1979;

Ders.: Nikomachische Ethik. Nach der Übersetzung von Eugen Rolfes bearbeitet von Günther Bien. In: Philosophische Schriften, Bd. 3. Hamburg 1995;

Ders.: Politik. Übersetzt von Eugen Rolfes. In: Philosophische Schriften, Bd. 4. Hamburg 1995;

Axelrod, Robert: Die Evolution der Kooperation. Übersetzt von Werner Raub und Thomas Voss. München/Wien [4]1997 (engl. 1984);

Ayer, Alfred Jules: Menschliche Zwecke und große Zwecke. In: Christoph Fehige/Georg Meggle/Ulla Wessels (Hg.): Der Sinn des Lebens. München 2000; S. 189-194;

Ders.: Unbeantwortbare Fragen. In: Christoph Fehige/Georg Meggle/Ulla Wessels (Hg.): Der Sinn des Lebens. München 2000, S. 34-36;

Bentham, Jeremy: Eine Einführung in die Prinzipien der Moral und der Gesetzgebung. Übersetzt von Annemarie Pieper. In: Otfried Höffe (Hg.): Einführung in die utilitaristische Ethik. Tübingen 1992, S. 55-83;

Bittner, Rüdiger: Handlungen und Wirkungen. In: Gerold Prauss (Hg.): Handlungstheorie und Transzendentalphilosophie. Frankfurt/M. 1986, S. 13-26;

Birnbacher, Dieter (Hg.): Ökologie und Ethik. Stuttgart 1986;

Ders. (Hg.): Ökophilosophie. Stuttgart 1997;

Brenner, Andreas: Ökologie-Ethik. Leipzig 1996;

Cassirer, Ernst: Form und Technik. In: Peter Fischer (Hg.): Technikphilosophie. Von der Antike bis zur Gegenwart. Leipzig 1996, S.157-213;

Düwell, Marcus: Die Bedeutung ethischer Diskurse in einer wertepluralen Welt. In: Matthias Kettner (Hg.): Angewandte Ethik als Politikum. Frankfurt/M. 2000, S. 76-114;

Epikur: Briefe – Sprüche – Werkfragmente. Griechisch/Deutsch. Herausgegeben und übersetzt von Hans-Wolfgang Krautz. Stuttgart 2000;

Fischer, Peter: Empfindungsausdrücke verstehen. Konvergenzen in den Ansätzen von Cassirer und Wittgenstein. In: Dialektik. Zeitschrift für Kulturphilosophie. 2001, 1, S. 33-51;

Ders.: Moralität und Sinn. Zur Systematik von Klugheit, Moral und symbolischer Erfahrung im Werk Kants. München 2003;

Foucault, Michel: Die Sorge um sich (Sexualität und Wahrheit, Bd. 3). Übersetzt von Ulrich Raulff und Walter Seitter. Frankfurt/M. 1989;

Gehlen, Arnold: Der Mensch. Seine Natur und seine Stellung in der Welt. Wiesbaden [13]1986;

Gehardt, Volker: Sinn des Lebens. Über einen Zusammenhang zwischen antiker und moderner Philosophie. In: Volker Caysa/Klaus-Dieter Eichler (Hg.): Praxis – Vernunft – Gemeinschaft. Auf der Suche nach einer anderen Vernunft. 1994, S. 371-386;

Habermas, Jürgen: Diskursethik – Notizen zu einem Begründungsprogramm. In: ders.: Moralbewußtsein und kommunikatives Handeln. Frankfurt/M. 1983, S. 53-125;

Ders.: Erläuterungen zur Diskursethik. In: ders.: Erläuterungen zur Diskursethik. Frankfurt/M. 1991, S. 119-226;

Ders.: Moral und Sittlichkeit. In: Merkur. Deutsche Zeitschrift für europäisches Denken, 1985 (39. Jg.) 12, S. 1041-1052;

Ders.: Vom pragmatischen, ethischen und moralischen Gebrauch der praktischen Vernunft. In: ders.: Erläuterungen zur Diskursethik. Frankfurt/M. 1991, S. !00-118;

Hegel, Georg Wilhelm Friedrich: Vorlesungen über die Geschichte der Philosophie. Leipzig 1982;

Henrich, Dieter: Ethik der Autonomie. In: ders.: Selbstverhältnisse. Gedanken und Auslegungen zu den Grundlagen der klassischen deutschen Philosophie. Stuttgart 1982; S. 77-115;

Hobbes, Thomas: Leviathan oder Stoff, Form und Gewalt eines kirchlichen und bürgerlichen Staates. Herausgegeben und eingeleitet von Iring Fetscher. Übersetzt von Walter Euchner. Frankfurt/M. 1984;

Honderich, Ted: Wie frei sind wir? Das Determinismus-Problem. Übersetzt von Joachim Schulte. Stuttgart 1995;

Kannetzky, Frank: paradoxes denken. Theoretische und praktische Irritationen des Denkens. Paderborn 2000;

Kant, Immanuel: Grundlegung zur Metaphysik der Sitten. In: Werkausgabe in 12 Bänden. Herausgegeben von Wilhelm Weischedel. Frankfurt/M. 1977ff, Bd. VII;

Ders.: Idee zu einer allgemeinen Geschichte in weltbürgerlicher Absicht. In: Werkausgabe in 12 Bänden. Herausgegeben von Wilhelm Weischedel. Frankfurt/M. 1977ff, Bd. XI;

Ders.: Kritik der praktischen Vernunft. In: Werkausgabe in 12 Bänden. Herausgegeben von Wilhelm Weischedel. Frankfurt/M. 1977ff, Bd. VII;

Ders.: Kritik der reinen Vernunft. In: Werkausgabe in 12 Bänden. Herausgegeben von Wilhelm Weischedel. Frankfurt/M. 1977ff , Bde. III/IV;

Ders.: Kritik der Urteilskraft. In: Werkausgabe in 12 Bänden. Herausgegeben von Wilhelm Weischedel. Frankfurt/M. 1977ff , Bd. X;

Ders.: Metaphysik der Sitten. In: Werkausgabe in 12 Bänden. Herausgegeben von Wilhelm Weischedel. Frankfurt/M. 1977ff, Bd. VIII;

Ders.: Zum Ewigen Frieden In: Werkausgabe in 12 Bänden. Herausgegeben von Wilhelm Weischedel. Frankfurt/M. 1977ff, Bd. XI;

Kettner, Matthias: Bereichsspezifische Relevanz. Zur konkreten Allgemeinheit der Diskursethik. In: Karl-Otto Apel/Matthias Kettner (Hg.): Zur Anwendung der Diskursethik in Politik, Recht und Wissenschaft. Frankfurt/M. 1992, S. 317-348;

Krebs, Angelika: Naturethik im Überblick. In: dies. (Hg.): Naturethik. Grundtexte der gegenwärtigen tier- und ökoethischen Diskussion. Frankfurt/M. 1997, S. 337-379;

Krings, Hermann: Freiheit und Faktum. In: Baumgartner, Hans Michael (Hg.): Prinzip Freiheit. Eine Auseinandersetzung um Chancen und Grenzen transzendentalphilosophischen Denkens. Freiburg/München 1979, S. 391-411;

Kuhlmann, Wolfgang/Böhler, Dietrich (Hg.): Kommunikation und Reflexion. Zur Diskussion der Transzendentalpragmatik. Antworten auf Karl-Otto Apel. Frankfurt /M. 1982;

Marquard, Odo: Zur Diätetik der Sinnerwartung. Philosophische Bemerkungen. In: ders.: Apologie des Zufälligen. Philosophische Studien. Stuttgart 1996, S. 33-53;

Marx, Karl: Das Kapital. Kritik der politischen Ökonomie, Bd. I. In: Marx-Engels-Werke (MEW), Bd. 23. Berlin 1981;

Ders.: Grundrisse der Kritik der politischen Ökonomie. In: MEW, Bd. 42. Berlin 1983;

Ders.: Ökonomisch-philosophische Manuskripte (1844). In: MEW, Ergänzungsband, 1. Teil. Berlin 1981, S. 467-588;

Marx, Karl/Engels, Friedrich: Die deutsche Ideologie. In: MEW, Bd. 3, Berlin 1983;

Meggle, Georg: Grundbegriffe der rationalen Handlungstheorie. In: ders. (Hg.): Analytische Handlungstheorien. Handlungsbeschreibungen. Frankfurt/M. 1985, S. 415-428;

Mill, John Stuart: Der Utilitarismus. Übersetzt von Dieter Birnbacher. Stuttgart 1985;

Nagel, Thomas: Das Absurde. In: Christoph Fehige/Georg Meggle/Ulla Wessels (Hg.): Der Sinn des Lebens. München 2000, S. 95-104;

Ders.: Das Subjektive und das Objektive. In: ders.: Die Grenzen der Objektivität. Philosophische Vorlesungen. Übersetzt von Michael Gebauer. Stuttgart 1991, S. 99-128;

Ders.: Was bedeutet das alles? Eine ganz kurze Einführung in die Philosophie. Übersetzt von Michael Gebauer. Stuttgart 1990;

Pieper, Annemarie: Einführung in die Ethik. Tübingen/Basel ³1994;

Plessner, Helmuth: Die Stufen des Organischen und der Mensch. Einleitung in die philosophische Anthropologie [1928]. Gesammelte Schriften, Bd. IV. Frankfurt/M. 1981;

Rawls, John: Eine Theorie der Gerechtigkeit. Übersetzt von Hermann Vetter. Frankfurt/M. 1979;

Sartori, Giovanni: Demokratietheorie. Herausgegeben von R. Wildenmann. Darmstadt 1992;

Schiller, Friedrich: Gedichte, Erzählungen, Übersetzungen. Mit Anmerkungen von Helmut Koopmann. München 1993;

Schopenhauer, Arthur: Die Kunst, Recht zu behalten. In achtunddreißig Kunstgriffen dargestellt. Herausgegeben von Franco Volpi. Frankfurt/M. 1995;

Ders.: Preisschrift über die Grundlage der Moral. Zürcher Ausgabe. Werke in 10 Bänden. Zürich 1977, Bd. VI;

Seel, Martin: Versuch über die Form des Glücks. Studien zur Ethik. Frankfurt/M. 1995;

Singer, Peter: Praktische Ethik. Neuausgabe. Übersetzt von O. Bischoff, Jean-Claude Wolf u. Dietrich Klose. Stuttgart 1994;

Smart, John J. C.: Extremer und eingeschränkter Utilitarismus. Übersetzt von Jörg Jantzen. In: O. Höffe (Hg.): Einführung in die utilitaristische Ethik. Tübingen 1992, S. 167-182;

Spaemann, Robert: Philosophie als Lehre vom glücklichen Leben. In: ders.: Philosophische Essays. Stuttgart 1983, S. 80-103;

Weber, Max: Politik als Beruf. In: Ders.: Gesammelte Politische Schriften. Tübingen ⁵1988, S. 505-560;

Ders.: Wirtschaft und Gesellschaft. Grundriß der verstehenden Soziologie. Studienausgabe. Tübingen ⁵1980;

Wittgenstein, Ludwig: Philosophische Untersuchungen. In: ders.: Werkausgabe, Frankfurt/M. ¹⁰1995, Bd. I;

Wolf, Ursula: Gefühle im Leben und in der Philosophie. In: Hinrich Fink-Eitel/Georg Lohmann (Hg.): Zur Philosophie der Gefühle. Frankfurt/M. 1993, S. 112-135;